西北大学"双一流"建设项目资助
Sponsored by First-class Universities and Academic Programs of Northwest University

青春实践路　奋进新征程

"百企千村万户"实践育人成果

杜　勇　马莉莉　主　编
徐自成　杨世攀　副主编

西北大学出版社
·西安·

图书在版编目（CIP）数据

青春实践路　奋进新征程／杜勇，马莉莉主编．—西安：西北大学出版社，2023.11
（"百企千村万户"实践育人成果）
ISBN 978-7-5604-5266-1

Ⅰ.①青… Ⅱ.①杜…②马… Ⅲ.①大学生—社会实践—西安—文集 Ⅳ.①G642.45-53

中国国家版本馆CIP数据核字（2023）第231635号

青春实践路　奋进新征程
QINGCHUN SHIJIAN LU　FENJIN XINZHENGCHENG

主编　杜　勇　马莉莉

出版发行　西北大学出版社
（西北大学校内　邮编：710069　电话：029-88302621　88303593）
http://nwupress.nwu.edu.cn　E-mail: xdpress@nwu.edu.cn

经　销	全国新华书店	
印　刷	西安华新彩印有限责任公司	
开　本	787毫米×1092毫米　1/16	
印　张	17	
版　次	2023年11月第1版	
印　次	2023年11月第1次印刷	
字　数	286千字	
书　号	ISBN 978-7-5604-5266-1	
定　价	68.00元	

本版图书如有印装质量问题，请拨打029-88302966予以调换。

自 序

牢记"为党育人,为国育才"的初心和使命,培养出适应新时代发展要求的合格人才,是中国高等教育的崇高使命。西北大学经济管理学院是经济学和管理学人才培养的西部重镇,有着"经济学家摇篮"的美誉。进入新时代,为进一步提高人才培养质量,学院实施了"百企千村万户"实践育人项目,三年来,超过1500余名青年学生深入乡间田头、政府社区、企业工厂,在实践中锤炼真本领,在小地方做大学问,在基层体悟真道理。他们躬身实践,用脚步丈量山川大地,涵养家国情怀,砥砺奋斗品格,将青春融入祖国山河。

习近平总书记在全国学校思想政治理论课教师座谈会上强调:"要把思政小课堂同社会大课堂结合起来,教育引导学生立鸿鹄志,做奋斗者。"国家高等教育改革和新文科新商科建设也明确提出,社会实践是人才培养和学科建设的重要内容,需要创造条件引导和帮助广大青年学生通过实践上好与现实紧密结合的"大思政课"和"现实中的专业课"。

长期以来,西北大学经济管理学院高度重视大学生社会实践教育,在"十四五"期间,把"百企千村万户"实践育人项目作为学院人才培养和学科建设的重点内容纳入规划。在此期间,经管学子将进入100家企业、1000个村、10000户家庭进行社会实践调研活动。让大学生们在社会生产的一线感知时代前行的脉搏,感受国家进步的力量,倾听人民对美好生活向往的心声。通过行走的课堂,力争培育出一批优秀的、具有影响力、高质量的学生实践成果,充分发挥实践育人成效,真正实现将论文写在祖国大地上的育人目标。

该项目实施以来,我们欣喜地看到,同学们聚焦国家重大战略需求,深入社区与田野乡间参与公共事务,踏入社会、融入群众,走访产业基地,助力乡村振兴;调研人民生活水平提升、村容村貌的改革、城市经济发展等,师生们一同在祖国的广袤大地上行思践悟写下属于自己的实践故事，打磨出一批有意义、有价值的实践报告、论文成果，让我们从字里行间更进一步感受到国家发展和社会进步。在此过程中，我们鼓励和引导社会实践育人项目与国家发展战略相结合，与教师科研项目相结合，与学科和专业特色相结合，与文化传承、精神文明建设相结合，与志愿公益服务社会相结合，在基层广阔舞台的实践中磨砺意志、提升本领、坚定信念，让同学们得以问理于途、问己初心，时刻关注国家发展需要。

全面建设社会主义现代化国家的基本动力来自科技、创新和人才，高等教育必须要在推进这项伟大的事业中做出党和人民满意的回答。如何培养出更多具有浓厚家国情怀、崇高理想信念和过硬学识本领的人才，我们必须做出更多的探索和实践。我们坚信，组织学生深入到国家各个地方和行业的方方面面，在社会这本大教材中，将更有利于他们深刻理解习近平新时代中国特色社会主义思想，勇立时代潮头，扎根祖国大地，争做新时代的先锋力量，让青春之花绽放在祖国最需要的地方。

是为序。

目 录

自 序 ……………………………………………………………… / 001

乡村振兴篇

1. 关于乡村振兴背景下陕西省佳县红枣产业发展的调研报告 ………… / 002
2. 关于革命老区产业兴旺促进乡村振兴的调研报告
   ——以延安市宝塔区冯庄乡为例 ………………………………… / 014
3. 关于双河镇与红军镇的乡村振兴调研报告 ……………………… / 029
4. 关于商洛市山阳县乡村振兴典型案例的调研报告 ……………… / 036
5. 关于山东省海阳市电商助力乡村振兴的调研报告 ……………… / 048
6. 关于汉中市留坝县乡村振兴的调研报告 ………………………… / 054
7. 关于洛川县苹果产业助力乡村振兴的调研报告 ………………… / 065
8. 关于厦门市田洋村乡村振兴的调研报告 ………………………… / 076
9. 关于宁夏回族自治区固原市乔洼村乡村振兴路径选择的调研报告 … / 096
10. 关于广德市新杭镇文旅融合助力乡村振兴的调研报告 ………… / 105
11. 关于米脂县杨家沟镇多产联动赋能乡村振兴的调研报告 ……… / 114
12. 关于长沙市红色旅游助力乡村振兴的调研报告 ………………… / 123

13 关于宁强县乡村振兴发展现状的调研报告 …………………… / 131

产业发展篇

14 关于旬阳市特色农产品品牌建设的调研报告 ………………… / 144
15 关于铜川市耀州区文旅产业发展路径的调研报告 …………… / 150
16 关于新疆维吾尔自治区那拉提旅游产业发展的调研报告 …… / 157
17 关于西柏坡红色文旅产业发展的调研报告 …………………… / 163
18 关于数字化促进四川省博物馆群文旅资源继承发扬的调研报告 …… / 168
19 关于商南县茶产业发展的调研报告 …………………………… / 174
20 关于铜川市中药材种植加工产业高质量发展的调研报告 …… / 184
21 关于汉中市南郑区践行"绿色发展"理念的调研报告 ……… / 200
22 关于德阳市桂花村乡村智慧农业发展的调研报告 …………… / 218

社会治理及区域发展篇

23 关于陕西省西安市开放建设的调研报告 ……………………… / 226
24 关于临汾市口子里村农村基层治理的调研报告 ……………… / 235
25 关于三原县发展成果考察与社区实践研究的调研报告 ……… / 241
26 关于渭南市临渭区农村环境及发展现状的调研报告 ………… / 255

后　记 ……………………………………………………………… / 264

乡村振兴篇

青春实践路　奋进新征程

1 关于乡村振兴背景下陕西省佳县红枣产业发展的调研报告

一、引言

佳县,古称"葭州",位于陕西省榆林市南部,与山西省隔黄河相望,是历史文化名城,也是榆林市黄河沿岸全国五大集中连片红枣产区之一,主要种植区域为黄河沿岸土石山区,是中国红枣原产中心的重要组成部分。作为我国最早的红枣起源地和产区之一,佳县红枣已有3000余年的种植历史,荣获多项国内外认证,现仍保存有多棵已生存1300多年的枣树。在佳县脱贫攻坚中,红枣产业被当作当地重点支持产业,发挥了关键作用。

据悉,近年来佳县经济也有了较大的发展,在这一过程中"枣经济"无疑是当地经济发展的一大亮点。习近平总书记强调:"乡村振兴,关键是产业要振兴。产业兴旺,是解决农村一切问题的前提。"此行西北大学经济管理学院暑期实践调研团赴陕西省榆林市佳县调研佳县枣经济的发展现状,走进佳县,走近乡村振兴一线,从实践中汲取佳县发展经验。

该报告聚焦佳县枣产业经济发展,在考虑目前佳县经济发展现状的同时,从产业薄弱点入手,通过对佳县枣业所面临困境的一系列研究,探究其是否存在结构性问题,为什么存在这种问题,目前是否有相关政策进行调整,并给出从实际出发的对策建议。

二、佳县红枣产业发展现状

改革开放以来,我国城镇化进程不断加快,城市及城镇劳务市场需求巨大,吸引了农村绝大多数的青壮年劳力，导致农村地区劳动力稀缺，"空心村"现象较普遍。在此次调研过程中，团队对农村劳动力外流，劳动人口老龄化这一现象有了更深的感悟与思考。

（一）劳动人口流失

泥河沟村属榆林市佳县朱家坬镇，2014年被列入第三批中国传统村落。泥河沟村地处黄河岸边，与山西省临县隔河相望，因境内有千年枣树1100余株，故有"天下红枣第一村"之称。泥河沟村户籍人口806人，但常住人口仅有170人。在团队踏入佳县泥河沟村后，映入眼帘的便是在村口成堆聚集的老人，刚刚结束劳作的老人拿着农具在村口闲聊。后通过走访得知，村中从事红枣生产的劳动者年龄大多在60岁以上，除去老年人，村里很少有青壮年劳动力，当地青壮年劳动力基本都不在村中劳动，大部分人选择去距此地70千米外的榆林市务工，也有少数人跨过黄河出省，前往山西务工。外流人口数目庞大，这不仅仅只是泥河沟村的现状，也是如今整个佳县的现状。2021年5月，榆林市统计局发布的"榆林市第七次全国人口普查主要数据公报"显示，从2010年到2020年，全市人口增加27万，而佳县常住人口在十年间减少了9.16万。2021年，佳县总人口27万，但常住人口却仅仅只有11万左右，人口外流严重，种植枣树的窄就业面难以维持生计，成为当地人外流的最大原因。青壮年劳动力紧缺，枣林大面积撂荒，记忆里陕北红枣的盛况已然斑驳不堪。劳动人口的流失与其导致的劳动力老龄化，成为制约佳县红枣种植的一大原因。

（二）市场竞争激烈

我国是红枣原产国和主产国，红枣产量占全球的90%以上。因红枣营养价值、食用价值与药用价值极高，加之枣树作为退耕还林和防风固沙的重要经济树种，近年来枣树种植面积和产量快速增长，红枣市场迅速扩大。如今，红枣市场已接近饱和，市面上多见的品种有新疆红枣、陕北红枣、河北红枣、山西红枣等。2020年，全国各地区红枣市场中新疆红枣占比高达48%，河北红枣、山西红枣等其他地区红枣市场竞争同样激烈，陕北红枣势头渐落，不复以往。

走访佳县枣农的过程中，每每提起红枣市场，新疆红枣总会被拉出来与陕北红枣比较。大家口中总使用一个词来形容新疆红枣——异军突起。1989年，新疆红枣种植面积只有1 733.3公顷，到2015年已达51万公顷，种植面积占全国的36%，总产量占全国总量的55%。新疆红枣的迅猛扩张得益于其得天独厚的水、土、光、热资源，加之新疆枣个头大、糖度高、不裂、饱满、枣核小，牢牢占据市场，对全国红枣市场的冲击猛烈，短期内打破了传统的供需平衡。同时，其具有地域特色的规模化营销，使之成为红枣市场的霸主，迅速抢占市场空间。目前，全国半数以上的红枣都产自新疆。在这种强烈的攻势下，陕北红枣效益急剧下降，市场份额减小，价格越来越低。包括佳县在内的老产区红枣因此逐渐被边缘化，陕北枣业在短短十年里失去了辉煌。因此，市场择优竞争激烈，同样也是制约佳县红枣种植的原因。

（三）自然因素影响

在佳县枣农的叙述中，我们依稀可以窥见当年陕北红枣的辉煌：枣产量大、供应稳定、枣价高、政府鼓励枣业种植……那么，佳县红枣发展为何陷入困境？影响最大的因素是什么？

当我们问起这个问题时，枣农们不约而同地说：秋雨。据资料显示，近年来佳县雨水激增，阴雨、暴雨不断，枣不是被大片打到地里，就是出现干瘪、裂缝，这给喜旱的枣树带来不小的冲击。事实上，自2007年开始，便有关于佳县红枣受连阴雨影响导致歉收的新闻报道，2017年，佳县气象局陈焕武等在《陕西气象》曾发文名为《佳县红枣可采成熟期连阴雨特征分析及对红枣裂果的影响》，其中提及，"从2006年开始佳县自然灾害连续不断，特别是连阴雨、暴雨有增无减，年总降水量成倍增加"。由于降雨带的北移，一到红枣成熟期，佳县境内就阴雨连绵，导致枣果大面积裂变、霉烂，枣农的积极性严重受挫。"屋漏偏逢连夜雨"，就是在这一时期，新疆红枣销量实现反超，而陕北红枣却因收成与品质问题销量下滑。

（四）枣园管理问题

佳县红枣的种植面积非常可观，如今佳县枣树种植面积有5.47万公顷之多，居陕西省之首。黄河滩地、山坡地、梯田地随处可见枣树。团队来到佳县，路边随处可见的是连片的枣园，但据司机师傅介绍，这些枣园大多无人管理，自生自灭。近年来政府推出红枣低产园改造模式，但收效甚微。由于枣农认识不一，且枣树种植土地分散，每一位枣农所占据的种植范围是足够的，但种植区域存在分散的状态，很难同时照料，使得劳动成本大大提高，因而低产园改造难以形成集中连片模式，致使部分枣园改造效果不理想，质量提高并不明显。此外，多数枣农仍采用传统栽培管理方法，日常管理粗放，缺乏科学管理意识，重栽植轻管护，造成优果率低；种植过程中盲目使用农药、化肥和植物生长调节剂，导致品质下降；加之劳动力少，病虫害防治不连片、不彻底，很难形成联防联治长效机制。因此枣园单产低，优质率不高，生产效率低下。

（五）产品附加值低

通过和枣农的交谈，我们了解到，大部分的枣农通过将红枣作为原材料直接售卖来获取利润，红枣主要是由企业或枣贩统一收购，并不会对红枣进行进一步的加工和处理。据佳县政府人员介绍，目前佳县红枣的售卖方式仍是以初加工产品为主，如红枣酵素、红枣酱、红枣片、红枣粉、红枣泥、空心脆枣、紫晶枣、红枣醋等系列产品，相对而言，像红枣果酒、干红、干白、白兰地、白酒、冰酒等更高级别的深加工产品、高市场占有率产品和高附加值产品相对较少。红枣产量越来越大，但红枣深加工更新换代跟不上产量增加的步伐，资源优势不能有效地转化为价格优势和经济优势。随着生活条件越来越好，消费者对红枣产品的要求也越来越高，不仅要安全、口感好，而且在营养价值、方便性等方面提出了更高的要求。而佳县枣加工企业规模小，设备落后，技术含量低，加工产品大同小异，多数企业因产品质量低劣、包装粗糙、资金短缺等原因而举步维艰，这些企业也没有实力进行深加工、开发出市场竞争力强的产品，制约了佳县红枣产业的发展。

三、佳县红枣产业发展存在的问题

根据调研，佳县红枣产业发展中存在的问题主要集中在以下几个方面：

（一）红枣基地制约因素

第一，土地资源限制：红枣基地的发展需要具备适宜的土地资源。

第二，气候和环境条件：红枣是一种喜温暖和干燥气候的作物，对光照、温度和湿度有一定的要求。

第三，技术和管理水平：红枣基地的发展需要高水平的技术和管理支持。

第四，市场需求和价格波动：红枣基地的发展要与市场需求和价格变动保持一定的匹配度。

枣农按传统栽植方式建起红枣基地，枣园管理不科学，粗放经营，成枣率低。

（二）红枣加工制约因素

一是缺乏对红枣产品的需求调研分析；二是对区域内红枣产品种类没有调研分析，加工混乱；三是对红枣基地情况没有透彻分析，没有预先的科学策划；四是专业人才缺乏，资金来源少，没有充足的流动资金，固定资产与流动资金比例失调；五是没有树立品牌意识。

（三）市场营销制约因素

一是没有具备专业素质的市场营销人才；二是没有组建适应国内、国外红枣产品市场发展需要的具备专业素质的营销策划团队；三是至今尚未形成规范、有序、合理的营销体制和营销市场。

（四）红枣产业化经营存在的主要问题

一是"利益共享、风险共担"的机制尚未完善；二是产业发展的层次较低，科技含量不高；三是产业化发展缺乏有力的金融支持；四是市场需求可能受到季节性和市场波动的影响；五是可能存在产品质量不稳定、卫生标准不达标等问题；六是需要建立健全的供应链管理体系。

四、佳县红枣产业面临的机遇

当前，我国全面推进乡村振兴，懂得乡村，才能振兴乡村，未来佳县红枣产业发展面临以下重大机遇：

（一）消费潜力的释放

枣产业的发展离不开宏观经济社会的产业环境。2015年到2021年全国红枣

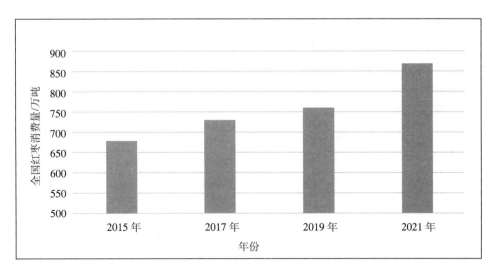

图 1-1　2015—2021 年全国红枣消费量
（资料来源：调研团队实地调研数据）

消费量增长迅速（图 1-1），增长量接近去年与前年增长量的一半，原因在于近年来消费者对身体健康的关注度大为提升，增强了对"食药同源，日常养生，提前预防"的意识。提高免疫力、"补气血"和"调理肠胃"是我们对食药同源的主要期待。而食药同源产品的食用率，红枣位居第一，红枣作为渗透率最高的品类，各年龄段人群均有使用；食用频率上，即使是不食补的人，也会习惯性食用红枣。从市场的需求结构来看，随着居民收入的增加、消费的升级，人们对红枣的食用价值和药用价值越发重视，尤其对高品质红枣的需求日益增长，过节走访亲朋好友，送红枣及相关产品已经成为一种新风尚，这使得红枣消费市场一直热度不减。在这样的大背景下，红枣产业在未来会迎来很好的发展机遇。佳县红枣更应抓住机遇，取得红枣消费者的青睐。

（二）互联网经济的发展

在传统营销观念影响下，农产品虽具备较好的质量，可是市场价格往往不尽如人意。产生这一问题的原因之一在于农产品营销单一化，市场宣传面窄，给农户经济收益带来了很大的影响，导致农民生产积极性低，区域农业经济发展滞后。伴随着"互联网+"时代的到来，农产品营销需要转变营销方式和策略，从而有效提高农产品营销量，促使农业经济更好的发展。如今，互联网经济正加速向农业农村延伸和渗透，在市场信息服务、农业农村电子商务等方面取得了显著成效，农业物联网、大数据等也展现出广阔的应用前景。"互联网+特色农业"正是佳县红枣的探索方向。

"在农产品营销中，科学运用互联网技术可以有效转变农产品营销中的传统营销理念。"一方面，对消费者而言，当前红枣市场消费人群仅需要通过智能手机就可以了解红枣市场，在掌握信息以后可以通过手机在线支付。这种购买模式给红枣产品供应商与消费者之间增加了便捷性，有效转变了以往农产品营销过程中的传统交易模式。另一方面，对生产者而言，在农产品营销中，采用互联网技术能够全面宣传农产品，越来越多的特色农产品通过电商渠道等手段走出大山，走上全国消费者的餐桌。不仅如此，社会在发展，时代在进步，随着人们消费观念和消费水平的上升，红枣产业也跟随人们的步伐，向高品质的方向发展，呈现营养健康的新趋势。而互联网技术能够打破生产和消费之间的沟通壁垒，在网络购物平台中消费人群能够和红枣产品供应商展开直接沟通，帮助供应商充分了解消费人员的个性化新需求；从单一的红枣产品到红枣饮料产品、食药产品、发酵产品等新型产品类型，多元化、多角度、多产业链齐头并进，利用当前时代给予的便利，结合产业发展新形势，红枣产业将在未来的产业发展中开辟属于自己的新天地。

（三）非遗助力枣经济

佳县枣木雕选材为天然枣木。枣木质地偏硬，颜色内红外黄，内外纹理非常漂亮，具有很高的观赏价值。近年来在全国雕刻界声名鹊起，被誉为"陕北的红木"。佳县枣木雕刻技艺在历史传承中既融合了江南雕刻技术的先进技巧，又发挥了陕北粗犷豪放的地域特色，作品主题奔放、细节逼真。"枣树身上全是宝"，发展枣经济，不仅要看到红枣的价值，也不能放弃枣木自身的价值。枣木市场出路少，但与当地的特色雕刻手艺结合，成为佳县木雕后，附加值大大提高，可以实现产品增值。

为了对当地特有的枣木雕刻这一非物质文化遗产进行调研，团队此行深入佳县白云山，通过采访佳县枣木雕刻非物质文化遗产继承人，与木雕工作者就木雕生产工艺、木雕产业发展现状、木雕技艺传承状况等方面进行深入交流。传统枣木雕刻非物质文化遗产传承人康忠武提出，希望能够依托传统枣木雕刻手工技艺，带领佳县贫困群众走出一条结合传统非遗文化传承、助力脱贫攻坚的新路子，将非遗文化与经济发展相结合，发掘特色文化产业资源，通过对枣木雕刻工艺的传承和发扬，为乡村振兴开辟新路。

（四）特色旅游创新

被誉为"中国红枣名乡"的佳县枣树栽培历史悠久，来到佳县，朱家坬镇泥河沟村不可不去。佳县泥河沟村一般认为是中国枣树最早的栽培中心，枣品种资源丰富，现存完整的枣树栽培演变类型，从野生型酸枣、半栽培型酸枣、栽培型酸枣到栽培枣序列，包括3个酸枣品种群共16个地方品种，13个枣的品种群共35个地方品种，构成庞大的古枣群落。论枣树历史，泥河沟村生长着1300多年前栽植的老枣树，至今仍冠盖如云，果实累累，被专家称为"枣树王"，是中国乃至世界范围内，面积最大、树龄最高、保存最完好的千年枣树群。千年古枣树群落占地2.4公顷，共有各种树龄的枣树1100余株，其中有树干周长在3米以上的古枣树3株，最大一株树干周长为3.41米；树干周长2米以上的有30株；树干周在1.5米以上的106株；树干周长在1米以上的有300株。这些进化过程中各种阶段种群的存在，不仅为佳县是中国枣树的最早栽培中心地提供了有力证据，也为未来红枣产业的发展保留了极其珍贵的各种资源。因此，2014年4月，在意大利罗马召开的全球重要农业文化遗产（GIAHS）指导委员会和专家委员会议上，作为全国红枣五大产区之一的佳县古枣园系统，被联合国粮农组织正式认定为"全球重要农业文化遗产"，成为我国西北地区唯一入选全球重要农业文化遗产的农业系统，也是全球唯一一家红枣方面的重要农业文化遗产。

团队来到泥河沟村后，采访了当地驻村干部牛东伟。牛东伟是当地特色旅游的带头人，同时还是一名画家，他辗转于榆林各县，最终选择扎根在佳县泥河沟村。在他的笔下，村庄是彩色的，是富有极大创新活力的。牛东伟在用画笔记录千年枣园的同时，思考并设计出了"百家渡枣园民宿"。陕北的人文气息浓厚，每一块土地都经过劳动者的改造，在村民的努力和政府的扶持下，对全村多处老旧、遗弃窑洞院落进行特色民宿改造再利用，发挥其剩余价值，在吸引游客到来的同时，为农民谋利益，同时为旅游业的发展打下了良好基础，目前建设已经初见雏形。虽然这条特色旅游之路还不够成熟，但我们仍可窥见未来乡村振兴蓬勃发展的美好前景。

（五）相关枣产业政策扶持

受到经济形势的影响，佳县红枣产业面临着较大压力。佳县作为传统的农业县，工业基础极其薄弱，经济实力并不雄厚。一般销售未加工农产品的利润并不高，因此，发展有机农业及其加工业是佳县未来发展的主要方向。面对国内其他地区红枣产品，虽然佳县红枣有悠久的历史和国内外许多组织的认证，但由于产品宣传等方面的约束，产品影响力仍然非常有限。

因为拥有悠久的枣树种植历史和适宜枣树生长的自然环境，佳县红枣产业仍具有巨大活力和潜力，随着乡村振兴的大潮和地方政府的大力支持，红枣产业已经成为佳县未来发展的重点产业。佳县政府采取一系列措施，实事求是，立足实际，因地制宜保护和推动枣树种植，大力支持佳县红枣产业提质增效，提高收益，做大做精，加大产业科技投入，将佳县主导产业红枣产业做大做强，促进佳县经济发展。

首先，强调加快本地红枣融入国内循环，开拓更广阔的市场，提高产品在消费者心中的品牌知名度，并进一步走进国际市场，打通消费的各个环节。在此基础上，为了让佳县红枣在市场上发挥优势，县政府大力支持红枣加工业的培育，以应对消费升级的大趋势。目前佳县已有多种红枣加工产品种类的生产企业，如枣醋、枣咖啡、枣酒、枣饮等。在保证红枣种植面积的同时，佳县政府通过改良枣树品种，因地制宜推广先进技术，降低农民生产成本，增加农民的收益。生产组织方面，佳县政府大力推行农村生产合作社模式，佳县当地多是山地和丘陵，农民耕种的土地呈碎片化分布，村民可以通过合作社分配到相对集中的耕地，便于其生产劳动。

另外，政府出台相关举措，让村民可将闲置耕地流转给他人或合作社，便于外出务工的同时，保证红枣的种植规模，提高土地利用率。这在一定程度上缓解了年轻人为了谋生而外出打工时，红枣生产面临的劳动力短缺和土地荒芜问题。同时，在农户补助方面，佳县对枣树种植农户按亩给予400元的经济补贴，增加枣农收入，大大提高了农户种枣积极性；在农户的技术支持方面，政府每年委派科技专员为枣农讲授枣树种植的相关技术，解决一年来枣树的相关生长问题，提供化肥、农药等与农业相关的种植材料，帮助农户增收。例如，县政府推行沿黄河老枣园综合改造技术，落实科技兴农，降低枣树高度，提高了采摘效率，并且会对病虫灾害进行检测和提前预警，使农户能更有效更及时地保护枣树；在销售方面，政府每年也会举办"红枣节""丰收节"等节日来庆祝丰收并邀请相关企业和用户参加，以加大相关红枣产业的宣传和推广，开拓销售渠道，进一步推进红枣产业的发展。

其次，探索佳县红枣品牌发展之路。随着社会和经济的发展，农产品市场的竞争日益激烈。面对如今的消费市场，如何找准自身发展定位，如何塑造自身特色，进行品牌塑造和宣传，成为佳县红枣面临的难题。我国红枣出售现多以初加工产品为主，且销售范围较广，由周边的山西、甘肃等国内市场起，远至欧盟、美国、加拿大、日本、东南亚等国外市场。而佳县经过数十年探索，终于建立起相关的红枣品牌，2001年，佳县被命名为"中国红枣名乡"；2003年，佳县红枣获得绿色食品认证；2005年，获北京五岳华夏认证中心颁发的有机红枣认证；2007年，注册"佳县油枣"地理标志产品证明商标；2008年，"佳县红枣"获得农产品地理标志认证登记，并取得美国 NOP、欧盟 EOS 有机产品认证；佳县"枣缘红"被认定为国家红枣酒著名商标；2013年，"佳县油枣"被评为"中国著名品牌"；2015年"陕北红韵"被认定为陕西省红枣酒著名商标；2016年，"佳县油枣"被中国轻工业企业投资发展协会评为中国著名品牌；2020年，佳县红枣标准完成省级注册，佳县油枣成功入选国家级特色农产品优势区；2021年2月上旬，取得日本农业产品 JAS 认证……这一路走来，广泛的品牌认证，使得佳县红枣销售具有良好的发展前景，也为佳县红枣产业发展提供了强大动力。

五、政策建议

本次调研结果显示，佳县红枣产业具有适宜红枣种植的地理区位优势和种植历史悠久、种植经验丰富等人文优势，但近年来由于缺乏科学管理，当地红枣产业发展滞缓。首先，从市场角度来看，新疆红枣迅猛扩张，产量明显增加，加之新疆枣个头大、含糖度高、不裂，同时其具有地域特色的规模化营销，使之迅速成为红枣市场的主力产品。在这种强烈的"攻势"下，佳县红枣效益急剧下降，销量与价格呈下降趋势，加之受自然灾害影响，枣农收入不确定性增强。其次，城镇化进程的不断加快吸引了农村绝大多数的青壮年劳动力，导致目前从事农业、红枣生产的劳动者年龄大多在60岁以上，出现大面积枣林撂荒现象。再次，当地红枣产业主要以销售原产品和初级产品为主,深加工能力不足,产品附加值低,规模性龙头企业数量少,辐射示范带动不足。除此之外,当地红枣产业还存在管理粗放、效率低下、分散经营、凝聚性差、生产技术落后、品牌影响力小等问题。基于对调研中所发现的问题的分析,我们从政府、农户、企业等主体出发得出以下应对措施和建议:

(一)政府方面

一是健全培训体制,完善服务体系。根据佳县扶贫工程的要求,结合当前生产所需,制订佳县培训规划,邀请果树专家和技术人员,创新培训模式,通过开办夜校、发放"科技明白纸",广泛开展枣树专题技术讲座、田间技术指导等培训工作,将技术真正送到枣农手中。另外,可以建立微信服务公众号或微信群,及时准确地向枣农提供新品种、新技术、病虫害预测预报、气象灾害预警及市场动态等信息,以便科学高效地种植生产,提高枣产业的整体科技水平。

二是引进加工企业,拓宽销售市场。佳县政府应加大政策和资金扶持力度,采取招商引资、项目支持等措施,引进一批红枣深加工企业,培育壮大一批产、加、销龙头企业,积极开发枣酒、枣饮品、枣夹核桃、红枣酵素等深加工产品,拓宽和延长产业链,提高产品附加值;鼓励和扶持加工企业与枣农建立长期稳定的购销关系,形成"企业+基地+果农"的产业格局;建立信息网络服务平台,给种植户和企业提供及时可靠的信息服务。

三是加快外销平台建设,提升市场开拓能力。统一整合县内枣林、枣农及红枣加工企业等资源,建立统一线上线下交易平台,畅通销售渠道,促进价格平稳。积极参与相关林果品展会,展示展销佳县红枣,加强红枣品牌宣传。

四是重点依托以泥河沟村千年古枣园为主的沿黄滩地红枣,打造国家级农业科技产业园区,建成红枣研究院、电商中心、标准化厂房和冷库,全面提升以红枣为主的农特产品生产、研发、加工、包装、销售水平。

五是放宽融资门槛。红枣企业贷款困难,处在困境的企业往往会因资金问题而难以继续,新兴向好发展的企业也因为资金问题难以扩大生产,政府应细致考察红枣企业,对有发展潜力的企业进行政策帮扶。同时,企业扩大生产的同时也会雇佣更多的劳动力,达到政府产业扶贫的目标。

（二）农户及村委会方面

一是更新优良品种，优化品种结构，发展红枣有机化种植。科学规避红枣生产过剩和晚熟鲜食枣上市过于集中的不利因素，抢占早熟优质鲜食枣市场先机。

二是创新生产模式，提高管理水平，建立优质枣品种资源库和良种苗木繁育基地，制定和完善实用的枣标准化生产管理技术规程。

三是建立农民专业合作社，加强枣农专业技能培训，培育新型职业枣农队伍。

四是加大红枣林地流转，促进红枣企业提质增效规模化发展。

五是深入推进发展多元红枣林下经济。佳县政府制定规划发展林下经济，并出台激励措施鼓励群众充分利用枣林下土地资源，发展林下种植、养殖等立体复合型生产经营，优化产业发展结构，使农、林、牧、副各业实现资源共享、优势互补。枣农应积极响应政府号召，深入推进红枣林下经济发展。

（三）企业方面

一是加快产业融合，将数字经济与红枣产业相结合，充分运用数字经济的带动性、渗透性和创新性优势，将红枣产业上下游链条打通，改造传统产业，催生新模式、新业态。创新赋能供给结构，发展红枣服务业，以数字技术为驱动力，实现资源重组与精准配置。

二是加大科技投入力度，提升产品质量，丰富产品多样性，延伸和拓展红枣加工产业链，提高产品附加值，引进先进生产技术，不断扩大生产规模并提高组织化程度。

三是红枣企业应该摆脱安于现状的守旧思想，积极促成企业间联合，共同应对所面临的共同困难，使逐渐疲软的佳县红枣市场重新焕发生机。

四是延伸销售渠道，企业间应建立共同的红枣大数据库，第一时间掌握行业最新动向，少走错路、弯路，对未知新市场合作开发。

作　　者　西北大学经济管理学院本科生　龙佳璐　马盼盼　杜妹蓉　杨凯怡
　　　　　西北大学外国语学院本科生　赵孟函
　　　　　西北大学信息科学与技术学院本科生　马永宁　米延庆
指导教师　康金龙

青春实践路　奋进新征程

2 关于革命老区产业兴旺促进乡村振兴的调研报告
——以延安市宝塔区冯庄乡为例

调研人员深入延安市宝塔区，走访调研宝塔区乡村振兴局、冯庄乡管辖的康坪村、杜坪村、李庄村、丁庄村、薛家湾村、冯庄村、上坪村、牛奋沟村等地，通过对延安市宝塔区冯庄乡各村展开调研，了解当地乡村产业发展现状，对典型案例进行经验总结，通过访谈、数据收集的方式采集当地产业发展信息，找到当地产业发展瓶颈，并结合专业知识给出对策建议，助力革命老区乡村振兴。

一、延安市宝塔区乡村振兴工作情况

2022年是巩固脱贫攻坚成果"五年过渡期"的第二年，也是实施乡村振兴战略的关键之年。"十三五"以来，宝塔区坚持精准扶贫、精准脱贫基本方略，选派51个驻村工作队、320名第一书记以及3200余名领导干部包扶7456户贫困户，区级累计投入财政专项扶贫配套资金20026万元，建成重点扶贫项目537个，51个贫困村、16676人实现脱贫，全面完成脱贫攻坚目标任务。接下来，宝塔区将围绕实现巩固拓展脱贫攻坚成果同乡村振兴有效衔接这一主线，统筹推进乡村建设工作。

（一）宝塔区脱贫攻坚取得的成就

农村居民生活水平显著提升。"三农"问题是关系国计民生的根本性问题。在全面推进乡村振兴战略过程中，宝塔区始终坚持把解决好"三农"问题作为工作的重中之重。农民作为乡村振兴的主体和受益者，必须将其对美好生活的向往转化为乡村振兴的动力，为乡村振兴提供有力的保障。调动农民积极性的关键是切

实保障农民利益,农民收入则是农民利益结构中最主要、最基础、最重要的。基于此,宝塔区将增加农民收入作为制定和实施各项农村政策的出发点和落脚点。2015年宝塔区农村居民人均可支配收入为9090元,对此相关部门负责人通过举办招聘会、公益性岗位托底安置、返乡下乡创业、开发相关产业基地等方式吸纳劳动力就业,直至2021年宝塔区农村居民人均可支配收入达到13615元,较2020年同比增长11.6%,位居全市第一(图2-1)。

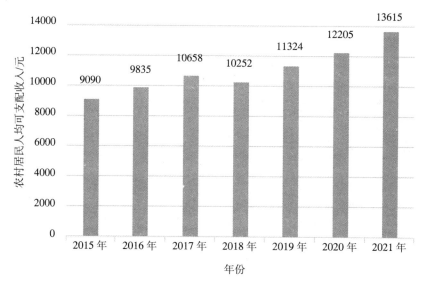

图2-1　2015—2021年宝塔区农村居民人均可支配收入统计图
(资料来源:调研团队根据公开资料整理)

乡村民生保障水平持续增强。保障和改善民生是党和政府一切工作的出发点和落脚点。民生连着民心,民心凝聚民力。特困人员救助供养制度作为我国一项重要的社会保障制度,是保障最困难、最脆弱人群的基本生活的最后一道安全屏障。据统计,截止2020年3月底宝塔区共有特困供养人员635人,其中城市特困供养对象129人,农村特困供养对象506人;分散供养对象465人,集中供养对象170人。近年来,宝塔区政府为响应加强农村特困人员救助供养工作的相关政策,2021年对农村特困人员发放供养金共计605.8万元,特困人员救助标准在逐步上升。

乡村面貌发生历史性变化。农村危房改造作为脱贫攻坚"两不愁、三保障"的具体内容,既是全面建成小康社会的底线任务和标志性指标,也是一项改善农村人居环境的德政工程和扩大内需促进经济增长的惠民工程。农村危房改造目的是改善农村贫困农户的居住环境，切实解决农村特殊困难群众的生活问题，保障人民群众的财产安全。对此，宝塔区住建局等相关部门多次深入各乡镇、街道核查认定房屋危险等级，并通过进一步准确识别确定农村危房改造对象。"十三五"时期为保障住房安全，宝塔区共投入危房改造专项资金6980.48万元，采取"政府统筹、农户自建"的方式，实施完成3834户农村危房改造，并安置776户2324人扶贫移民搬迁对象。此外，宝塔区政府为完善医疗服务，累计投入803.5万元新建（维修）村级卫生室65个；为提升基础设施建设，全区完成244处安全饮水工程，改建县乡公路44千米、通村道路137千米，新建联网工程77千米、农村公路生命安全工程282.3千米，完善通村公路141千米、油返砂71千米，贫困村村村通沥青路或水泥路，2018年荣获全国"四好农村路"示范县区荣誉称号。全区实现51个贫困村全部通动力电，农村供电能力、质量、可靠性明显提高。

乡村产业发展不断壮大。产业兴旺，是乡村振兴的核心，也是我国经济建设的核心。宝塔区在全面推动乡村振兴战略的过程中，始终坚持以"守底线、抓发展、促振兴"为振兴主线，通过实施"高端能化突破、园区景区支撑、创新创业带动、特色产业富民、城乡区域融合"的发展战略来促进当地农村产业发展。从总体来看，宝塔区2021年地区生产总值达到416.47亿元，同比增长7%，两年内平均增长4.3%。其中，第一产业作为国民经济的基础，加强第一产业是国民经济的首要问题。近年来，宝塔区政府根据各县资源禀赋和产业基础，坚持农业现代化不动摇，如图2-2所示，2013年至2021年宝塔区第一产业增加值实现稳步增长，2021年同比增长7.1%，拉动经济增长了0.4个百分点，为宝塔区的乡村产业发展奠定了稳固的基础，有效推进了农村产业改革的进程。

随着消费和生产性服务的需求不断升级，第三产业的发展程度已成为度量现代经济发展的主要标志，同时也是衡量乡村振兴过程中农村地区经济发展水平的重要依据。由于我国城乡发展不均衡，农村地区第三产业的发展呈现出低投入、高附加值和地区差异性等特点。基于此，宝塔区政府根据各县禀赋条件通过招商引资、人才引进等一系列措施来推动第三产业的发展和转型升级，将发展现代服务业作为解决农村经济增长困境的重要途径。如图2-3所示，2013年以来，宝塔区第三产业增加值逐年增加，且其在地区生产总值占比均达到50%左右，为乡村产业的可持续发展注入新活力的同时也提供了全新的发展思路。2021年第三产业

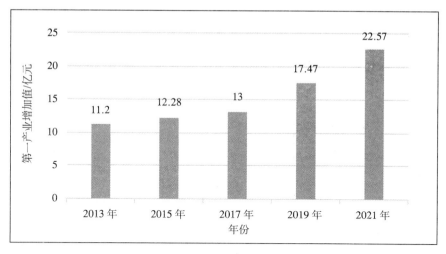

图 2-2　2013—2021 年宝塔区第一产业增加值统计图
（资料来源：调研团队根据公开资料整理）

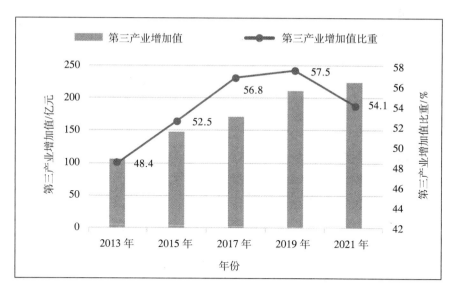

图 2-3　2013—2021 年宝塔区第三产业比重统计图
（资料来源：调研团队根据公开资料整理）

完成 225.19 亿元，同比增长 8.1%，同期拉动经济增长了 4.6 个百分点。

另外，产业结构分配的合理性也是衡量农村地区发展水平的重要指标。宝塔区政府在大力发展基础产业的同时，重点强调衔接平衡第三产业与第一、第二产业协调发展的关系。大力发展第三产业，提高第三产业的比重和水平是产业结构优化升级、国民经济高质量发展的重要保障。2021年宝塔区三次产业结构由"十一五"末的6∶45∶49调整到5.4∶40.5∶54.1，第三产业增加值占比比"十一五"末提高5个百分点。

（二）宝塔区产业振兴的做法与经验

冯庄乡位于延安市宝塔区西北方，距延安市中心约15千米，是全国第一个农村团支部的诞生地。整个区域地形丰富，呈北高南低之势，山脊、山峰、谷地、盆地等多种地貌并存，总面积187.95平方千米，辖21个行政村，共4865户14922人。党的十八大以来，冯庄乡党委积极探索党建引领乡村产业发展的路径，把特色产业发展作为党委中心工作，坚持退耕还林补植补造，做实新老林带抚育管护，按照"山上苹果、山下蔬菜"的思路，累计改造基本农田4000余亩[①]，建成标准日光温室大棚550余座、大拱棚1500多座，吸纳760余户农户加入蔬菜种植，通过养牛、种大棚蔬菜、种山地苹果、做清水豆腐等，建成长效脱贫产业，着力推动产业扶贫向产业振兴转变，2020年底贫困户全部脱贫，全乡迈进全面小康。当前正处于"两个一百年"奋斗目标的交汇期，要在巩固脱贫成果的基础上开启乡村振兴新篇章，乡村产业亟须加快转型步伐，以确保返贫监测对象兜住底、不返贫。

冯庄乡在宝塔区乡村振兴引领下，以三产融合为发展路径，围绕"一村一品"规划产业布局，确定"党建+红色旅游+冯庄味道+特色果蔬种植产业"的产业发展思路。冯庄乡立足红色资源禀赋和产业基础，坚持以党建为引领，依托共青团文化和知青文化资源，注重农村环境塑造，以窑洞特色民宿为切入点，构建红色文旅融合新业态，通过"农户+协会+直营店"的产销模式，优化种养结构，提高农产品附加值，积极培育苹果、吊瓜、西瓜、油麦菜、辣椒等特色果蔬产业，深入挖掘石磨豆腐、瓦罐豆芽的传统制作技艺，以冯庄味道为切入点，构建农旅融合新业态，将红色文化优势和生态优势转变为经济优势，打造革命老区产业振兴新模式。

产业兴，百业兴。只有产业兴旺，农村生产力得到充分发展，乡村各项事业

---

① 1亩=667平方米。

发展才有坚实的物质基础。宝塔区立足资源禀赋和产业基础，精准确定苹果、蔬菜、畜牧等主导产业和生态观光、红色旅游等新业态，逐个编制发展规划，每一个主导产业都出台实施细则，通过各项强农富农惠农政策、地方性补贴政策、农村社会保障制度，保持农业政策连续性和稳定性，提高农业补贴效能和精准性，让农户以多种形式参与到产业发展中来。同时，不断强化工农互促、城乡互补、全面融合的新型城乡关系，进一步夯实乡村建设基础。

健全红色文化产业体系。延安是中国革命的圣地，宝塔是革命圣地的"心脏"。辖区红色旅游资源丰富，以枣园、杨家岭、南泥湾为代表的革命旧址和纪念地构成全国数量最多、规模最大、保护最完整、内容最丰富的革命旧址群，已成为全国爱国主义、革命传统、延安精神三大教育基地。但大多数红色资源分布在中心城区、南泥湾镇和蟠龙镇，其他地区不仅缺乏红色资源和相关的配套保护措施，而且红色资源与旅游、商业等结合程度较低。对此，宝塔区政府提出了"以点带面"的振兴模式：以特色民宿、餐饮为代表的点状旅游模式；以红色文化为主线的线状模式和以景观风情设计为主的景观带模式；以采摘园、红色基地为基础的片区模式。

培育农业产业循环发展新动能。宝塔区自大规模实施退耕还林工程以来，林草覆盖率达到81.3%，具有较为丰富的自然资源，孕育了农村经济发展新动能。具体来说，宝塔区苹果种植面积达49.9万亩，占全区耕地面积的95.96%，产量37万吨，产值17亿元，仅苹果产业带来的人均年收入可达1.8万元；蔬菜面积达6.03万亩，其中日光温室1.19万亩，大拱棚2.24万亩，年产量19.6万吨，产值约为6.8亿元。但在发展过程中仍然存在农业现代化水平不高、产业融合层次较低、集体经济薄弱等问题。对此，宝塔区政府提出了"品牌兴农、质量兴农、平台兴农"的体系化建设和以"品牌化建设、产业链建设"为核心的精细化发展来推动产业发展。除此之外，针对产业融合层次较低的问题，相关部门提出了以服务经济为关键的"1+1+N"的电商布局和以"数字经济"为核心的全方位数字管控，为宝塔区一、二、三产业融合的发展提供了新思路；针对集体经济薄弱，宝塔区重点培育产业龙头企业，优化专业合作社、社会服务组织建设，推广家庭农场，实现农业发展有引领、有支撑。

(三) 冯庄乡产业振兴的做法与经验

坚持因地制宜，发展村级特色产业。冯庄乡按照"一村一策"的标准，要求各村充分考虑自身实际制订产业发展计划，打造独具村情的特色品牌，逐渐形成"村村有产业，业业有特色"的产业发展格局。川道村组凭借地形平坦和交通区位优势，大力发展特色有机果蔬产业，建设成康坪村草莓示范区，薛家湾村苹果示范园，杜坪村、李庄村大棚蔬菜等基地，目前，冯庄乡拥有蔬菜种植面积4000余亩、温室大棚550多座；牛奋沟村受黄土高原特殊地形地貌的影响，地势起伏大，土地碎片化问题较为严重，种养业形态单一、不成规模，难以和康坪村、李庄村等川道村组一样走规模化蔬菜种植道路，最终确定石磨豆腐、瓦罐豆芽为村上主导产业。乡村振兴战略实施以来，乡政府组织成立"冯庄果蔬协会"，在康坪村建立果蔬展览会厅，在城区开设果蔬直营店，通过"农户+协会+直营店"的产销模式，将以往分散种植、经营、销售的农户组织起来，对果蔬规模种植、统一管理、集中销售，有效衔接了农产品产销环节，大大降低了农户的种植风险。

打造冯庄味道，促进农旅深度融合。近年来，冯庄乡按照"陕北印象、历史记忆、乡村味道、现代生活"的规划理念，将特色农业与乡村旅游创新融合，以绿色有机果蔬生产为抓手，以产地初加工为基础，以精深加工、创意加工为重点，将种植新技术与传统老手艺相结合，吸纳更多的农户参与到果蔬种植、传统美食与手工艺品制作之中，打造出独具陕北风味的系列美食和手工艺品，如采用新技术种植的小番茄、辣椒、甜瓜、西瓜等，运用传统手工艺制作的黄馍馍、油馍馍、瓦罐豆芽、石磨豆腐、剪纸、刺绣等都成为冯庄农民脱贫致富的优质产业，冯庄乡以特色农业为基础，打造出集农耕体验、观光采摘、休闲娱乐、山水农家乐、窑洞民宿体验等于一体的乡村农旅融合项目。

夯实基层党建，推进红色文旅融合。近年来，冯庄乡坚持以党建为引领，以乡村红色文化旅游为主线，将红色文化资源与乡村旅游创新融合，依托冯庄共青团支部旧址和康坪村知青故居，规划"两点一线"精品旅游项目，通过"党建+农户+文旅"，使党组织和农户牢牢嵌入文旅产业链中，推动陕北民俗文化、冯庄共青团文化、传统农耕文化融入文旅产业链中。冯庄乡注重环境塑造，以美丽乡村建设为契机，持续改善乡村基础设施，在保留村落传统风貌的基础上，将易地搬迁后的闲置窑洞和房屋改造为红色民宿，用村民使用过的石碾、石磨等传统生产生活工具点缀美丽农村，以老区生态、红色文化、古村建筑等吸引游客，推出一系列集科普教育、红色研学、民俗体验等于一体的多元化乡村红色文旅项目，激发了老区群众的革命精神和满足感，走出一条独具民风特色的乡村振兴之路。

二、革命老区冯庄乡产业发展中存在的问题

陕西省延安市宝塔区冯庄乡长期致力于解决和消除贫困问题，特别是党的十八大以来，经过八年"精准扶贫"，现行标准下农村绝对贫困人口全部脱贫，贫困村全部摘帽。脱贫攻坚取得胜利后，如何抓住乡村振兴发展机遇，实现城乡融合、农业农村现代化和共同富裕将是冯庄乡一项重大改革发展任务。在迈向"第二个百年奋斗目标"的新征程中，产业兴旺是实现乡村振兴的关键，承担着支撑乡村振兴的重要功能，为助推巩固拓展脱贫攻坚成果同乡村振兴有效衔接提供了强大的后劲与潜力。近年来，冯庄乡始终将巩固脱贫成果和乡村振兴有效衔接作为一项政治任务来抓，重点按照防返贫监测机制要求，推行"支部＋合作社＋农户＋市场"模式，采取保底分红、劳务增收、代种代养、订单产销等办法，密切农村低收入人口与经营主体之间的利益联结，真正实现农民依靠土地等资源资产脱离贫困、依靠集体增收致富、依靠市场长足发展。然而冯庄乡实现乡村振兴仍面临着扶贫产业发展的持续性低、产业振兴人才短缺、易地移民搬迁产业衔接差、红色文化与产业结合难、村集体经济薄弱等问题。

（一）产业发展持续性问题

巩固拓展脱贫攻坚成果同乡村振兴有效衔接战略实施以来，冯庄乡依托辖区优势自然风光、深厚文化内涵，以及便利交通条件等，按照"蔬菜做精做优、苹果提质增效、循环经济试点、冯庄味道扩面"的思路，蔬菜产业既抓李庄村、杜坪村等旧棚改造提升，又抓蔬菜高质量生产和高品质营销，加大网上销售和农超对接力度，进一步拓宽冯庄果蔬的销售渠道；苹果产业围绕建设美丽果园暨有机苹果示范园、实施沃土工程和提升防灾减灾能力，把抓管理、推认养、防冻害、建冷库、做电商贯穿苹果生产全过程，把乡村特色品牌做大做优做精。在五年过渡期内，冯庄乡产业发展持续性仍面临着以下问题。

一是产业同质化现象突出。冯庄乡地处陕北黄土高原丘陵沟壑区，境内梁、峁、沟、壑、渠皆有，沟壑纵横，梁峁起伏，地表支离破碎，地势起伏较大。各村由于地理环境相似、自然气候相同、民族文化一致，同时缺少扶贫产业项目的整体规划与市场分析，使得各地发展的扶贫产业项目同质化现象明显，大多为种植业等初级资源型产业。产业同质化最直接的后果是产品过剩和"零和竞争"，不利于扶贫产业的可持续发展。

二是村民对当地乡村产业热情度不高。由于大部分乡村产业存在收益见效慢、风险高等问题，使得当地村民将外出务工作为其最佳选择。

三是产业规模较小，产品竞争力较弱。目前，冯庄乡乡村产业多为农民个人承包，大部分产业未引进龙头企业。同时受资源禀赋、生产技术条件、资金供给水平、人才规模和信贷、保险等金融供给水平的影响，扶贫产业项目规模普遍较小，没有形成大规模的产业集聚。

四是扶贫产业创新能力不足。由于冯庄乡各村经济基础薄弱，缺乏人才、技术、资金等要素，大多数扶贫产业项目处于低端水平且产业结构、品种结构单一，扶贫产业创新能力不足，产品竞争力不够。

（二）产业振兴人才短缺问题

冯庄乡积极探索以人才振兴推动乡村振兴的实践路径，夯实"爱才、兴才、聚才"的组织基础，坚持引才育才并举，用才留才并重，以聚才蓄水来打开振兴新局面。加大农业、教育、卫生等领域专业技术人才引进力度，同时通过省考、选调生招录等方式鼓励各类人才向乡村基层一线流动。在五年过渡期内，冯庄乡产业振兴人才仍面临着以下问题。

一是乡村空心化问题严重。一方面，由于冯庄乡"九山半水半分田"的地理环境，很多村依旧处于"一方水土养不起一方人"阶段。同时，冯庄乡紧挨延安市市区，城乡之间收入、基础建设、教育、医疗等方面差距越来越大，城市的"虹吸效应"明显。另一方面，互联网的推广使得人们的思想发生变化，村民不再安于现状，不再满足于冯庄乡当地的发展。这就导致了冯庄乡人力资本流出的必然性，难以为当地乡村振兴提供强大的人才队伍。

二是产业振兴人才招不来的问题。冯庄乡发展相对落后，基础设施相对不全，与附近优质资源多、工资收入高的延安等城市相比，乡村还存在优质资源匮乏、发展机会受限、持续发展空间不足等问题，基层的现实条件让优质人才望而却步，造成基层人才短缺，一些乡村致富能手、技术骨干、管理人才等本土人才向城市流动，同时外来优秀人才又难以留在乡村。

三是产业振兴人才留不住的问题。基层工作繁复冗杂，基层工作人员往往一个人要承担几个人的工作，工资待遇与工作强度不成正比，烦琐的工作任务、巨大的工作压力让他们选择逃离。政府已出台了一系列政策，为各类人才打造平台、创造发展机会，但也还存在乡村人才引进机制不规范、激励机制不到位、流动机制不灵活等问题，体制机制障碍成为乡村岗位上人才留不住的首要原因。

（三）易地移民搬迁产业衔接问题

一是易地搬迁产业同质化现象。产业培育和发展需要充分发挥市场配置资源的基础性作用，更好地发挥政府的引导作用，要求地方政府能够正确认识和运用当地资源禀赋，紧密结合搬迁户的资源和能力，充分尊重市场规律，选择前景良好、市场需求旺盛、可持续发展的扶贫产业。但部分扶贫产业在选择上未经充分论证，盲目跟风，造成产业发展高度同质化，脱贫人口极易因市场波动等因素返贫，也浪费了大量的人力、物力、财力。

二是产业培育及就业水平总体不高。搬迁群众生产资料位于迁出区，群众往返耕作成本较高，且土地相对分散贫瘠，加之水利、道路等产业配套设施薄弱，产业培育发展难度较大。

三是部分安置点管理服务能力有限。跨行政区安置、安置规模较大的安置点由于搬迁对象复杂，管理难度较大，加之缺乏管理经验，安置点人居环境需进一步提升，安置点综合管理能力亟待提升。

（四）红色文化与产业结合问题

近年来，冯庄乡围绕红色美丽村庄建设，以团支部旧址为重点，积极打造康坪村知青旧居—李庄村特色采摘—冯庄团文化培训为核心的红色乡村旅游精品线路。三年来累计接待游客2万人，创收10万余元。在五年过渡期内，冯庄乡红色文化与产业结合方面仍面临着以下问题。

一是冯庄乡红色文化品牌效益不明显，知名度较低。从产业发展的角度来看，冯庄乡红色文化开发的相关文化产品缺乏明确的定位，没有形成完备的产业系统。

一方面文化产品的陈列、展示方式都比较陈旧、单一，另一方面售卖的文化产品很多都是重复、雷同的产品，同质化现象严重。这些文化产品既不具备浓厚的地方特色，缺乏深刻的精神内涵，价格也十分低廉，无法体现红色文化产品的特色。

二是集群效益不明显、合作度较低。冯庄乡红色文化资源从总体上看数量较多，但是在地理位置上分布相对分散，呈现出点多面广的特点，各景区往往采取单兵作战的模式，景区之间很少进行交流，缺乏联系交流、优势互补、强强联合的整体开发思路，集群效益并不明显，间断性的旅游体验大大降低了冯庄乡红色文化旧址遗迹对于游客的吸引力。

三是宣传效果相对较差。各景点仍然采用较为传统的信息传播手段，这对于红色文化资源的深入挖掘是不利的。在新时代背景下，更需要创造性地使用新技术、新平台、新媒体来提升宣传的范围和效果。

（五）村级集体经济薄弱问题

冯庄乡坚持党建引领，探索新的发展模式和新的经济业态，突出把村集体经济链接在产业链上，把农户镶嵌在产业点上，实现抱团兴业，让群众互助增收。在五年过渡期内，冯庄乡村级集体经济仍面临着以下问题。

一是思想认识有待提高。一些村干部思想保守，观念陈旧，缺乏开拓进取精神。把发展集体经济等同于"上项目、找贷款、办企业"，过分强调缺乏资金、人才、技术等客观条件，存在等、靠、要的思想，不能立足现有的土地、产业、资源等优势求发展。有的村干部只顾眼前利益，容易满足于出租房屋、土地、林地等微薄的租金收入，对发展集体经济缺乏长远的规划和思路。

二是扶持政策有待优化。农村集体经济发展缺乏有力的、具体的、操作性强的扶持政策。此外，各地对扶持政策的执行也不一致，对农村集体经济的发展缺乏足够的指导，起不到应有的扶持作用，不能引领农村集体经济走上可持续发展的道路。

三是发展手段有待创新。首先是受限于交通、环境、区位等方面因素，大部分村没有明显的区位和资源优势，缺乏核心竞争力；其次是多数村集体原始积累少、底子薄，主要依靠出租集体荒沟、荒坝、荒林、荒地等增加村级集体经济收入，村级集体经济收入来源窄。同时，村集体经营的项目存在数量少、市场竞争力差的问题，没有实现产业化发展、规范化经营。

三、革命老区冯庄乡产业发展的对策建议

（一）进一步优化顶层设计，在产业发展政策上做好衔接

一是做好从产业帮扶到发展激励。在产业扶贫阶段，产业帮扶政策几乎对能够吸纳一定规模剩余劳动力的产业项目都给予支持，进而产生了大量的小微扶贫产业。现阶段，产业发展更加注重结构优化、产业链延伸以及价值链攀升。因此，以吸纳劳动力为导向的被动式产业政策不再可取。产业政策需要从对产业帮扶转变为有选择的发展激励。冯庄乡需要立足各村资源禀赋优势和特色产业，进一步优化产业布局，对于产业扶贫阶段留存下的小规模产业可以通过合作社和协会等方式联合发展，提高生产效率。在产业布局过程中，产业集群的打造不一定必须以行政村为界，除了围绕村组特色产业外，也可以以市场需求为导向培育具有竞争力的产业。对于杜坪、康坪、李庄、薛家湾等专业村组，已经具有一定规模的优势果蔬产业，以提升蔬菜品质、天然有机生产、打造绿色品牌等为发展导向，加大政策激励，通过建设果蔬园区、配套关联项目以及分级奖励等措施，做大做强优势品牌产业，增强冯庄乡产业发展的动力与潜力。

二是做好从政策配给到资源整合。脱贫攻坚时期的产业政策投入大多以点对点式的产业资源配给实现脱贫，虽然投入了大量产业配给政策，但乡村产业资源整合程度较低。在产业振兴阶段，需要对产业政策投入的资源整合能力进行优化提升，更多地从产业市场竞争能力、可持续发展等维度对产业资源进行有效利用。冯庄乡多数村落土地较为零散，个体经营效率低下，产业政策需要进一步转向劳动力、土地等要素资源整合层面，通过建立村集体经济引导产业标准化、集约化发展，通过引进先进企业建立产业基地等形式实现资本、技术、管理等要素的集合，在市场逻辑引导下，契合冯庄乡内循环格局，实现产业升级发展。

（二）进一步健全乡村人才引育机制，在产业人才培养上做好衔接

一是从填鸭式输入到菜单式输出。脱贫攻坚阶段，对于劳动力的培训主要围绕外出务工劳动人员或者对农民进行统一的生产技能培训，此类填鸭式培训对于产业振兴阶段催生的新岗位技能需求匹配度不高，实用性不强。为进一步提升乡村人力资本，冯庄乡需要立足产业发展所需人才以及农民实际需求给出培

训菜单,通过建立健全冯庄乡劳动力数据信息库,统筹冯庄现有农民、农民工、脱贫户、边缘易返贫劳动力就业信息,搭建劳动力大数据平台,挖掘利用不同劳动力年龄结构、技能特长、就业状态、培训需求等信息,提供多种形式的技能培训。同时,在精准匹配发展需求上,培训内容应当契合冯庄乡优势产业发展需要,以品牌为核心加大技能培训力度,实现产业人才的菜单式输出。对于部分符合条件的弱劳力、半劳力以及边缘易返贫劳动力,可以依托冯庄田园生态旅游、红色文化发展、特色农业旅游等项目组建劳务合作社和社会化服务组织,设置公益岗位来对其就地就近安置就业,保障脱贫户劳动力稳定就业。

二是从谋生技能培训到打造职业农民。脱贫攻坚时期,人力资本提升主要围绕农民谋生技能展开,培训形式较为单一,且以短期发展为首要目的。现阶段,传统农业正不断转向现代化,大量先进技术、设施装备、经营理念的引入,对农民整体素质提出了更高要求。接下来,冯庄乡需要结合产业业态和技术需求,对劳动力观念、素质、能力等多方面拓展培训内容,一方面通过电视、互联网等媒体手段,以果蔬种植实用技术为重点,进行普及性培训,提高农民整体素质;另一方面对已有一定技能、文化水平较高的青壮年农民开展创新创业培训,以专业化、标准化生产技术、先进农业经营管理策略等知识技能为主要内容,从技术培训到实践指导开展系统化专业培训,打造新型职业农民队伍,为产业振兴提供人才保障。

(三)构建共享利益包容性共同体,在小农户与现代农业发展上做好衔接

一是做好从小农户到家庭农场。乡村土地适度规模经营,是建设现代农业的必由之路,但是受地理环境制约,冯庄乡土地零散,短时间内难以全面实行规模化经营,小农户多数仍以小规模家庭经营模式为主。在产业振兴衔接阶段,冯庄乡仍需将扶持小农户、完善小农户社会化服务作为重点,逐步将小农户引入现代农业发展轨道。一方面,重点推广面向小农户的实用轻简型装备和技术,引入适合小规模果蔬生产的装备、技术、管理理念,大力支持小农户发展智慧农业、生态农业、循环农业等现代农业,逐步转变小农户经营发展理念;另一方面,鼓励小农户联耕联种,联管联营,通过"农户+农场+合作社"的方式组建合伙农场进行联合生产经营,扩大生产规模、降低生产经营成本,提升农户经营效益,为现代农业生产奠定基础。

二是做好从物美价廉供应者到利益共享共同体。从事乡村产业的主要经营主体是小农户，经营的受益者也一定包括小农户，这是产业振兴的前提，也是乡村振兴战略的基本要求。农业现代化前提下的农业发展必然以产业链形式运作，而小农户主要从事生产种植活动，处于产业链前端，一般只能获得基本要素分配收入，小农户成为物美价廉产品供应者，特色资源换不来应有的收益，将导致小农户从事特色产业经营积极性不断降低。因此，现代化农业生产需要小农户与产业化经营主体构建利益共享共同体。冯庄乡在民宿经营、大棚蔬菜种植产业方面已有较为成熟的合作伙伴和营销模式，在此基础上，进一步鼓励龙头企业采用参与经营、入股分红等形式与小农户形成多元利益联结，通过收益分红、年终奖等方式进行适度利益让渡，使小农户能够获得精深加工、品牌营销等产业链增值收益，形成利益共享、风险共担的利益共同体。另外，对于冯庄石磨豆腐、瓦罐豆芽等还未形成完整产业链的初期产业，有效利用移动互联网技术等建立乡村特色产品交易平台，拓宽销售渠道，鼓励小农户在交易平台或者利用合作社与消费者直接进行交易，降低小农户交易成本，引导小农户走向数字化营销模式，使小农户逐步融入农业现代化发展。

（四）完善集体经济发展机制，在带动主体上做好衔接

一是探索多元化新型经营主体。冯庄乡集体经济整体规模偏小，经营分散，对扶贫经费和项目资金等政策性经费依赖度较高，村集体经济组织可持续发展动力不足。在产业扶贫和产业振兴交汇过渡期，需要重点探索适应村镇发展的新型经营主体。（1）建立冯庄家庭农场协会，根据村镇种养品种和产业发展现状，结合基础环境条件，有序推广家庭农场，提高零散闲置土地利用效率。（2）围绕"冯庄果蔬""冯庄味道""共青小镇"等初具品牌效应的特色产业成立农民专业合作社，科学制订产业发展中长期规划，在合理利用现有合作主体和项目的基础上，加大招商引资力度，逐步提高特色产业规模，增强产业发展的韧性和潜力。

二是完善集体经济带动机制。随着脱贫攻坚全面完成，缩小收入差距、实现共同富裕将是乡村产业发展的重点任务。需要进一步完善集体经济带动机制以提高对低收入人口的带动能力。（1）规范合作社运营管理，围绕现有合作社规章制度、利益分配、民主管理、信息公开等方面开展规范提升行动，对运营不规范的合作社整顿提升，提高其规范程度和运营水平。（2）创新带动方式，在资产收益带动的基础上，鼓励经营主体与低收入农户建立利益分红、股权激励等合作模式，对经营性资产合理折股和量化，提高农户生产经营主动性和积极性，提升低收入农户自我发展能力。（3）建立农业社会化服务组织，农业现代化的本质是人的现代化，农业社会化服务组织为新型农民成长发展提供了实践平台，通过积极探索"服务主体＋各类新型经营主体＋农户"等组织形式，为村镇农户提供农资、供销、科技、信息等多方面服务，推动冯庄乡农业商品化和现代化发展。

（五）延伸产业链，在产业融合上做好衔接

一是建设特色产业全产业链。冯庄乡农业产业多以果蔬种植和农副产品加工制作为主，在产业基础端，种植业受客观环境条件影响作用较大，冯庄乡许多老旧大棚已不能满足高标准种植要求，因此通过实施大棚改造工程，优化温室菜、拱棚菜种植环境，提高生产效率。豆腐、豆芽等农副产品加工产业基础较为薄弱，需要从延链、补链做起，在做好鲜食豆腐的同时，向干豆腐产业推进，以豆腐渣做猪饲料，走种养循环道路。在产品营销端，在直营店基础上，建立线上专营店，以有机绿色为品牌定位，与宝塔区部分社区建立长期合作，开展农产品与社区一对一直营模式，在延长产业链的同时，提高农产品附加值，实现果蔬、豆腐、豆芽等农产品从田间地头到消费者餐桌的"最后一公里"。

二是推动农业产业融合发展。冯庄乡作为全国第一个农村团支部的诞生地，素有"青年之乡"之称，深厚的红色文化底蕴为其发展红色旅游提供了独特优势。在产业振兴衔接过程中，围绕康坪村共青小镇红色文化基因，依托乡村生态文化特色，大力推进旅游业发展，通过构建集民宿体验、餐饮娱乐、农业观光、果蔬采摘、自然教育等面向大众的田园综合体，提高农业产业附加值，形成红色旅游牵引，产旅融合发展的产业链。同时，利用好交通优势，优化物流服务，大力支持农户、合作社、乡镇企业等经营主体与电商平台建立合作，打造电商特色乡村，形成农产品电商价值链，拓宽农产品营销渠道，夯实产业振兴基础。

作　　者　西北大学经济管理学院博士研究生　卢京宇　王　阳
　　　　　西北大学经济管理学院硕士研究生　石　娜　冯　雪
指导教师　郭俊华

3 关于双河镇与红军镇的乡村振兴调研报告

一、双河镇与红军镇乡村振兴情况

"助力乡村振兴,建设美丽中国"暑期社会实践团以安康市旬阳市双河镇和红军镇为调研对象,通过走访调研、专项采访等方式,从基层管理人员、当地村民等不同角度,了解当地乡村振兴现状。

乡村是具有自然、社会、经济特征的地域综合体,兼具生产、生活、生态、文化等多重功能,与城镇互促互进、共生共存,共同构成人类活动的主要空间。乡村兴则国家兴,乡村衰则国家衰。我国人民日益增长的美好生活需要和不平衡不充分的发展之间的矛盾在乡村最为突出,全面建成小康社会和全面建设社会主义现代化强国,最艰巨最繁重的任务在农村,最广泛最深厚的基础在农村,最大的潜力和后劲也在农村。实施乡村振兴战略,是解决新时代我国社会主要矛盾、实现"两个一百年"奋斗目标和中华民族伟大复兴的必然要求,具有重大的现实意义和深远的历史意义。

旬阳市双河镇与红军镇立足现状、依托当地特色地理条件,通过政府与当地民众的共同努力,取得了不错实效。

(一)产业振兴

探索农业发展新模式。针对农业高效高质量发展问题,当地政府积极探索了稻田养鱼的新型发展模式,依托独特的地理环境,结合科技惠农、知识智农,与相关的农业高校进行合作,指导农业活动科学、高效开展,并于2019年获批稻田养鱼国家级示范区。针对产品销售问题,政府积极与企业和学校对接供需,同时尝试了直播带货和电商模式,取得了一定成效。

加强基础设施建设。"要想富,先修路",在道路交通方面,当地政府在脱贫

攻坚期间完成了四好农村路的建设,做到了村村通路,极大地改善了当地道路交通困难的现状,加强了与外界的互联互通。目前,当地正在建设的蜀河大桥、西康高铁(旬阳段)以及数条高速公路将会进一步拉动当地与外部的交流沟通、增强安康东部县区吸纳关中平原城市群的经济外溢效应,促进县域经济转型升级和资源开发。同时,在农田、水利、电力等围绕民生的方面,当地政府多措并举,集合人力物力,取得了有益成果。这些基础设施的建设不仅改善了村民的生活环境,提高了村民的获得感、幸福感,并且对当地产品外销、旅游发展、人才引进等有巨大的推动作用。

(二)人才振兴

实行县校合作,定向委培。当地政府与陕西师范大学、西北农林科技大学、安康学院等高校合作,加强对农村一线人员开发培训,建立农村人才信息库。实施技能人才帮带,充分发挥专技人才作用,将具有一定专技特长、愿意为群众服务的优秀青年人才下派到农村一线,向农民普及科技知识,培育科技示范典型。

制定人才引进管理办法,实行更加开放积极的人才引进政策,不断壮大农村实用型、领军型人才队伍。通过金融支持、住房保障等政策扶持,支持旬阳籍在外创业成功人士回故乡、帮老乡、建家乡,为乡村人才队伍建设注入新的活力。

(三)文化振兴

红军镇因红25军74师在此创建根据地而得名,是全国唯一一个以"红军"命名的乡镇。当地政府立足本地历史文化现状、依托文旅结合,开发了"红军镇国家特色国防教育基地",推进红色资源+旅游产业融合发展,建设了红军纪念馆、红军纪念碑等,从红色人文历史、时代背景和现实意义等方面将红色教育与产业发展、理论武装、网络教育、自身建设结合起来,使红色因子融入经济社会生活的方方面面,提高当地群众的思想觉悟,自觉学习红军老前辈的优秀品质。

积极打造新时代乡贤文化,号召群众向优秀模范学习。编写《新民风讲义》,通过党员、干部的宣传引导,讲清讲透新民风的内涵和要求,带动社会团体、民间组织、人民群众行动起来,使"诚孝俭勤和"新民风家喻户晓、人人皆知,成为人民群众的思想认同和行动遵循,不断提高基层自治能力,共同打造"新民风建设示范县"。

大力扶持当地中小学教育发展。通过与安康学院、陕西师范大学等高校合作，不断为当地教师行业注入新血液，提高教师队伍的质量。通过财政支持，改善当地中小学教育设施，助力提高教学质量。

（四）生态振兴

将林业与产业相结合，大力促进乡村产业兴旺。按照"生态产业化、产业生态化"的发展思路，抓特色林果生态增效，打造特色林果示范基地，并积极培育省级林下经济示范基地，创建安康市市级航母园、市级园区、核桃标准园、良种繁育示范园。同时，引导乡土专家和金剪子队伍从技术指导入手，组建拐枣产业研发团、干鲜果产业研发团、柑橘类产业研发团队，采取多种形式，持续推进特色林产品招商开发、申报注册地方名优特产品品牌，延长林果产业链，让涉林企业获得更多商机，促进经济有效增长，林业产业发展优势进一步凸显。

贯彻落实"绿水青山就是金山银山"理念，依托秦岭特色资源开发了水洞沟生态旅游观光项目，引入新型业态如小菜园及观光花田项目，着手打造"村＋公司＋农户"的发展模式，变美丽资源为美丽经济，引导农户发展民宿、农家乐等产业，多维度、多举措促进农民生活富裕。

（五）组织振兴

乡村要振兴，组织振兴是根本和保障。当地政府通过人才引进计划，结合乡雁培育计划，落实头雁领航、强雁带头、雏雁破壳、归雁赋能、离雁强心等行动，建立五类人员管理台账，实现村支部书记一肩挑。依托产业发展需求和方向，积极推动产教融合，培养创新型、实用型人才，不断夯实人才队伍建设。

双河镇与红军镇立足当地实际情况，制定和实施了一系列蓝图规划与特色项目，取得了不错成效，很大程度上改变了当地长期贫困和与外界沟通不畅的局面，提高了当地人民的生活水平与生活幸福感。但由于地理环境等条件的制约，两地仍面临着很多亟待解决的重要问题，需要政府从长远发展、人民利益等方面考虑并加以解决。

青春实践路　奋进新征程

二、双河镇与红军镇乡村振兴中存在的问题

（一）村镇基础公共设施和服务设施建设有待进一步完善

当前制约乡村振兴的一大重要因素是难以有效满足人民群众的需求。其一便是基础设施建设。"要想富，先修路"，只有交通便利了，外面的优秀资源才有可能有途径输送进来，乡村里的优质产品才有机会走出去。在旬阳市的长期道路规划中，双河镇将继续拓宽和加固双河境内的主要干道，并预计打通连接甘溪、小河方面的道路，畅通交通使得双河镇能更好地融入全市的整体发展。然而基础设施建设向基层沉淀的速度较慢，有部分农村地区的水泥路并未做到户户通，导致村民出行仍有不便，基础设施建设依旧任重道远。

另外，在实地走访调研中发现，针对农村老人的服务设施建设还不够，许多老年人搞不懂移动支付，大多数人拿着智能手机不会操作，而为老年人所服务的文娱项目建设也不够，政府修建的老年人健身公共器材大多年久失修，其他娱乐项目更是少之又少。

（二）人口流失问题严重，各项人才严重缺乏

中国城镇化率从1995年的29%飙升至2021年的63.89%，城市人口愈发稠密，而农村人口从1995年的最高峰8.6亿下降到2021年的5.1亿。在双河镇和红军镇中，人口结构极不平衡，年轻劳动力大量外出，还有部分劳动力带着妻子儿女一同外出，人去楼空，大门紧闭，这是我们所有人都不愿看到的。究其原因，无非是在城市里的收入要比在农村中高得多，而且城市的教育、医疗、交通等资源优势方面明显优于农村，这是大多数人所向往的生活环境。我们在实地探访中询问到一个尖锐问题：他们也想留下陪孩子、陪父母，但是留在本地连工作都不好找又怎么能赚到钱呢？

我们在与当地政府人员的交谈中了解到，当地的人才是非常匮乏的，不仅当地的学校、医院，甚至是当地政府机关都存在一定程度上的人员匮乏，许多报考基层的年轻人，来时激情满满，但很快被赤裸裸的现实所打败。当地产业想发展，离不开高科技人才的帮扶；当地教育想发展，突破教育的桎梏，离不开高水平的人民教师；当地的乡村想发展，离不开这些接受了高等教育的人才。

（三）急需实现的乡村产业发展

走访中我们能看到，乡镇上仅有两家由政府所支持创办的毛绒玩具厂和服装厂，其他更多的是个体户，没有成规模的产业，而在农村，几乎所有农民都只是在自家地里种植些应季的粮食、蔬菜，经济作物少之又少，仅有庙坪由当地带头人承包土地探索农业发展新模式，开创大棚农业，发展田园经济。针对农业高效高质量发展问题，当地基层政府积极探索了稻田养鱼的新型发展模式，依托独特的地理环境，结合科技惠农、知识智农，与相关的农业高校进行合作，指导农业科学、高效发展，并于2019年获批稻田养鱼国家级示范区。针对产品销售问题，政府积极与企业和学校对接供需，同时尝试了直播带货和电商模式。

另外，当地政府也在积极探索开发乡村发展新道路的文旅产业，针对近些年火起来的民宿旅游行业，由政府搭桥，提供资金和平台，当地村委会集众人之力开发了水洞沟、古墓岭等景点，但碍于后续的资金投入及景点的投入与回报不成正比，使得开发较为缓慢。

（四）有待提高的人口素质

党和国家要求坚持以人为本，实现乡村振兴同样也是要做到开民心、启民智，但根据当地的事件调查报告显示，双河镇每十万人受高等教育的人数为3778人，每十万人受高中（中专）教育的人数为5037人。两项指标均低于全县平均水平，表明该地人才培育还需要加强，急需激发人才活力。随着中国农村现状的变化，目前在村长期居住的群体大多是老人、妇女，对依靠自身能力致富的信心不足，自力更生的内在动力不强，尽管在全国范围内实现了全面脱贫，但仍有部分人还活在过去，以为什么事都可以依靠政府，这就说明农村思想教育工作力度不够，群众思想素质不适应形势要求，农村文化建设落后。

乡村的发展受限于地理，但也依靠于地理，乡村有其独特天然的条件，我们应该更多地把这看似对于我们来说是不利因素转变为利于自身发展的优势。

青春实践路 奋进新征程

三、对策与建议

实施乡村振兴战略,是解决新时代社会主要矛盾、实现"两个一百年"奋斗目标的必然要求,具有重大现实意义和深远历史意义。农业强不强、农村美不美、农民富不富,决定着全面小康社会的成色和社会主义现代化的质量。一个个兼有文化底蕴和现代文明的美丽乡村才会展现一个最为真实的立体中国。乡村兴则国家兴,乡村衰则国家衰。要让中国屹立于世界,乡村振兴刻不容缓。乡村振兴战略是时代的召唤,是建设中国特色社会主义的必然选择。

通过本次三下乡活动,我们实践分队了解到双河镇的自然历史条件以及当地产业发展现状。当地在基础设施建设、产业振兴、生态文化振兴等方面均取得显著成效,如在2019年获批国家级示范区稻田养鱼基地,脱贫攻坚期间完成四好农村路建设。但受限于地理历史条件等因素,双河镇的进一步发展仍面临诸多困境,对于双河镇乡村振兴问题,我们建议从核心问题,即产业问题入手,并兼顾长期与短期利益。从产业选择的角度来看,不能脱离目前乡村的基础设施情况,尽管目前的乡村振兴都热衷于打造旅游业,然而旅游业本身是高度依赖于自然历史条件的,若是没有突出的特色而强行建设,只会造成资源的浪费。任何建设都必须兼顾现实与长远利益,双河镇与外界的交通仍不便利,各项基础建设仍有待完善,即使本身的景点有一定吸引力,也难以吸引游客前来,景区的建设在短期内难以回本,并且越是长期的计划越容易受到不确定性的影响,这也是如红军镇、水洞沟景区后期资金紧张,难以进一步开发的原因。对于乡村来说,资金、人才、交通都是在长期发展中才能实现的,因此对于双河镇而言,优先的产业选择应当尽可能少依赖交通条件、人才条件、资金条件,逐步进行发展。

一是依托地域特色,确立优势产业。根据镇域经济发展实际,因地制宜、科学谋划、高效推进,夯实产业基础。当地的特色作物魔芋不仅可作食物,也可作药材,且当地气候温暖湿润,适合魔芋生长。目前双河镇已建成5000亩魔芋种植基地,创建一个市级魔芋示范区,这是先天的产业优势,但仅靠种植经济效益较低,政府应将重心放在延长产业链上,为引进优质加工企业提供便利,或自行培育本土企业。这样不仅可以实现更高的收入,满足当地居民就业要求,也能吸纳外界资金、人才。

二是完善村镇基础公共设施和服务设施建设。基础设施建设是满足居民日益增长的美好生活需要的基础，也是产业振兴的前提条件和必要保障。由于地理条件的劣势，双河镇存在大量中低产田，水利建设需要更多的投入才能确保农业的产量，因此水利基础建设尤为重要，应重点加强。另外，部分居民的住所处于自然灾害如滑坡泥石流洪水的威胁区，进行有序的移民搬迁活动是有必要的。从交通方面看，应当继续积极扩展与外界交通线，增加山路陡坡地区的安全保障设施，这不仅是对当地群众生命的尊重，也是对经济交流、内外沟通的保障，道路安全不应当成为阻碍外界人员入镇的障碍。

三是稳定劳动力市场，提高人口素质。没有劳动者，没有消费需求，一切发展都将毫无意义。双河镇人口结构不均衡、劳动力缺失、老龄化问题已经相当突出，若不及时解决，经济发展必然后劲不足。人口聚集的本质是产业聚集，人才保留与引进的本质也是产业问题。因此，政府应当以抓经济为主，提供政策便利，鼓励本地青年就地创业，同时加强思想教育，提高当地年轻人对家乡建设的热情。乡村振兴，振兴内容固然重要，但先后顺序更重要。作为经济较落后地区，我们必须承认其在大多数领域都有不足，对其振兴当然也要兼顾多个方面，但是若不能抓住主要矛盾，只会白白浪费机会与资源。对于乡村来说，基础设施、环境建设固然重要，但更应该把经济产业问题置于中心，起步时不应当也不必过分追求全面进步，只有分清主次，才能迈开腿。

作　　者　西北大学经济管理学院本科生　赵洋溢　冯豪杰　肖阳东　刘弘庭
　　　　　　　曹凯凯　王　龙

指导老师　刘泽强

4 关于商洛市山阳县乡村振兴典型案例的调研报告

乡村振兴战略是习近平总书记2017年10月18日在党的十九大报告中提出的战略。十九大报告指出，农业农村农民问题是关系国计民生的根本性问题，必须始终把解决好"三农"问题作为全党工作的重中之重，实施乡村振兴战略。2018年，中央一号文件中全面阐述了乡村振兴的内涵要点，提出"产业兴旺、生态宜居、乡风文明、治理有效、生活富裕"的20字总要求。实施乡村振兴战略，推进农业农村现代化，是习近平新时代中国特色社会主义思想的有机组成部分，是指导新时代中国农村改革的重大战略，开启了中国农村改革与发展的新时代，必将对中国农业农村发展产生深远影响。

本团队为深入研究巩固拓展脱贫攻坚成果同乡村振兴有效衔接的重点难点，总结实践经验，提出政策建议，尤其是挖掘乡村振兴典型案例，特前往山阳县调研乡村振兴实施状况。具体来说，寻找山阳县在管好用活扶贫项目资金、巩固拓展产业扶贫成果同产业振兴有效衔接、村级集体经济发展壮大、易地扶贫搬迁后续帮扶、东西部协作助力乡村振兴等方面的典型案例，选择具有代表性的案例点进行调研，与相关干部、生产经营人员和农户访谈。

团队在山阳县政府、县乡村振兴局的支持下，于8月3日、8月4日在户家塬镇、高坝店镇、法官镇和漫川镇调查研究了当地产业振兴、村集体经济、易地扶贫搬迁后续帮扶等方面的实践情况，与当地企业主、农户和干部进行了深入交流。于8月5日同山阳县乡村振兴局、县农业农村局、县移民办和县电商中心负责人进行了调研座谈，调研座谈会上，各部门负责人介绍了该部门关于乡村振兴相关工作的开展情况、下一步的工作计划、当前工作面临的问题及其可能的解决途径，并与团队成员进行了交流探讨。

一、山阳县基本社会经济条件与乡村振兴现状

山阳县地处秦岭南麓，域内"八山一水一分田"，曾是国家扶贫开发重点县。2021年，山阳县全年实现生产总值171.75亿元，比上年增长9.6%，其中非公经济实现增加值97.40亿元，占全县生产总值比重为56.71%。一、二、三产业占生产总值的比重分别为12.9%、48.6%、38.5%。全年全县全体居民人均可支配收入18769元，其中城镇居民人均可支配收入28027元。建成现代农业园区52个，培育市级以上龙头企业28家、农民专业合作社941个，共有新材料、生物医药、有机食品精深加工和电子信息产品生产等规模以上企业46家，其中高新技术企业8家，2018年县域工业集中区成功创建为省级高新技术开发区。

山阳县曾是贫困发生率高达22.27%的重点扶贫县。2014年底，全县共有贫困村129个，建档立卡贫困户3.17万户10.95万人。2014年脱贫203户793人，2015年脱贫348户1476人，2016年脱贫3118户11309人，2017年退出贫困村10个、脱贫2185户8730人，2018年退出贫困村62个、脱贫10607户42854人，2019年退出贫困村57个、脱贫13064户39208人。2020年还剩余贫困人口1182户2400人，贫困发生率下降到1.02%，经县级自查自评、市级核查、省级评估验收，退出各项指标均已达标，顺利实现整县摘帽目标。山阳县在易地扶贫搬迁方面的工作也较为突出。在脱贫攻坚期间，12471户搬迁群众和5994户危改群众搬进了安全舒适的新房。78条通村通组水泥路建成通车，404处安全饮水工程全部竣工，县城建成区面积拓展到10.5平方千米，城镇化率达到56%。在产业方面，在脱贫攻坚阶段形成药、菌、果、畜、茶、中蜂、光伏、电商、旅游、劳务十大脱贫产业，强药、扩菌、稳果、优畜四大工程。

自2020年摘帽以来，山阳县认真贯彻习近平总书记关于"三农"工作的重要论述，全面落实党中央、国务院的决策部署和省委、市委的工作要求，坚持以巩固拓展脱贫攻坚成果同乡村振兴有效衔接统揽农村工作全局，严格落实"四个不摘"要求，聚焦过渡期责任落实、政策落实、工作落实、巩固成效"四大任务"，努力实现巩固拓展脱贫攻坚成果同乡村振兴有效衔接。

首先，山阳县聚焦动态监测和帮扶，坚决守牢防返贫底线。建立"人盯人"+防返贫监测机制，将全县所有农户纳入监测范围，划分为4431个网格，探索建立

山阳县大数据防返贫监测平台，通过线上线下监测，2021年新纳入监测户589户1969人，并针对发现的短板弱项问题，精准定制帮扶措施，第一时间开展帮扶，没有一户群众因帮扶不到位而致贫返贫。

其次，山阳县聚焦"一都四区"示范县建设，主要经济指标经济运行持续向好。预计2021年全年实现生产总值171.75亿元，增长9.6%；规上工业总产值223亿元，增长10%；固定资产投资140.94亿元，增长7.0%。

最后，山阳县聚焦有效衔接乡村振兴，推动政策机制完善。发挥县委书记"一线总指挥"作用，成立由县委书记任第一组长，县长任组长的"有效衔接"工作领导小组和产业振兴等8个工作组；制定"目标清单、责任清单、任务清单"三个清单，将县直44个行业部门"有效衔接"责任落实落细，出台政策文件43个；为152个"五类村"选派新一轮驻村第一书记和工作队员524名，实现了驻村工作队有序轮换。

二、山阳县乡村振兴典型案例分析

团队在调研期间共整理出8个案例，包括产业振兴、集体经济和易地扶贫搬迁后续工作3类。

（一）户家塬镇意发生态农牧产业园（产业振兴案例）

2018年为响应国家号召，贯彻习近平总书记来陕考察重要讲话精神，户家塬镇实行"村企共建""企企联建"模式建设畜牧养殖产业园。园区秉承绿色循环、创新共享的发展理念，按照"种养加一体、产供销融合"的思路，投资3.2亿元，兴建了集饲草种植、肉牛养殖、屠宰加工、废弃物综合利用、产品开发销售和科技研发培训于一体的现代化生态农牧产业园。在展馆内还可通过监控观察到肉牛的养殖状态，更为真实地了解到肉牛从养殖到产品开发销售的全过程。山阳县委、县政府更是把肉牛产业作为巩固脱贫成果、助推乡村振兴的现代绿色产业来抓，按照"龙头带动、基地示范、农户参与、品牌营销"的总体思路，以建设全省肉牛强县为目标，以农业产业"八化"为标准，组建肉牛产业发展联合体，推行"支部+公司（合作社）+基地+农户（贫困户）"发展模式，通过饲草种植、土地流转、就业务工、肉牛托管、线上线下销售多渠道增收，打造"岭南牛肉"品牌，推动肉牛产业"接二连三"融合发展。在交流中,园区负责人也提出当下养殖过程中存在的一些问题:如劳动力的结构性不平衡,适龄的青壮年劳动力大多进城务工,所留下为数不多的劳动力普遍年龄偏大;近年饲草饲料运输成本增加,导致肉牛养殖成本增加、市场竞争力下降;肉制品加工技术仍不够成熟,产品类型较为单一且以五香牛肉与牛肉干为主。

(二)户家塬镇天蓬猕猴桃产业园(产业振兴案例)

园区于 2020 年响应山阳县委、县政府号召,引入周至先进猕猴桃品种,并将基地东扩南移。园区总体面积约 1000 亩,现已开发种植面积 600 余亩,并带动 2 个村村集体经济实现年增收 10 万元以上,200 户农户依托土地流转和就业实现年增收 5000 元以上。现已开发种植的园区基地预计由 3 种不同的最新品种覆盖,并逐渐开始挂果培育。该园区建设标准具有"起点高、品质高、产量高"的"三高"特点,经过团队观察发现,园区设备信息化程度较高,如基地的喷水装置,即使在炎热的夏天,农户在家中只需要通过手机即可控制装置的喷水量、辐射面积、辐射角度等,基地发展质量因此得以提升。在交流过程中,作为农民企业家的基地负责人也提出自己对于猕猴桃未来发展的展望,首先是"度夏越冬"的气候问题,大棚内部精确的温度调控关系到后期果实的产量与质量;其次是基地负责人虽已洽谈对接友好合作公司,但挂果之后如何做好自身销售、寻找稳定销路仍然是值得思考的重要问题;最后是天蓬猕猴桃的产品定位问题,由于天然禀赋与后期投入,该基地猕猴桃主要定位在市场高端产品,那么就需要持续投入越来越多的专业力量进行更为高端的产品研发,这对资金与人才科技都是一个不小的考验。

(三)法官镇陕西和丰阳光食用菌产业园(产业振兴案例)

陕西和丰阳光生物科技有限责任公司成立于 2017 年,是一家集食用菌研发、生产、加工、销售、培训等于一体的综合性现代农业产业园区。园区之所以能保持如此强劲的发展势头,皆源于两年前习近平总书记在陕南地区的一次调研。2020 年 4 月 20 日,习近平总书记赴陕西省商洛市柞水县考察时点赞商洛木耳,给从事食用菌产业的农户带来了巨大的鼓舞,为山阳县食用菌产业发展创造了机遇。在山阳县委、县政府的大力号召下,陕西和丰阳光生物科技有限责任公司积极响应,双方携手发展食用菌全产业链,实现了香菇、木耳、海鲜菇等食用菌高端化、集群化发展新格局。在实施乡村振兴战略中，陕西和丰阳光生物科技有限公司创新"一引三带三包四收益"联农带农机制，多措并举做好农户的组织、引导、带动工作，推进巩固脱贫攻坚成果同乡村振兴有效衔接，真正让农业成为有奔头的产业，让农民成为有吸引力的职业，让农村成为安居乐业的美丽家园，为全县巩固拓展脱贫攻坚成果同乡村振兴有效衔接发挥了示范引领作用。

（四）漫川关镇板庙村陕西天竺饮品有限公司（产业振兴案例）

陕西天竺饮品有限公司是位于秦岭深处的健康饮品项目，也是陕南移民搬迁安置后续配套产业，带动贫困户就业35户37人，对当地精准扶贫、扩大就业起到有效的带动作用。该公司的产品自上市以来，通过环秦岭中国公路自行车赛、国际糖酒会等活动，让天竺印象、秦岭印象、舒小达等逐渐成为陕西本土健康饮品领军品牌。但是，该公司的发展动力略显不足，该公司位于山阳县漫川关镇板庙村，地理位置偏僻，乡村道路狭窄仅5.5米，大型货车行驶困难，产品运输成本较高。且因为村落生活环境较差，导致大量劳动力流失，当地学校基础设施建设完善但缺少教师，产业发展所需人才留不住、引不进。

（五）户家塬镇清雅茶叶园（集体经济案例）

"公司+村集体+基地+农户"的"改茶归农"联农带农模式。队员们了解到在这种模式下，以3年为界限，茶农低产茶园改造前公司兜底经营，免费提供种苗、有机肥并向茶农付每亩2000元的地租和管护费，农户零风险。3年见效后，将茶园归还农户经营，企业负责指导管理，并按照市场保底收购价回收茶叶，让农户不担风险。如今已带动14个村发展红茶、白茶、黄茶等高端茶叶，建园5000亩，带动3105户，户均年增收3500元以上。茶园负责人还提出，茶园下一步的发展规划是走文旅融合之路，建设网红茶楼，吸引旅客前来打卡留念，全方位体验采茶摘茶的乐趣，带动当地采茶叶、旅游业发展，进一步将旅游收入投入茶叶的培育种植与采摘，二者相辅相成，规划走"采茶叶助力旅游业，旅游业反哺采茶叶"的融合发展之路。同时，作为金钱河流域的两个4A级景区天蓬山寨与月亮洞也是壮大该地区旅游业发展的重要元素，在交流过程中，团队也提出如何形成并宣传该地的特色旅游产业与定位或是接下来值得商榷的重要问题。

（六）法官镇法官庙村（集体经济案例）

法官镇法官庙村位于山阳县东南部，距县城 53 千米。村域面积 35.1 平方千米，辖 5 个村民小组 537 户 1723 人，党员 45 人。法官庙村围绕建设"秦岭原乡·农旅小镇"的目标。整合土地、房产、人文景观、田园风光等要素，探索实施"党支部＋三变改革＋村集体经济＋农户"模式，推进资源、资产、资金入股，促进农民获得财产性、经营性、工资性、转移性四重收入。建成有机茶园 2000 亩、艾草基地 1000 亩、水产养殖 500 亩，通过农产品初加工，推出高山有机茶、红薯粉条、小磨香油、富硒水稻等一批特色农产品，开发了一批集群农家乐和农家民宿，村集体经济年收入超过 30 万元。法官庙村通过建设梯田有机茶园、荷塘观光园、农事体验园、稻田农耕园等 4 大特色园区，打造民俗文化体验区、特色民宿街区、月亮湾水上休闲区 3 大街区，成立了村级股份经济合作社、旅游开发有限公司等经营实体，将全村农户牢牢镶嵌在产业链上。另外，法官庙村通过举办"秋收节""采茶节""小龙虾美食节"等多样活动，打开了集人文、产业、美食、景色于一体的绿色旅游观光农业产业格局，推动全镇一、二、三产业融合发展。截至 2022 年 6 月底，法官庙村已累计接待游客 9 万人次，旅游收入 287.16 万元。今后，法官庙村也将持续共享发展成果，逐步发展壮大乡村产业，实现全体村民增收渠道多元化。

（七）漫川关镇万福村茶产业集体经济（集体经济案例）

万福村距县城 65 千米，村域面积 13 平方千米，辖 13 个村民组 594 户 2020 人，党员 68 名，万福村先后被授予全国文明村、标准化建设省级示范村、市级产业脱贫示范村等荣誉称号。万福村以万福茶业有限公司、陕西福茗轩茶叶有限公司等村内 8 个企业（合作社）为纽带，采取"支部＋合作社＋基地＋农户"模式，发展茶叶种植 1 万余亩，建成村集体经济茶厂 1 座，发展白芨、连翘、苍术等中药材 200 余亩，培育家庭农场 2 个、养殖基地 3 个，养殖蛋鸡 1.7 万只，累计带动农户 431 户，实现户均年增收 6000 元以上，2021 年村集体经济收入 14.8 万元。合作社负责人介绍，在村集体茶叶产业发展过程中，村支部通过与县一级农业局沟通，为农户免费发放茶叶籽，联系企业（合作社）为农户提供种植技术培训，帮助农户进行科学种植。农户通过自主种植、自主采摘获得的茶叶，最终由村集体茶厂进行统一收购和销售,让农户"种上摇钱树、端上聚宝盆、走上致富路"。同时,企业也紧紧围绕陕南茶业大发展这一主题,走现代化、精品化、品牌化的发展道路。

(八)高坝店镇富桥社区(易地扶贫搬迁后续帮扶案例)

陕南地区地处秦巴山集中连片特困地区核心腹地,是易地扶贫搬迁的研究典型。山阳县12471户搬迁群众和5994户危改群众搬进了安全舒适的新房,78条通村通组水泥路建成通车,404处安全饮水工程全部竣工,县城建成区面积拓展到10.5平方千米,城镇化率达到56%。

山阳县高坝店镇富桥社区始建于2020年5月,辖1592户,其中易地搬迁1107户。为了帮助搬迁群众更好地融入社区,实现搬得出、稳得住,社区建成了涵盖日间照料、公共浴室、体育运动、为民办事等诸多功能的党群服务便民中心。社区创新应用移风易俗的"135"机制,推进移风易俗,即一纸民约树新风,三类群体做表率,五项措施强推进。其中,社区创新推行的红白喜事"2115115"措施,引导广大群众自觉摒弃封建陋习,营造文明新风。此外,社区积极组建志愿服务队,下设治安联防、家教联动等8个志愿服务小分队,积极推行"服务得积分、积分享服务"双向积分运行机制,将新时代文明实践活动与爱心超市积分挂钩。目前,富桥社区在社区治理和搬迁群体就业方面仍面临挑战,比如,代际相处存在矛盾、社区就业吸纳能力有限、搬迁群体生计问题亟待解决等。

三、山阳县乡村振兴工作现存问题分析

在进行案例调研的过程中与同当地乡村振兴局、移民办、农业农村局和电子商务中心相关人员的座谈中,调研团队也总结出一些山阳县在乡村振兴工作中面临的主要问题。

一是人力资源短缺问题。乡村振兴是要依靠"人"来实施的,当前,人口老龄化现象在乡村分外突出,乡村振兴所需要的中低技能青壮年劳动力明显短缺,劳动力结构失衡明显。另外,懂技术、懂市场、懂法律的专业人才同样短缺,存在"引不进来、引进来留不住"的典型问题。在调研中发现的"户家塬镇意发生态农牧产业园"案例和"高坝店镇富桥社区"案例都是依靠当地走出的企业

家和大学生村官吸引本土人才返乡创业，成为本土"三农"工作带头人或农民企业家。

二是土地资源有效供给不足的问题。山阳县地处秦巴山区，地理环境决定了这里旅游资源、生物资源丰富的同时，也必然面对着土地供给不足的难题。如何根据未来政策变化，多渠道破解提高土地利用效率、减少土地对乡村发展制约等问题。同时，还要兼顾在有限的土地供给条件下保证农户种植粮食的积极性，保证粮食安全。

三是乡村产业发展有限的问题。山阳县的特色资源丰富，存在药菌果畜茶等多种特色产业，发展成效明显。但多数产业都存在地处偏远、区位条件差的问题。要发挥特色资源的优势，首先要改良产业结构，当前产业结构单一，没能形成完整产业链，产品附加值低；其次要在"特"上做文章，如调研中看到了多个茶叶品牌，但特色不明显，同质化现象比较突出，很难产生一个真正有影响力的品牌，并导致了区域产业趋同、内向竞争的困境，难以保证产业发展真正做到因地制宜。

四是缺乏有影响力的区域公共品牌。当前山阳县的农产品资源丰富的优势已经初步显现，但产品规模化、标准化、品牌化水平不高，公共品牌还缺乏影响力。如何在下一阶段实现从"特色产品"向"品牌产品"过渡，是山阳县产业发展面临的一个重要问题。

五是生态问题。山阳县生态资源优势明显，要真正实现"绿水青山就是金山银山"的愿景，就应当打造地区内有生态特性和地域特色的绿色发展模式，实现生态资源价值的实现，助力乡村振兴中的生态振兴部分。

六是基础设施建设落后。由于山阳县山大沟深，交通不便，物流成本高，在相当程度上制约了产业的发展，导致县内一些产业发展受阻。"要致富，先修路"，只有疏通了乡村的公路，才能疏通老百姓的致富之路。同时，在当前网络销售火爆的背景下，电商逐渐成为带动乡村振兴不可忽视的增长点。在调研中还发现，山阳县存在着农村网速慢、无线网络覆盖率低等问题，这些问题在很大程度上都制约了乡村电子商务进农村的工作进程。

四、山阳县进一步推进乡村振兴工作的政策建议

（一）促进产业优化

产业扶贫是目前巩固拓展脱贫攻坚成果行之有效的重要手段和关键措施，产业兴旺则是实现乡村振兴的重要基础和前提，也是新时代解决"三农"问题的抓手之一。在脱贫攻坚与乡村振兴衔接这个过渡阶段，要从脱贫攻坚的应急性政策取向向全面振兴的长期性政策、保障性政策、普惠性政策等完善设计进行重大转变。构建可持续发展长效机制，扼制产业扶贫的短期化偏向，做好前后远近衔接。

第一，开发优势产业。需要综合考量各地乡村的区位条件、特色资源、劳动力、政策因素、市场需求等优势，充分重视市场的作用，注重近期产业扶贫与长期产业兴旺的规划协调，以差异化原则指导地区因地制宜合理布局产业发展空间，延长产业链，提高产业附加值。基于新发展理念，不断优化升级能够展现乡村地理标志的产业振兴计划，从而带动区域经济社会发展。例如，可以申请区域公用品牌，打造当地的名片品牌、特色产品，这样可以增加产品的附加值，增加农民收入。

第二，创新乡村产业经营模式，强化合作机制，实现产业发展和农民增收。如乡村生态旅游产业具有投资经费大、经营风险高、回报周期较长等特征，可以采取政府与社会资本合作等模式，实现多元主体共同参与产业发展、共建共享产业发展效益。

第三，补齐制约生产的短板，加强乡村基础设施建设尤其是生产性基础设施建设。授人以鱼不如授人以渔，可以通过完善生产性基础设施提高生产效率，通过完善预警机制增强贫困农户抵御自然灾害和风险的能力。

（二）补齐人才短板

乡村振兴，人才是关键。人才是关乎乡村振兴成败的关键因素，是乡村振兴取得成功的不二法宝，是乡村振兴的重要保障和支撑，是乡村振兴的源头活力。针对人才"引不进，留不住"的问题可以从以下几个方面入手：

一是做好"育"的功夫,着力培养一批本土人才。一方面,加强乡村基层干部队伍建设。树立鲜明用人导向,畅通人才晋升渠道,提升人才福利待遇,吸引高校毕业生、退伍军人、致富能人、返乡农民工等优秀人才回乡服务,充实基层干部队伍。另一方面,加强新型职业农民培育。立足山阳独特的农林资源和旅游资源,大力开展家庭农场主、农民合作社带头人、农业企业负责人、新型职业农民、农村实用人才的引导和培育工作,全面提升农民创业创新意识、生产经营能力、技术与管理水平。此外,要大力开展技术培训。针对缺乏先进农业生产技术和农业经营管理知识是脱贫地区农民发展乡村产业的主要瓶颈的现状。根据各地乡村产业发展需要,对广大农民开展深入细致、灵活多样的技术培训,培养一批"土专家""田秀才"。建立专门的"乡土人才"库,对登记入库的"土专家""田秀才"提供优先使用、扶持、奖励、进修的机会。

二是做好"引"的功夫,及时填补一批急需人才。大力引进农业高端人才,可以依托省、市的农业科技园区、重点实验室、农业产业化龙头企业引进农业科技领军人才,根据服务期按政策给予一次性补助。以药、果、菌、畜等主导产业为重点,有计划地引进一批国内外农业顶尖人才创新团队,推行项目制,开展农业科技成果转化、产业化投资项目和创新创业技术投资项目,按规定给予人才津贴。

三是建立"人才飞地"。从市级层面出台相关政策支持偏远山区县(市、区)在商洛区规划建设融教育、医疗、科研、休闲等功能于一体的高端人才服务基地,打造服务乡村振兴高端人才的"飞地"新模式,解决偏远山区县(市、区)人才引、留在教育、医疗、科研等方面的困难,为县域引进的人才提供更加优质服务。

四是做好"留"的功夫,以完善的保障机制留住人才。健全乡村人才使用评价激励机制。健全农村工作干部培养锻炼制度,完善乡村人才培养选拔任用制度,建立各类人才定期服务乡村制度,健全鼓励人才向艰苦地区和基层一线流动激励制度,建立县域专业人才统筹使用制度,完善乡村高技能人才职业技能等级制度,建立健全乡村人才分级分类评价体系。

五是搭建乡村引才聚才平台。加强现代农业产业园、农业科技园区、农村创业创新园区等平台建设,支持入园企业、科研院所等建设科研创新平台,完善科技成果转化、人才奖补等政策。加强人才驿站、人才服务站、专家服务基地、青年之家、妇女之家等人才服务平台建设，为乡村人才提供政策咨询、职称申报、项目申报、融资对接等服务。

（三）加强农村公共基础设施建设

基础设施建设是实现乡村振兴和乡村全面发展的重要基础。"要想富，先修路"，在脱贫攻坚战略实施中，村村通成为精准扶贫的重要手段，基本上解决一些贫困地区的村民出行问题。但随着时间推移很多路面开始老化且缺乏维护，如果要企业承担路面的维护对企业来说无疑是一笔巨大的成本。因此，要根据产业发展的需要，加强农村资源路、产业路、旅游路和村内主干道建设。同时，进一步加大物流体系整合力度，依托中国邮政覆盖城乡的布局优势，整合县域内各种物流资源，畅通农产品上行、工业品下行"双向"物流渠道，进一步建设完善县镇村"三级"物流体系，下大力气解决物流配送成本高的问题，打通农产品上行"最初一公里"和工业品下乡"最后一公里"。

加强乡村公共服务、社会治理等数字化智能化设施建设。推动信息通信基础设施建设，实施数字乡村建设发展工程。实施村级综合服务设施提升工程，方便群众办事，让广大农民最多跑一次、最多跑一地，少走或不走路就能办成事；加强乡村社会治理基础设施建设，将各种矛盾纠纷调处、解决在萌芽状态，避免出现恶性案件，提升广大群众的安全感；在乡村兴建生产性的公共服务设施，如科普站、村民夜校、种子服务站、农药化肥服务站等，及时帮助农民解决生产中出现的问题；加强村级客运站点、文化体育、公共照明等服务设施建设，在人口集中的搬迁点兴建图书馆、文化馆、体育馆、展览馆等，为异地搬迁的村民提供生活便利。

（四）探索绿色发展

"绿水青山就是金山银山"，山阳县有着丰富的生态资源，利用这个生态资源优势激活地区发展潜力，打造具有生态特性和地域特色的绿色发展模式。一是要创新生态治理机制，强化生态修复和保护，总结推广先进的生态产业发展模式，与农村人居环境治理实现有效结合，实现生态宜居建设与产业兴旺的协同发展。二是要大力发展生态绿色产业，有效持续推进生态补偿。除农产品外，因地制宜发展旅游、康养、农家餐饮等多样化可循环新业态，紧密结合各地区实际情况，

充分发挥资源优势,做好生态旅游规划、田园综合体规划等,注重发展生态农业经济,把生态资源优势转化为生态产业优势。

作　　者　西北大学经济管理学院硕士研究生　严　明　程旭翀　郗姝涵　张甜甜
　　　　　　张馨之
指导教师　吴振磊　王泽润

青春实践路　奋进新征程

5 关于山东省海阳市电商助力乡村振兴的调研报告

21世纪是信息化的时代，信息服务业成为21世纪的主导产业之一，由此催生了电子商务的产生和巨大发展。电子商务是数字经济和实体经济的重要组成部分，是催生数字产业化、拉动产业数字化、推进治理数字化的重要引擎，是提升人民生活品质的重要方式，是推动国民经济和社会发展的重要力量。随着互联网发展，农村电子商务成为带动农村产业融合和经济社会发展的新模式。农村电商可以双向打通农产品上行及消费品下行通道，服务于市场资源优化配置，改革农产品的产销模式，提升经营效益及市场竞争力，为促进乡村振兴起到了重要作用。

近年来，海阳市电子商务迅猛发展。据悉，目前海阳市电商村、镇服务点实现全覆盖，全市89个村级服务点和16个镇级服务站已经全部建设完成。村、镇服务点的全面启动将提高海阳市物流配送效率，降低配送成本，畅通乡村物流最后一公里。村级服务点和镇级物流站的建立与整合，大大方便了村民的运输，也改变了村民的单一售卖方式。数据的背后代表电子商务为数字乡村建设打下了坚实基础——海阳创新打造了市级电子商务大数据平台，对全市电商成交数据、物流配送数据、产品销售地区等信息进行综合分析，为全市电商发展提供针对性的数据支撑。通过政府搭台和网络聚力，目前海阳市已实现"数字电商"概念，形成了"政府政策支持、快递企业通力合作"的服务模式。2021年，海阳市凭借以水果（樱桃）等为代表的一系列优质农产品成功上榜至2021年全国农产品电商百强县名单。

一、优化营商环境工作情况

电子商务是以信息网络技术为手段,以商品交换为中心的商务活动。电子商务通常是指在全球各地广泛的商业贸易活动中,在互联网开放的网络环境下,基于客户端/服务端应用方式,买卖双方不需见面即可进行各种商贸活动,实现消费者的网上购物、商户之间的网上交易和在线电子支付以及各种商务活动、交易活动、金融活动和相关的综合服务活动的一种新型的商业运营模式。

近些年来,随着我国经济的快速发展和乡村振兴战略的实施,互联网开始在农村地区兴起。越来越多的农户开始使用无线网络,相关基础设施的完善也为互联网在农村的进一步普及提供了强有力的支持。实践团此行选取了山东省烟台市海阳市作为实践地,实践调研当地的电商发展情况。其发展优势体现在以下几个方面。

(1)丰富的产业资源。海阳市果蔬等农副产品种类多,分布广泛,且数量多,保证了每年的各个时间段都有产品可以出售,减少或避免了销售"真空期"。

海阳市位于胶东半岛南端,地理位置优越,与烟台、青岛、威海三地的距离相等,是重要的交通枢纽。便利的交通条件使得向外输送产品时更加快捷方便。海阳市是全国五大毛衫加工基地之一,是"江北最大的针织毛衫加工基地",被誉为"全国毛衫之城"。目前正在致力打造的毛衫产业全链条专业化服务平台——海阳毛衫创新园,毛衫产业不断向研发和销售"微笑曲线"两端发力,产业发展迎来新的春天。同时,海阳市全域海岸线长达212千米,渔业产业发达,已经统筹建设了两处海洋牧场群,海洋牧场总面积达2.4万亩。海阳市地势多以平原和丘陵为主,加上独特的气候条件,使得当地的果蔬产量较大,如白黄瓜、梨、网纹瓜、茶叶等。这些独特的产品成为海阳市电商发展过程中主要的售卖产品。当前在海阳市,流量变成了"新农资",直播变成了"新农活","直播+特色农产品+生产基地+电商企业"的产业链条已经基本形成,传统电商正在向社交电商等模式转变进化,更多的本土"山货海货"摇身变成了"网红尖货",海阳市电商发展再次迎来了提质升级的新机遇。

(2)电子商务发展基础好。海阳市先后获得全国电子商务进农村综合示范县、山东省淘宝直播"村播"试点县等荣誉称号。2019年,海阳市农产网络零售额

12.49亿元，同比增长37.9%。2022年第一季度，海阳市农产品网络零售额3.8亿元，同比增长7.3%。截至2022年海阳市实际注册运营企业数达到999家，店铺数量6855家，直接服务农业种植户、海产品养殖户、个体经营单位、毛衫针织企业等，生产供货端从业者2万余人。

在农业农村部信息中心联合中国国际电子商务中心研究院举办的《2020全国县域数字农业农村电子商务发展报告》线上发布会上，海阳市成功入围全国县域农产品网络零售额TOP100排行榜，位列全国20位，在山东省12个上榜县市区中排在第2名。

（3）有力的政策支撑。海阳市委、市政府高度重视电商产业发展，在政策和资金上给予大力帮扶，每年统筹专项资金对电商企业等进行扶持，引领电子商务高质量发展。调研发现，为了吸引更多人尤其是年轻优秀人才加入电商企业之中来，政府多方出力，打通最便捷道路。对于加入的创业者提供资金支持以及技能培训，同时提供一整套配套服务设施去鼓励和支持他们。

（4）完善的电商环境。近年来，海阳市电商发展如火如荼。数字经济在当地迅速发展，促进农民生活水平提高，助力乡村振兴，同时数字经济及电子商务的发展，也为海阳市当地农产品销售拓宽渠道提供了强有力的支持。海阳市委、市政府高度重视电商发展，设立海阳市电子商务公共服务中心，以支持农特产品展销、电商从业人员培训、配套物流园集中分布等，不断完善海阳市电商配套环境。海阳市实现了电商村、镇服务店的全覆盖，全市89个村级服务点和16个镇级服务点已经全部建设完成。村、镇服务点的全面启动在提高海阳市物流配送效率、降低配送成本，畅通乡村物流最后一公里发挥了重要作用。村级服务点和镇级物流站的建立与整合，大大方便了村民的运输，也改变了村民的单一售卖方式。

在对相关人员的采访中，实践团了解到，目前海阳市电子商务的发展情况整体良好，物流在不断改进发展，同时海阳市农特产品、海产品种类繁多、品质优良，故海阳市往往作为电商供货源头，进行供货、代发代售。

二、优化营商环境工作存在的问题

根据调研，海阳市在优化提升营商环境工作中存在的问题主要集中在以下几个方面：

（1）缺乏年轻劳动力。海阳市电商起步晚，虽然发展迅速，但是短短的三五年时间并没有形成极强的吸引力和聚合力，当地年轻人大多更愿意去大城市寻求一份稳定的工作。同时，电商作为一个和信息技术紧密结合的行业，需要一定的技术基础。年轻人的缺失无疑是海阳市电商发展过程中最大的问题之一。

从海阳市近年来的人口增长情况来看，海阳市人口增长呈现下降趋势，人口流失率、人口老龄化等问题都较为严重。因此，海阳市电商的发展目前急需引入年轻血液，为电商的运营提供更加专业的指导与支持，才能为电商的持续发展注入源源不断的动力。

（2）缺少产品知名度。海阳市缺少加工企业，许多产品都是直接以最原始的方式售卖出去，缺少自己独有的商标及更新颖的商品。同时，由于海阳市电商发展起步晚，有些产品原产地为海阳市，却被其他引进地所注册，致使当地的许多产品知名度不高或品牌未打响。

（3）配套产业不完善。由于当地生产的大多为需保鲜类产品，运输过程中的保鲜储存就显得格外重要。目前当地相关存储、运输的产业配套不足，导致多数产品只能销售至较近地区，尤其是海产品这类农特产品。同时，该地区工业水平落后，在工业化不断纵深发展的时代，海阳市当地也可以继续加大机械化生产的投入，以促成海阳市电商的更优发展。

（4）缺乏相关技术人才。据负责人介绍，在电商运营方面，电商的发展主要以当地居民为主，很多居民对于电子产品的了解不够深入，甚至存在一些使用的问题，很大程度上对电商的长期发展起着不利作用，因此海阳市当地鼓励大学生来海阳市创业，通过优惠政策吸引年轻人来到物流园，用专业知识为电商的长远发展提供源源不竭的动力。

（5）服务运输模式尚未成熟。当地散户较多，虽然实现了产品的快速更新，但产品的运输尚未实现规模化，这给商品的物流带来重大挑战。同时当地除了物流园外再无其他平台的支持，在商品过多时也存在运输困难等问题。

三、结论与建议

（一）结论

经过为期约一周的实地考察，实践团对海阳市当地的电商发展有了较为深入的了解。

（1）在电商发展方面，海阳市电商氛围浓厚，并且拥有自己的物流园。海阳市当地共设有89个电子商务服务点，同时园区的建立为电商以及采购提供了较大的平台，各供应链企业与站点间的合作也为产品的物流运输提供了保障。当地实行工业品下行、农产品上行的发展模式，很大程度上便利了老百姓产品的购入和售出，对乡村振兴有巨大贡献。同时，海阳市利用自己得天独厚的地理环境优势，在苹果等其他水果的种植上取得了重大成就。海阳市地处丘陵，昼夜温差大，光线充足，所种得的苹果品质、口感颇佳，在电商的普及和物流园的建立后，苹果的销量一直表现较好，很多农民通过苹果种植业实现了脱贫。除了苹果外，海阳市当地的特产也在物流园的帮助下销量得到增长，主要以海阳大饽饽最为特色。据当地人介绍，海阳大饽饽是当地逢年过节所吃的一种"年俗面食"，同时也是给老人祝寿的重要食品，通过电商销售平台，海阳大饽饽的销售渠道不仅限于本地，同时也让全国人们感受到了海阳市当地的饮食民俗文化。因为物流园的建立，海阳市当地的加工业也得到了很大程度的发展，其中以毛衫的加工为主，毛衫采用纯有机的材质，在电商的帮助下得到了快速发展，为海阳市的经济贡献了力量。

（2）除了氛围浓厚的电商环境，海阳市当地所采用的运营模式也是海阳市电商能快速蓬勃发展的一个重要因素。在品控方面，每天都有专员负责到种植点收集优质生鲜蔬果，并在一天内完成发货，保证了商品的质量问题。另一大亮点便是海阳市建立了自身的商标专利。以实践团调查的二十里店镇潘家村电子商务服务点为例，销售最好的普罗旺斯西红柿和白黄瓜，它们都是采用自己设计的"小于鲜森"外包装。一般而言，运用设计包装的商品则会具有比较固定的销售价格，不会随着市面上其他产品的价格而频繁变动。

（3）在快递调配方面，海阳市许多地域都设立有物流调配中心。据负责人介绍，起初快递成本费用虽然较贵，但随着电商产业的快速发展，快递费用也逐渐降低，很大程度上给予一定的优惠。同时快递行业的发展也与时段密切相关，每年的购物旺季，快递行业则会相对平日更加忙碌，有时甚至会出现人手不够等状况。随着机械化的应用，劳动力问题很大程度上得到改善，但是也在一定程度上增加了运营成本。当下，快递的发展尚未实现系统化和普及化，很多村镇并没有设置专门的网点，而是由专门的配送人员进行商品的传送，很大程度上会限制商品交易的速度。因此目前快递公司主要采用共配的方式进行发货及配送，由快递公司进行共同配送和共同分拣，以保证商品的送达时效。

（4）当地居民的支持也是电商快速发展不可忽视的一大重要因素。实践团在走访了海阳市的许多村落后，了解到电商的发展为当地居民的生活提供了极大便利。以潘家村为例，通过对村民的走访，发现电商的发展拓宽了村民的销售渠道，增加了家庭收入。电商发展前，百姓只能拉着种的菜品去镇上的集市销售，如今电商发展后，各站点都会有相关工作人员去附近村落收集村民家中品质较好的蔬菜瓜果，很大程度上为百姓的销售减轻了负担。其中，拥有蔬菜大棚的居民受惠较大。同时，在旺季时，各站点也会在村里招募临时工，来协助物资的分类、搬运等事务，一定程度上也拓宽了村民的收入来源。

（二）建议

尽管海阳市电商的发展一直呈现良好发展态势，但同时也面临一些急需解决的问题。

一是在服务运输方面，针对散户较多、产品的运输尚未实现规模化的问题，可以建立统一的物流公司，或与现有的物流企业合作，解决此问题。

二是在政策扶持方面，政府的补贴尚未能完全支撑发展，许多相关政策也在完善中，因此对于物流的发展支持效果有待显现。建议针对当地物流发展出台支持政策，从融资、贷款等方面给予支持。

三是人口流失率和人口老龄化等问题都较为严重。因此，可以加大人才引育力度，与专业职业院校合作，定向引入大学毕业生。

作　　者　西北大学经济管理学院本科生　姚子童　肖鑫悦　石仁军
　　　　　西北大学外国语学院本科生　吴萍若兰
　　　　　西北大学化学与材料科学学院本科生　王智林　成阳阳
　　　　　西北大学艺术学院本科生　王奕菲
　　　　　西北大学信息科学与技术学院本科生　卢晨曦
指导教师　董联党

6 关于汉中市留坝县乡村振兴的调研报告

一、留坝县经济情况和基本做法

陕西省汉中市留坝县地处秦岭南麓腹地,汉中市北部,历史上即为南北通衢,素有"秦汉咽喉"之称。留坝之名,始见于《大明一统志》,本名刘坝,相传留侯张良辟谷于境内紫柏山,因有留侯祠而得名留坝。县域面积1970平方千米,辖7个镇、1个街道办事处、73个行政村、3个社区居委会,总人口4.16万。距西安市367千米,距汉中市85千米,东连洋县、城固,南接汉台,西邻勉县,北靠太白、凤县。

境内山岭陡峭,垂直高差大,最高海拔2610米,最低海拔585米,平均海拔1547米,地貌复杂,气候多变,独特的地理位置和气候特征,孕育了丰富的自然资源,森林覆盖率达91.23%,居西北前列,素有"绿色宝库""天然氧吧"之美誉。

可供开发利用的中药材达1300多种,尤以西洋参、猪苓、天麻等中药材品质纯正,备受青睐,是全国猪苓种源基地县。野生动物达410余种,被列入国家一、二类的保护动物有大熊猫、羚牛、大鲵等25种。

县内交通、电力、通信等基础设施日臻完善,宝汉高速、316国道、244国道纵贯全境,所有镇通三级以上柏油路或水泥路,行政村公路通达率达100%,城乡电网覆盖率和镇政府所在地移动通信覆盖率达100%。

境内旅游资源独具特色,张良庙紫柏山国家4A级旅游景区、栈道水世界国家4A级旅游景区、张良庙国家重点文物保护单位、紫柏山国际滑雪场等多张旅游名片驰名省内外。

(一)调研概况

结合留坝当地"一业突破,富民强县"的发展道路,调研小组分别选取了以发展蜂蜜养殖和香菇种植业为主的石窑坝村、火烧店镇、江口村等重点地区及张良庙、红色文化体验基地等旅游景区实地调研。在出发调研前，本调研组进行了线路规划、资料收集和问卷修改等一系列准备活动，力求能高效率、高质量地完成调研任务。进村入户的第一天，本调研组来到了石窑坝村，调研组分成两个小组分别对蜂农进行采访，并与村支书交流村内基本情况，参观村内蜜蜂养殖区。经过一日的实地调研和数据收集分析，调研组对以蜜蜂养殖业为主的典型村庄有了基本的了解。第二天，针对接下来调研地的特点，对调查问卷进行了进一步的调整优化，力求完美。调研组走进火烧店镇，调研工作进行顺利。调研组成员与村民们融洽交流，又向村支书了解了村内基本情况和一些政策实施情况，并在当地热心人士的带领下参观了村内的香菇种植厂。第三天，本调研组前往江口村调研，了解江口村实际情况，发现了许多值得借鉴之处和需要避免之处。在进村入户的三天里，本调研组每日及时进行数据的整理分析、素材的收集，注重调研过程及感想的记录。

在实地调研结束后，调研组的成员对收集的信息和数据又进行了进一步的分析，并撰写实践报告，形成实践成果。期望此次调研能为更好实施乡村振兴战略、当地景区的创新性发展及各项农业改革措施提供数据支撑，更好地助力乡村振兴。

（二）主要经济数据

表 6-1　留坝县主要经济数据

指标名称	计量单位	2016 年实际	2017 年实际
一、县内生产总值（现价）	亿元	14.11	15.69
1. 第一产业	亿元	3.17	3.28
2. 第二产业	亿元	3.73	4.35
3. 第三产业	亿元	7.21	8.06
4. 人均生产总值	元	32512	36152
二、旅游业总收入	亿元	11.18	14.88
1. 全县旅游接待人数	万人	223.6	292
2. 人均旅游收入	元	27776	3460

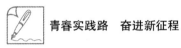

续表

指标名称	计量单位	2016年实际	2017年实际
三、地方财政收入	万元	7833	7095
四、农业总产值	亿元	5.6	5.78
五、规上工业总产值	亿元	5.58	6.62
六、全社会固定资产投资	亿元	26.57	32.48
1. 城镇投资	亿元	10.61	13.6
2. 社会投资	亿元	15.96	18.88
七、社会消费零售总额	亿元	4.23	4.78
八、全体居民人均可支配收入	元	14453	15790
1. 农村常住居民人均可支配收入	元	8712	9535
2. 城镇常住居民人均可支配收入	元	25125	27246
九、社会事业主要指标			
1. 万元生产总值能耗降低率	%	5.47	6.38
2. 城市污水处理率	%	95.8	96
3. 城市生活垃圾无害化处理率	%	99.5	99.8
4. 每万人拥有卫生技术人员	人/万人	67	64
5. 电视人口覆盖率	%	98	99.4
6. 广播人口覆盖率	%	97	98.2
7. 年末总人口	万人	4.34	4.32
8. 人口自然增长率	千分之一	3以内	2.35
十、劳动及社会保障			
1. 劳动力转移	人	10109	10142
2. 劳动力转移总收入	万元	21391.1	27966
3. 新增就业人数	人	630	701
4. 下岗职工再就业人数	人	158	210

资料来源：调研团队根据公开资料整理。

（三）基本做法

留坝县紧紧围绕县域经济社会发展目标，着力构建政治、自治、德治、法治、智治"五治融合"的乡村治理体系，共同推进乡村治理体系和治理能力现代化。为做好巩固拓展脱贫攻坚成果同乡村振兴有效衔接，深刻认识《乡村振兴促进法》出台的重大意义，准确把握内容和要求，提升运用法治思维和法治方式全面推进乡村振兴的能力和水平。

一是以政治为核心突出基层引领力，强化党建引领乡村治理。书记工程定位，坚持一把手抓、抓一把手，每季度对镇村书记推进工作情况进行1次调度，切实推动重点任务落地见效。创新村级"1+3+N"组织架构，发挥村党支部领导作用，建强村民委员会、村务监督委员会、村股份经济合作社3个基础组织，构建领导有力、充满活力的乡村治理组织体系。深入开展基层党建提升行动，以"五星创建、双强争优"活动为契机，不断增强基层党组织的凝聚力和引领力。

二是以自治强基础，提高村级硬实力，强化"三队两会一屋一规"建设。修订完善村规民约，组建道德评议会、村民议事会、红白理事会，形成齐抓共管村民自治体系。积极引导返乡企业家、农村乡贤、致富能手等参与基层社会治理，不断强化农村自治组织、经济组织、社会组织等功能，健全民主选举、协商管理、决策监督机制，完善乡村治理体系。全面落实"四议两公开一监管"工作机制，做到涉及村民切身利益和村级重大事项规范透明，接受群众监督，激发社会治理活力。

三是以德治固根本，筑牢民风道德墙。坚持以村规民约为统揽，以德美屋、红黑榜为载体，广泛开展"好婆婆、好媳妇"、清洁文明家庭、十星级文明户、十大杰出青年等评选活动，树立一批家庭和睦、奋发有为的先进典型，引导群众学有榜样、赶有目标。加强对道德模范等道德先进典型的学习和宣传，充分发挥示范引领作用。同时，在全县73个村（社区）设立新时代文明实践站，组建村级志愿者服务队，常态化组织开展文化娱乐活动，重点传播党的声音、讲好党的故事，同步开展村级公益服务，帮助群众解决"急难愁盼"问题。

四是以法治为保障，"定纷止争"构和谐。组建党员先锋服务队、警民联防巡逻队、环境卫生整治队等，健全村级调委会、治保会等组织，完善村级治安网格管理。依托社会治理一体化服务平台"随手拍"功能搭建党委联系群众的桥梁纽带,群众通过"随手拍"对党风政风进行监督,对社会治理问题进行反映,对生产生活、困难救助需求进行申报,释放基层社会治理效能。同时,推进全民普法活动,引导村民学法、遵法、守法、用法,增强村民法律意识;建立"村、组、片"三级网格体系,以"调委会+治保会+网格化"的方式推进治安防范工作,让村级治理更加精细化,促进村风民风不断好转,群众幸福指数节节攀升。

五是以智治为支撑智慧管理提质效。推进"互联网+"在现代农业中的综合应用,围绕"四养一林"主导产业构建农业大数据处理系统、农业综合信息服务系统和农产品安全溯源管理系统,开展特色优势产业智能技术应用。率先在河口村食用菌基地建设数字农业示范点,提高农业生产自动化、可控化和智能化水平。创新搭建"一网络四平台",通过大数据分析实现农村人口防返贫实时监测预警,推进教育、医疗、意外事故、创业就业等四大救助帮扶服务体系在线申报办理,高效解决民生问题。加快村级便民服务信息化建设,构建"数据多跑路、群众少跑腿、办事最多跑一次"的政务服务体系,实现"马上办、网上办、就近办、一次办"。

二、乡村振兴工作取得的成效及存在问题

(一)成效

从脱贫摘帽到衔接乡村振兴,留坝县坚持产业扶贫。产业是巩固脱贫成果、保证群众稳定增收的支撑。留坝县立足县域实际,狠抓农村产业结构调整,全面落实各类帮扶政策。建立起以食用菌、土蜂蜜、土鸡、土猪为代表的短线产业,以林下中药材种植、板栗林、橡子林为代表的中线产业,以全域旅游为代表的长线产业,构成了"四养一林一旅游"的产业发展格局。

创新"政府+龙头企业+集体经济组织+农户"的订单农业发展模式,通过能人大户引领、产业基地示范、扶贫社托管,把全县82.6%的农户镶嵌在"四养一林"产业链上。累计建成各类产业基地210个,培育产业大户253户,扶持经营主体85个,成功认证国家农产品地理标志5个,留坝县被中国蜂产品协会授予蜂业扶贫先进县称号。

同时,全域旅游产业亮点纷呈。老街花园餐厅、"味道秦岭"建成营业,"空山九帖"入选2021年度甄选民宿品牌,营盘运动员中心二期建成投用并成功承接

国家女足奥运组合队封闭训练,武关驿、留侯、马道、玉皇庙、火烧店先后被命名为省级旅游特色名镇,营盘被评选为省级足球运动休闲特色小镇,旅居、康养、研学等旅游新业态快速发展,"全域留坝·四季旅游"品牌影响力稳步攀升。2021年,全县旅游综合收入突破25亿元。如今在留坝县,镇镇有园区,村村有项目,户户有产业,人人有事干。

留坝县积极践行"绿水青山就是金山银山"理念,持续开展天然林保护、特色经济林建设、城乡环境综合整治、村庄清洁行动、垃圾分类、卫生厕所改建等生态工程,持续深化林(山)长制、河(湖)长制改革,统筹推进山水林田湖综合治理。境内年空气优良天数长期稳定在350天左右,出境水质始终保持Ⅱ类标准,生态环境状况指数连年位居全省前列,集镇"两场(厂)"全覆盖,无害化卫生厕所普及率93.6%,农村生活垃圾、污水处理率分别达97%和100%。"户户养成好习惯、村村形成好风气",自觉参与环境保护和美丽乡村建设成为留坝人共同的行为习惯。

(二)发现存在的问题

1. 旅游业

随着我国经济的不断发展,旅游业及其相关产业在国民经济中的比重越来越大,其在带动地方经济发展及推动乡村振兴方面也起到了重要的作用。留坝县有着得天独厚的历史条件及浓厚的红色氛围,创造出了丰富的旅游资源。与此同时,旅游业的发展也面临一些挑战,如留坝县旅游产业目前知名度不够、红色旅游发展还稍有不足。如今,人们保护传统村落,以延续民俗民风血脉、促进经济文化发展的意识越来越强,在留住古建筑、保护古村落的同时,如何让传统村落重新焕发生机是当前急需解决的问题。陕西省各地正在积极摸索,其中汉中市留坝县就是典型的例子。留坝老街位于留坝县城以北,属于留坝县紫柏街道城关村,街区内老房子多为木结构,明清建筑依山而建,是留坝县的标志性旅游符号。留坝"中国栈道水世界"是陕南地区配套设施最全、游乐项目最丰富、设施设备最有特色的大型水上综合娱乐主题乐园,是留坝县最具代表性的特色旅游项目之一。张良庙是汉中留坝县的一个比较有代表性的景点,是很多周边旅游者很好的选择,张良庙依当地山势地形而建,掩映在青山绿水之间,充满了山水的灵秀之气,又因其深厚的文化渊源,富于古朴而典雅的气质,也因此成为陕南地区著名的旅游观光之地。紫柏山是陕南地区乃至整个陕西省著名的道教圣地，是汉初三杰之一张良的归隐山林之处，已被评为国家级4A旅游景区。其旅游业的发展存在的问题如下。

一是产品化程度低，市场竞争力不足。留坝县虽然旅游资源丰富，但留坝县的旅游产品大多是取之于自然的农、林副产品稍微加工而成的，产品化程度低，缺乏足够的特色。由于陕南地区各个县在自然环境等各方面有很多相似之处，类似留坝的县很多，留坝县目前开发出的一些旅游产品可替代性高，旅游者有很多其他选择，因此市场竞争力较弱。

一个景观、景点要吸引越来越多的游客，除了它原始的魅力外，还需要有附加的可以增加人气的因素，如果这里的旅游产品足够有特色，那么人们可能会由于想购买自己喜欢的产品而专门去某个景点。而留坝县在这方面做得还不够好，没有鲜明的、具有代表性的旅游产品，就像人们提到热米皮就会想到汉中的城固，而提到擀面皮就会想到宝鸡一样，留坝县缺少这样具有代表性的产品。

二是基础设施建设跟不上，配套服务不完善。旅游是一个相关性很强的行业，覆盖的面比较广，例如食、住、行、游、购、娱等都是必不可少的保障，游客不仅仅是想看到美景，更想得到全身心的放松，在一个旅游景点得到了好的感受，才能提高重游率。但是由于留坝县经济发展水平有限，餐饮品类少，就餐环境不够好，景区景点的住宿条件和景区配套的娱乐、购物场所也不完善，这一系列因素都在一定程度上制约着留坝县县域旅游的发展。

三是旅游专业人才比较缺乏。县域旅游想要发展起来，除了经济支撑还需要技术指导，只有规划好发展蓝图，制订针对性的计划，县域旅游才能朝着良好的方向发展，取得更好的成绩。留坝县县域旅游发展存在着专业人才缺乏的问题，在旅游产品、线路规划上缺少新颖的创意和高质量的开发方案，从而使旅游目的地发展滞后，最终使得留坝县整个县域旅游业发展比较缓慢。究其原因：一方面，由于留坝县位于陕南山区，经济、交通等各方面条件不够好；另一方面，农村相比城市而言薪资水平较低，且发展空间较小，发展机会也少。因此很多旅游专业的大学生、研究生等人才更趋向于留在大城市，而不愿意回到县城。

2. 农业

第一，留坝县农业发展的科学理念水平较低。以蜂蜜为例，当前国内蜂业主流主推的返璞归真理念是"非成熟蜜不应该叫蜂蜜"，正引领着全国蜂业步入成熟蜂蜜盛行的新时代。然而县内不同程度还存在"只求数量、不重质量"的问题，并未意识到生态天然的留坝棒棒蜂蜜所蕴含的巨大市场潜力。同时，受"卖蜂破财"等落后思想制约，卖蜂蜜的多，繁蜂卖蜂的人少。第二，蜜蜂的规范饲养水平较低。如蜂种及蜜源保护没跟上，蜂种的选育繁育没展开，成熟蜜及养强群的理念没普及，重大蜂病的防控没支撑，外来蜂种时有存在，等等。第三，蜂蜜产业发展水平较低。养蜂规模小，布局零乱，商品化生产程度低，产业链较短，产品附加值极低，经济效益潜力尚待发掘，整体抵御自然灾害和市场风险能力弱。第四，质量监管水平较低。蜂产品质量和检测检验标准体系不完善，蜂产品质量自检能力不强，市场监管较为薄弱。特别是生产投入、割蜜取蜜、存储过滤、灌装包装等环节还没监管标准。第五，品牌整合水平较低。养蜂产业自古就是一个名不见经传的行业，虽一度经历边缘化、自生自灭式发展，但是留坝蜂蜜一直备受市场信赖，其"生态古朴、地道真实"的内在品质成为市场认可的金字招牌，吸引县内外 20 余家企业或合作社等生产经营"土蜂蜜、棒棒蜜、古蜜"等商标字样的蜂蜜产品，甚至有外地调购蜂蜜坐卖留坝市场，各自比拼，都想做大。留坝蜂蜜、留坝棒棒蜜统一的蜂蜜品牌效益不够。第六，行业整体的组织服务水平较低。近 30 年来，县内无专业养蜂管理机构，养蜂行业组织建设滞后，地方蜂业自由式发展，行业标准、技术推广、维权服务、产销衔接、产品营销等行业职能没有充分发挥，乱象丛生。

三、未来发展建议

（一）红色旅游

历经多日的走访调查，我们先后走访了红二十五军军部旧址、红色教育基地等多地，对于留坝县的红色文化历史有了初步的了解。红二十五军军部旧址位于江口镇，我们调查了该旧址的参观人群，其中青年人与老年人占多数，而中年人和未成年人参观较少，在参观人群中，大多数来自本省，说明了该处旧址的宣传力度尚不足，宣传范围有限，同时我们观察到，该旧址没有线上的宣传，没有出售门票，管理人数十分稀少，没有专业的讲解人员。因此我们给出的建议是，开拓线上模式，通过公众号等方式进行宣传，同时开展门票预约服务，也方便统计和管理游客。此外，向该旧址提供专业的讲解人员，方便游客了解历史事件。

红色文化体验基地位于玉皇庙镇，基地内有丰富的展品与整洁的场馆，与红二十五军军部旧址不同的是，红色文化体验基地具有一定的线上宣传能力，同时它也拥有专业的讲解人员，可以说该基地无论是建设，还是后期维护等方面都比较出色。唯一需要加强的是提高知名度，据我们的调查分析，参观该基地的游客数量不大，且同样大多来自本省，这说明基地的红色旅游的招牌没有打响，该基地可以同红二十五军军部旧址以及党性教育基地携手共建留坝红色旅游品牌，依托更加丰富的红色资源，促进自身发展。

（二）蜂蜜产业

留坝县的蜂蜜产业作为四大支柱产业之一，发展总体稳中向好，蜂农的生活水平有很大改善，但由于受当地经济状况、发展环境、政府扶持力度等方面因素共同影响，仍然存在难以形成规模效应等问题。为此，我们提出几个解决方法。

一是政府加大扶持力度，如给收益好的蜂农给予表扬等，提高蜂农的生产积极性，加大对基础设施的建设，为蜂蜜生产提供更好的条件。

二是以线下线上相结合的方式出售蜂蜜，提高宣传力度，实现收益的最大化。

三是培养品质更优良的蜜蜂品种，从而提高蜂蜜品质。相信在政府、蜂农各方共同的合作协同下，留坝蜂蜜一定能走出一条属于自己的康庄大道。

（三）香菇菌类产业

一是构建产业链条。目前建立起了"政府＋龙头企业＋扶贫社＋农户"四位一体的产业发展体系，构建了从木屑加工到大棚搭建、从菌筒生产到烘干销售的全产业链条。由政府确定产业发展方向、打造产品品牌、扶持龙头企业，解决市场主体无法解决的难题。扶持引进了惠康、山城、社员网等龙头企业，留坝香菇、留坝木耳成功注册国家地理标志证明商标和地理标志集体商标。龙头企业拿着"金字招牌"跑市场、拿订单，与村扶贫社签订单、销售产品。村集体经济组织承担着产业链核心枢纽角色：对外承接政府资源，建基地提供生产条件，对接龙头企业拿订单、销售产品；对内组织农户完成订单。农户作为个体生产单元，只需按照与村集体经济组织签订的协议完成生产任务。

二是创新发展思路。留坝县不断更新发展思路，由县级领导带队到周边省份考察学习食用菌产业发展先进经验，考察结束后，县委、县政府召开专题座谈会，多方征求意见，制定印发《关于推进食用菌产业提质增效的实施意见（试行）》。创新构建食用菌产业发展"三统一分"模式，统一制筒生产、统一技术服务、统一产品销售，农户分户出菇管理。与上海市农业科学院、西北农林科技大学、陕西理工大学、华中农业大学共同建设留坝县食（药）用菌试验站，主要从优质菌种选育、产品研发、技术革新及技术服务、新设备引进试验等关键环节进行科技研究攻关。2021年引进试验新品种26个，其中夏菇品种22个，秋冬菇品种4个，择优确定优良品种7个予以推广应用。完善菌种供应链，新建食用菌菌种厂2个，保障优质菌种供应。试验示范推广高效短时灭菌、塑料大棚开放式接种、保水膜免割袋出菇等关键技术，全县技术普及率100%，年推广3000万筒、节本增效2000万元以上。

三是强化政策激励。留坝县制定出台了《农业特色产业发展扶持鼓励办法》《培育壮大农业产业市场主体奖补办法》等一系列政策措施，围绕基础设施、技术服务、品牌建设、营销宣传等各环节予以支持，群众自主参与食用菌产业的比例由2016年的不足10%提高到现在的56.3%。另外，创新性开展食用菌产业全产业链保险工作，为全县食用菌菌筒发展购买了保险，及时为因洪涝、低温、高温等自然灾害性天气造成的损失进行赔付。2021年，留坝县食用菌菌筒及设施受灾严重，县政府及时组织保险公司为全县菇农理赔249万元，大大降低了产业风险。同时，为有效解决农户发展食用菌产业前期启动资金问题，县委、县政府积极与县内各大银行合作，通过农户申请、部门审批、银行实地审核方式，2021年共计发放食用菌产业发展贷款3985.9万元，为700余农户解决了资金难题。

四是完善服务体系。经过不断探索，留坝县食用菌产业探索推行"三重保障"技术服务模式。第一重保障以县内技术力量为主。建立"留坝菌药林群""留香益品香菇收购报价交流群""社员网留坝县香菇产业直供群"等多个微信群，入网"香菇天下"公众号，各镇（办）同时建立食用菌微信群，及时开展远程技术服务，为农户解决了生产、技术、销售难题。第二重保障按照"谁卖种、谁服务"模式提供全程技术服务。第三重保障通过政府购买服务的方式，引进技术服务公司，围绕食用菌产业提供全程技术指导。全年进行技术服务次数累计达5万余户次9万余人次，有效解决了实际生产技术问题。近年，全县菌筒生产接种成活率均在98%以上、单筒产量2斤以上、单筒净利润2～5元。

五是解决销售难题。留坝县食用菌产业把品牌打造作为产业发展的重中之重，

青春实践路　奋进新征程

"留坝香菇"通过国家地理标志认证、"留坝香菇"和"留坝木耳"成功注册地理标志集体商标。同时组织企业积极参加"一带一路"扶贫减贫国际合作论坛、秦商大会、中国第二届农民丰收节、中国农高会、国际农产品地标专展等大型展示展销推介。目前,已开发香菇挂面、香菇鸡肉酱、香菇菜、香菇脆等系列产品,2021年线上线下销售产品总额2.2亿元。

作　　者　西北大学经济管理学院本科生　　奚煜杰　彭　峥　邢宇童　王可欣　曹　琳
　　　　　　　　　　　　　　　　　　　　　刘倍成　邹宇轩　梁铠威
　　　　　西北大学新闻传播学院本科生　　薛紫菱　米孟瑶
指导教师　蔡一璇

7 关于洛川县苹果产业助力乡村振兴的调研报告

为了解新时代乡村振兴的发展情况,探索工业发展掣肘相对较大的城市应该如何走出具有自身特色的致富路,西北大学经济管理学院赴陕西省延安市洛川县进行调研,乡村振兴暑期社会实践团在 7 天里深入洛川县芦白村、谷咀村、寺合村、清池村、下兰庄村和冯家村等 16 处村庄以及相关产业园、基地,走访调研了 50 多农户,学习发展较快村庄的发展方式与经验,了解发展较差村庄经济发展的短板和具体致贫原因以及进一步的发展计划。同时走进苹果种植密集区和创新产业园,学习当地如何充分利用自然环境优势将一、二、三产业紧密结合,并了解洛川苹果产业发展目前存在的短板与对策,现形成以下调研报告。

一、相关调研村庄的发展现状

(一)发展较好的村庄情况介绍

当前我国乡村振兴的主要方向是要瞄准农业发展前沿,加强关键共性技术攻关。聚焦农业科技领域应用基础研究、技术工程、产业化等创新链环节,针对前瞻性、引领性技术和制约农业现代化发展的难题。需要全面提升农业农村生产智能化、经营网络化、管理高效化、服务便捷化水平;围绕创新链布局产业链,依托高校、院所科技人才团队及科技服务平台,推动建立以企业为主体的商业化成果转化为创新联合体,促进农业科技成果转移转化,引领现代农业发展,培育未来农业产业。在这方面,洛川县芦白村完成程度相对较高,属于依靠产业园区发展起来的新兴村落。

芦白村位于洛川县凤栖镇,毗邻洛川县"中国苹果城"与延安市果业研究发展中心,地理位置优越,全村土地共计 1400 余亩,本年除 200 亩因果树老化而改种玉米之外，其余土地均流转至方旭集团旗下统一种植苹果树。由于洛川县近年多受冻害与冰雹的袭击，加之在2006年前后移栽的老树出现大规模的老化现象，洛川县近两年正在大力推广来自西北农林科技大学试验田的新树种——矮化大苗苹果树。当下本村种植的树种就是以这些新型矮化大苗为主，主要种植的苹果种类包括早熟系的嘎啦与晚熟系的富士，嘎啦种植面积约200亩，成熟时间大致在每年的七八月；富士种植面积约1000亩，成熟时间在每年十月到十一月之间；据当地村民介绍，这样种植苹果有利于保持苹果全年的稳定供给，对于保障果农收益稳定有着不可估量的作用；从数据上看，自2019年以来，除了去年由于年初受冰雹与冻害的影响较为严重、全村苹果收入情况较为不佳之外，全村居民净收入在20万~30万元，基本能满足一户人家一年生活所需要的花销。该村村民在种地之余还能前往村子周围的冷库打工，进行苹果的包装工作，每年也可以有一笔约2万元的稳定收入。

陕西省近年积极出台相关政策措施，引导固定资产投资向农业农村倾斜，推动乡村振兴战略加快落地，第一产业投资高速增长，农村基础设施建设加快，农村人居环境和教育、医疗、卫生条件得到改善。洛川县政府积极响应该政策，拨款1900万元用于改善芦白村基础设施，服务于新兴的苹果产业园区，意图在芦白村打造一个在陕西省甚至全国具有代表性的、集果业研究、化肥农药减施增效试验等多重功用的实验园。因此，芦白村道路硬化工程、排水渠修建工程、窑背改善工程、卫生厕所建设工程等得以顺利进行，大部分村民均将原本早年土砖修建的土窑进行了大翻新，住进了敞亮的平房，整体村容村貌相较于十年前焕然一新。同时由于村内共148户，其中20岁以下人口占到全村常住人口的25%，20~65岁的人口占到55%，65岁以上的人口则占到了20%，村内未成年人与老年人较多，村内设有卫生室并配备了兼职的驻村医生，可以为村民提供日常的基本卫生健康服务；在编制上，村医没有统一的编制，每年县财政为其拨款1万余元作为特殊津贴。为了保障村民的居住安全，洛川县推动智慧联防视频监控进入各村，录入本村人员头像，检测外来人口，该系统连通全国警务系统，为村民安全加上了一道保险。

国家近些年深入开展"千村示范、万村达标"活动，要求全面推行村"两委"主要负责人"一肩挑"，大幅提高村"两委"成员交叉任职比例，大力推进村党组织书记通过法定程序担任村级集体经济组织、合作经济组织负责人，探索推行联村共建、村企联建、产业党小组、地域党小组等模式，要求发挥党员在基层的带动作用，将村主任与村支书合二为一，便于开展基层工作。芦白村目前有党员干部 24 人，占全村人口的 3.9%，同时芦白村党支部还在积极进行党员发展工作，目前以每年一人的速度扩大党员群体，这些基层的党员干部在宽带入户、新能源改造环境卫生综合治理、基层政策宣传等方面都起到了至关重要的作用。

除了农业方面的振兴之外，洛川县还积极探索第三产业振兴乡村的道路，其中发展最先进的当属谷咀村与阿寺村。

谷咀村位于洛川县凤栖镇，周围沟谷较多，种植业发展难度较大；谷咀村内有黄土国家级地质自然公园，该公园是 2001 年由国土资源部批准设立，2004 年开园，总经营面积 8.01 平方千米。地质公园以洛川黑木沟 250 万年完整的黄土剖面遗迹为主体，保存有脊椎动物化石、极其特殊的典型黄土地质景观遗迹等，真实记录第四纪以来古气候、古环境、古生物等重要地质事件和信息，是研究我国大陆乃至欧亚大陆第四纪地质事件的典型地质体，为黄土研究提供了客观的实物材料，是宝贵的自然遗产。依托于此，谷咀村在 2000 年左右便在政府支持下开始发展农家乐产业，与黄土地质公园一起，一度成为一道著名的风景线，村民年收入一度高达 30 万元。农家乐产业在前些年也逐渐做大做强，成为陕北的"小袁家村"。该村农家乐在 2011 年左右迎来了发展的巅峰期，全村农家乐共计 40 余户，年收入超过百万元，成为本县早期的一处特色产业。农家乐属于农民自己，有效调动了农民的生产积极性，同时村子依靠政府财政的 300 余万元拨款，完成了道路硬化，重新以统一的制式翻修了房屋，村容村貌得到了极大的改善，真正成为洛川县对外招揽客人的一道招牌。但是近年受大环境的影响，全村仅有 20 余户还在坚持经营农家乐，已不足顶峰时期的 1/2。在这些还在经营的 20 余户中还有大约 10 户是租赁式经营，即屋主将房屋与院子租赁给不同个人进行经营，每年只收取一定租金。本村为了迎合游客还曾修建大型游乐设施，但是受制于村子财政问题，已经停运很久。

谷咀村在大力发展农家乐的同时也没有放弃传统的苹果种植，全村土地共 1000 余亩，全部种植苹果树，树苗既有传统的大树高苗，也有新型的矮化大苗，整体以矮化大苗为主，成为近几年农民收入的主要来源之一。但是由于 2021 年防雹网普及程度不高、加之农民对天灾的预防意识不够完备、与防雹网整体造价稍高的因素，去年全村 1000 余亩土地受灾较为严重，对农民的收入产生了非常大的影响。

阿寺村是自 2016 年以来洛川县围绕李新安所建立起来的一个新兴的旅游村落。2016 年起，洛川县整合资源，依托洛川会议旧址和"中国苹果第一村"的优势，在对李新安故居、旧城墙遗址等历史文化遗迹保护的基础上，深入挖掘苹果文化内涵，启动实施了阿寺"中国苹果第一村"建设项目，努力将阿寺村打造成"记得住乡愁、看得见未来"特色村组、乡村振兴的样板村和乡村旅游的示范村。2019 年 7 月 19 日，阿寺村被授予"陕西省级历史文化名村"称号。李新安系今洛川县永乡镇阿寺村人，出身于农民家庭，编写过《苹果栽培法》，为苹果在洛川乃至整个陕北的种植做出了巨大贡献，被誉为"陕北苹果生产的奠基者"。1959 年国庆前夕，毛主席品尝了阿寺村的苹果，称赞阿寺村农民栽植苹果在陕北黄土高原上是"一个创举"。也就在那一年，阿寺村的果园发展到 336.4 亩，洛川县兴起了大建果园的热潮，全县苹果种植面积达到 1.7 万亩，成为名副其实的"苹果县"。

阿寺村总体规划为"一街两线一广场一园一带"，即苹果文化步行一条街、东西环村线、苹果主题广场、科技示范园以及苹果采摘观光长廊带。目前，李新安故居已完成修复，建成苹果大讲堂、村史馆和王兰畔艺术展馆，建成总长 600 米的"苹果文化步行街"和 1 万多平方米的苹果主题广场。同时，对传统建筑、古树名木进行保护开发，使苹果文化、黄土文化和民俗文化相得益彰，体现了新与旧的融合，颇具吸引力。阿寺村按照"春赏花、夏纳凉、秋采摘、冬赏雪"的全天候旅游模式，推进果旅融合，开办农家乐 10 家，开设民宿 5 家，实现"果园变公园，农房变客房，劳作变体验"，截至目前接待游客累计达 30 余万人次。同时，阿寺村紧邻洛川会议纪念馆，便于发展红色旅游与劳作生活一体的沉浸式体验旅游。阿寺村接下来的目标是在村子里发展研学旅行，建设劳动教育基地，培育劳动教育产业，绑定红色文化遗址，联合发展旅游业；全村也将着重研学培育，将阿寺村打造成陕西省最优秀的劳动教育研学基地。

作为最早种植苹果的村子，阿寺村同样也还走在苹果种植技术改革的最前沿。立足苹果产业转型升级，改造残败果园 400 亩，建成高标准矮化密植示范园 300 亩，搭建苹果防雹网 100 亩，全村苹果种植的实际面积达到 2850 亩，是名副其实的"中国苹果第一村"。

（二）发展落后的村庄情况介绍

在第一阶段调研结束后，本团队前往石泉乡寺合、清池、下兰庄三个村庄。这三个村庄均位于洛川县槐柏镇石泉乡，距离槐柏镇大约7000米。这三个村庄地理位置相邻，均在2021年冰雹袭击中遭受了重大损失，村民农业收入惨淡。村民近两年大部分都在外出务工，只在农忙时回乡进行必要的劳作。三个村子合计791户，共2100余人，目前常住在村子里的大概有1600人左右，以老人和小孩为主，年轻人相对较少，而这些年轻人也是外出务工的主要力量。由于该地完全位于黄土塬面之上，加之当地的暖温带半湿润大陆性季风气候，在春季时风沙与霜冻较为严重。尤其自2016年以来，春天霜冻、冰雹灾害发生更加频繁，对苹果花与青苹果的伤害非常大，甚至会出现一场霜冻过后一树果花全部脱落的现象，而且即使霜冻等自然灾害在套袋之后发生，但由于伤害面大、短期伤害强烈等因素，果袋并不能很好地保护苹果不受伤害。遇到风沙强烈的春季时，果花也很难完全落枝，对往后的收益也会造成不良影响。故自2016年以来，整个村组苹果收益相对较差，每年大致只能保证回收成本，并没有很高的实际收益。而且，苹果不像常规的粮食作物，它有自己的生长期、挂果期、硕果期与衰落期，加上近些年洛川县为了打造"洛川苹果"这个金字招牌，对每棵苹果树的种植养护要求非常高，每棵苹果树都要投入相当大的成本。通过走访得知，当前每一亩苹果地每年的投入都在5000~6000元，每年每户村民在前期硬性投资上大致就要花去6万~7万元。而且这些钱还不包括防雹网搭建、农业保险购买等其他杂项。总体开支不可谓不大。

2021年冰雹灾害后，对购买了平安保险苹果险的农户，公司派来了相关的验收员，对每亩地进行了实际的测算，测算标准相当严格，是按照土地实际数量与每棵果树的受灾情况结合进行赔付，每亩地大概能赔偿1000~1700元，与成本相比，实在不值一提。防雹网的搭建方面，防雹网由两部分组成，一部分是上方搭建的网兜，另一部分则是立柱，并且需要请专门的施工队来进行施工，其中人工成本非常高，大致分为两种，一种是搭建费用，平均每亩地5000元；另一种是施工队的开销、餐食、茶水等。不过好消息是，由于近年冰雹灾害频发，县政府已经承诺每年提供网兜和用于固定的铁丝。虽说可以节省一部分费用，但是果农时防雹网的搭建热情还是不高。本村组团共896亩果园，其中完成防雹网搭建的只有约100亩,其余并未搭建,存在一定隐患。

另外,这个村的基础设施发展情况也相对较为落后,村子只是硬化了主干道,分支的小路还处于"晴天一身土,雨天一地泥"的状况,监控并未完全深入,只是基本上覆盖了主干道;全村已实现通水通电,路灯已经完全覆盖主干道,天然气管道主线已经进入石泉乡,具体的入户费用当地政府还在与燃气公司协调,目前大致的价格是村民需要自己出5000元用于天然气的入户。但是在走访中本团队了解到,目前村民对入户这件事情热情不高。原因大致有两点:第一,果园就在家门口,出门就能捡到可以燃烧的柴火,没必要多此一举引入天然气。冬季由于家里有土炕,也可以通过烧柴火完成全家的供暖,不需要天然气。第二,天然气入户费和每年燃气费开销太大、不实惠。于是天然气价格交涉便相对较慢一些。教育方面,出于统筹全县教育资源的考量,县政府近几年将中学统一往镇子上转移,目前石泉乡只保留了一所幼儿园,并没有设立小学与中学,所以供孩子在外上学也是一项非常大的开销。

二、乡村发展中所存在的问题

(一)人口组成失衡

主要表现为常住在村子里的人口以妇女、老人和儿童为主,这类人群劳动能力不强,无法从事高强度的农业劳动。本团队将农村人口大致分为四类,分别是少年(0~10周岁)、青年(11~20周岁)、壮年(21~60周岁)以及老年(61岁及以上人群);其中,少年人群不具有劳动能力,需要人来抚养,在农村抚养者的角色一般由老年人承担,无劳动能力。这部分人口在本团队走访的几个村庄中大致能占到8%~10%。其次是青年,已经到了上小学高年级或者初高中的年龄,由于教育收编,学校全部在县城或者镇子上,导致他们长期在外,在农村常住的较少。这部分人口在本团队走访的几个村庄中大致能占10%~15%。接下来是壮年,他们正年富力强,拥有劳动能力,长时间在外打工,一年中只有较短时间在农村。在本团队走访的数个村落中,除阿寺村之外,其他村壮年常住人口大致在45%~55%,其中成年女性占比相对较大。阿寺村由于近两年旅游产业得到了一定发展,加之属于苹果示范园,村中青壮年劳动力流失不大,大致能占到总人口的60%。最后是老年人,主要问题如下:第一,老年人的健康状况较青壮年劳动力来说普遍较弱，可以承担的劳动范围和劳动强度较小，生产效率较低；第二，大多农村老年人思想较为陈旧，对新事物的接受度较低，创新和开拓能力较弱，这部分人口大致占到走访村庄总人口的20%。

（二）基础设施相对落后

农村的基础设施大致分为四类，第一类是农业生产性基础设施，包括农田水利设施等促进生产方面的设施；第二类是农业生活性基础设施，包括饮用水、农村沼气、农村道路、农村电力等生活类基础设施；第三类是人文基础设施，包括教育、医疗、文化娱乐等设施；第四类是流通性基础设施，包括乡村道路、农村通信、用于农产品销售以及农村生产资料购买的流通辅助设施。在这里列举本团队目前认为农村基础设施存在问题的四个方面：

一是乡村道路维护质量较差。在本团队走访的这些村落中，有的路面已经出现较为严重的凹陷，当地人的处理方式是用旁边土地里的土对坑进行填埋，看似解决了问题，可是一旦下雨整条路又会变成泥巴路，道路硬化本身就是为了避免常规土路"晴天一身土，雨天一地泥"的状况，这样的硬化没有起到作用。并且有的路段设计不够合理，弯道太急，容易发生交通事故。

二是农村垃圾处理不够规范。没有统一的垃圾处理途径，由于洛川县位于黄土高原上，周围有大量的沟谷，部分村庄的生活垃圾会选择直接倾倒在沟谷中，并未进行集中统一处理，造成环境污染。

三是农村人文基础设施缺乏维护。有的村子安装了相关的休闲娱乐设施，但是缺乏统一的管理与维护，公共物品锈蚀与被破坏的情况屡见不鲜。

四是农村流通设施建设严重滞后。当前，农村地区大多缺少超市，农贸市场和批发市场缺少专业的储存场所，销售场所简陋。相关调查表明，目前只有大概41.7%的农产品批发市场建有冷库，11.1%的农产品批发市场配备了冷藏车，12.9%的农产品批发市场有陈列冷柜。由此导致大概70%的肉、80%的水产品以及大部分牛奶及豆制品无法进入冷链系统。

（三）乡村产业发展机制不完善

从实地调研来看，乡村产业发展机制还有待完善：一是受制于资金等问题，《乡村产业发展实施细则》推进和落实速度较慢；二是乡村产业发展的融资机制不

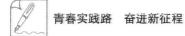

完善，乡村产业项目的融资非常困难；三是乡村产业发展的激励机制、保障机制等有待进一步完善。

（四）农村人口流失

在本团队走访中发现了两个最具有代表性的实例：第一例是一户人家的儿子于 2012 年外出上海打工，刚外出的前两年还会向家里寄钱，过年还会回乡和父母一起过年，但是近些年来他便很少与家里联系了，其父母说也很少收到他寄来的东西，只是会每月给家里打电话报平安，过年也不回家，家里父母生病也只是打电话关照一二，再无其他，家中二老也均是由他的妹妹看护的。第二例是本团队走访的农村目前都或多或少有这样一些现象：女人在家带孩子，奉养父母，男人在外打工养活家庭，很多夫妻见面次数较少，长久的两地分居，彼此感情逐渐淡薄，矛盾日益加剧甚至导致婚姻破裂。另外，也有的外出务工女性在大城市中开阔了自己的视野，见识了更美好的生活，产生了巨大的心理落差，不愿再回到落后的农村，加之现在整个社会思想的开放度和包容度越来越高，导致近两年农村离婚率有一定的上升。农村原生环境对于这些走出去的人可能已经不再是那个让他们心心念念的故乡，而是"保守""落后"的代名词。

（五）基层行政事务繁杂

按照我国当前的行政体系，村民委员会是村民的自治组织，不算一级行政单位，但事实上又存在一个行政村的概念，往往几个自然村被合并到一个行政村里，有许多日常事务，还需要以行政村为单位进行组织实施。以芦白村为例，村主任和村支书合并以来，村主任要负责调解村民矛盾、宣传政府政策、规划村庄发展、组织党员学习、组织村民学习、统计各种数据等。在众多职责中，解决村民的纠纷是乡村行政的一项非常重要的任务。由于人情等各种原因，村委会裁决牵扯较多，工作量和难度都较大，但是芦白村村主任每月的工资只有 1300 元，并且这 1300 元是由 900 元的基础工资与 400 元的绩效考评共同组成的。绩效考核相对也比较严格，门类很多，比如村容村貌、村民纠纷处理情况等，而且本村如果出现有村民上访，上访的费用会从绩效考核中扣取。所以目前我国部分村的村干部实际负责的工作量和报酬是不成正比的，仅凭这些单薄的薪水很难吸引人才留下来。

（六）农村的人情成本较高

在早期农村社会，婚丧嫁娶等红白喜事时，亲戚邻里之间相互来往帮忙，称为"过事"，一般全村的人都会到场，来随份子，表示自己对主人家的祝福或者哀悼。通过互惠的人情，熟人社会中的村民被建构为自己人，自己人的认同提高了村庄熟人社会共同应对自然和社会风险的能力以及完成集体行动的协调性与情感，增加了村庄社会资本，构造了村庄社会，也使得熟人社会有了更多的价值内涵。而时至今日，随份子的形式逐渐由实物礼物变成现金，再加上经济的发展导致份子钱的金额越来越高，这在无形中加重了农村人口的经济压力。

（七）景观美感不足

由于阿寺村和芦白村都是近两年才统一新修建的村落，规划布局、小巷街道错落有致，硬化水泥路和家庭住房较为协调，组成的新型乡村景观令人向往，但是早期开发的谷咀村和第二期走访的寺合村则不同。首先是早期开发的谷咀村，当时乡村建设大多是模仿欧陆风情的"小洋房"，欠缺对中国传统乡村美感的研究，全村大部分农家乐均是仿西式别墅的建筑，在人流密集的时候确实便于接客，统一的外立面和制式也相对美观，但是近年来当地发展又陷于停滞，人流散去，小洋房缺乏必要的维护，野草丛生；更有甚者窗户缺角、白色墙面上侵蚀的痕迹历历在目，严重破坏了景观的表现力。其次是寺合村，这些村子大多未进行大规模改造，除清池村2004年整村搬迁过一次，全村统一修建了平房，制式比较统一较为整齐之外，寺合村、下兰庄村还存在大量土砖修筑的窑洞，比较破坏整体形象，且安全性欠佳。再次是道路两侧的绿化，明显可见的是，自从完成绿化以来基本没有修葺过、草木疯长。铺着地砖的小院紧邻着水泥马路，院前屋后寥寥落落只有一些老年人，整个村子呈现的是一种颓圮、苍老的姿态。

三、对策与建议

（一）政府的规划与引领

可以考虑组建一支既了解当下乡村发展需要，又了解当地特色的规划团队，统一规划编制全县所有农村，结合实际，发挥自身优势，不贪大求洋，注重打造个性特色，做到"一村一品、一村一景、一村一韵"，加速新农村建设，进一步细化确定全县乡村振兴战略实施重点和建设时序。编制规划要避免走过场、撑场面的形式主义，注重与其他各类规划融合，努力实现"多规合一"，形成城乡一体、相辅相成、互促共进的规划体系和建设思路。坚持一张蓝图绘到底，实现"规划一张图，建设一盘棋，思路规范化，规划项目化，项目资金化"。对于重点村庄，建议试行农村住房建设带图审批制度，严控建筑风貌，保持乡村整体风格统一，形成独特的乡村美。

（二）坚持示范带动与村民集体行动一道

实施乡村振兴战略，关键还是要看村民如何行动。每村可以选出一位致富带头人，全村以其为榜样，由他带领全村进行统一行动，共走致富路。不能把上级政策倾斜、资金投入作为实施乡村振兴战略的全部条件。要摒弃"等、靠、要"的错误思维，充分利用现有资源和有限资金，主动谋划、创新推动，动员各方力量共同参与。

（三）加强产业支撑

产业兴旺是乡村振兴的关键所在。洛川县还是应当抓住苹果产业这一核心产业，继续完善苹果产业，从肥料育种、技术制造、金融销售等方面入手，围绕苹果产业打造完善产业链，做大做强核心产业，带动全县经济发展，提高农民收入；努力引进第二产业，尤其是可以考虑引进知名农产品企业，对农产品进行深加工，提高农产品附加值，促进经济收入增加；同时不放弃第三产业，保持阿寺村发展的势头，适当为其进行引流，促进第三产业繁荣，进而带动全县经济发展。

（四）注重生态治理

牢固树立"绿水青山就是金山银山"的理念，把农村垃圾、污水处理、村庄绿化作为乡村生态治理的重点环节抓实抓好。农村垃圾处理要围绕推行垃圾分类和建设垃圾终端处理设施开展工作，引进和应用成熟的垃圾处理技术，基本实现对农村垃圾的资源化、减量化、无害化处理。农村污水力求接入城市污水处理管网，不能接入的，参照桐庐环溪村模式建设小型污水处理设施。村庄绿化重点加强房前屋后、大街小巷、庭院内外的绿化美化，要通过评选"美丽庭院""文明家庭",引导村民培育良好的卫生习惯和文明乡风。

(五)促进文化传承

乡村振兴离不开文化振兴。要坚持"利用是传承"的理念,注重发挥文化资源经济属性,以散落在广大乡村的古建筑、古民居为依托,大力发展具有陕北特色的文化产业。深入开发黄土地质公园,使其能够传达自然鬼斧神工的同时更能表达贴合当下的人文情怀,不放弃如扭秧歌、闹社火等传统习俗,尝试以更现代化的方式表达这些传统习俗,传达传统习俗中的美好祝福。

(六)整合各方力量

整合涉农政策、资金、项目,充分发挥财政杠杆的调节和激励作用。制定农村建设工程以奖代补办法,本着"村民自筹、财政奖补、项目整合"的原则,对重点村的厕所改造、村庄绿化、民居改造、清洁能源利用、文化建设、污水排放、垃圾处理等项目进行奖补,调动社会各界参与乡村振兴的积极性。充分尊重人民群众意愿,引导农民利用村级重大事项民主决策等平台,参与乡村振兴战略实施,达到投工投劳、出资出智共建美好家园的目的。

作　　者　西北大学经济管理学院本科生　屈　果　解欣蓓　董俊妹　李康康　晏艺婷
　　　　　　王佳怡　边文静　朱博琳

指导教师　戴　昶

8 关于厦门市田洋村乡村振兴的调研报告

本实践团队通过参观田洋村的相关基础设施建设、免费培训学校、陶艺工坊、闽南古厝、高效特色种植业甘蔗（文化景观），与书记的面对面深入交谈，调研田洋村乡村振兴展览馆规划馆，听取乡村运营负责人对田洋村整体振兴的规划，以及参与田洋村乡村振兴的沙盘等活动，结合了解到的田洋村当地农业、商业、文化底蕴的特色，针对"文化资源型乡村的数字化转型"这一主题总结调研成果，现形成以下调研报告。

一、田洋村现状

田洋村依山傍水，风景秀美，是远近闻名的同安区最甜甘蔗村，此外，作为厦门历史文化沉淀最为丰厚的乡村之一，村内举人厝、进士第等古厝资源丰富，保存完整，深厚的文化底蕴使这里的每一寸土地都充满了诗意。田洋村所在的同安区是福建省厦门市农村面积最大、农业占比最重、乡村人口最多的区，是厦门市实施乡村振兴战略的主战场。作为乡村振兴的典型示范村，近年来，田洋村将乡村作为城乡融合的稀缺资源，积极响应国家乡村振兴战略，以产业激发活力，以人才带动发展，以艺术活化乡村。田洋村以"多元+"激活乡村，为乡村振兴注入了新的活力。

2021年2月，中共中央、国务院发布《关于全面推进乡村振兴加快农业农村现代化的意见》，在"十四五"开局之年，文件字里行间传达出强烈信号："三农"工作仍非常重要，乡村振兴务必抓紧，并强调了"实施数字乡村建设发展工程，发展智慧农业，建立农业农村大数据体系，推动新一代信息技术与农业生产经营深度融合，加强乡村公共服务、社会治理等数字化智能化建设"等重要举措。

乡村振兴篇

随着"三农"工作重心转向全面推进乡村振兴，在"三农"工作新阶段，数字化已经成为推动乡村经济发展的新动力，建设和发展数字乡村是实现乡村全面振兴的重要源泉，也将成为未来几年县域发展的主旋律。目前实施乡村振兴战略面临的困难和挑战主要表现在：农业供给质量、综合效益和竞争力亟待提高；农业仍以初级产品生产为主，结构性矛盾突出，产业化经营水平不高；农民依靠农产品收入较低，收入不稳定。

田洋村通过两岸合作、村企共建、党建引领等，引进艺术、激活乡村，把艺术做到田间去，走出一条具有田洋特色的"艺术＋生态农业"多元发展道路。田洋村围绕"一系、一轴、两线、三区"打造了商业主题艺术街区，形成两条休闲研学景观动线，以桐屿里文件展示区、上坊里手工艺聚集区、上田里厦金闽台文化交流区三区为主的6个项目。同时田洋村对闲置的古厝民居进行改造，打造公益图书馆、田洋书院等，梳理松辉堂厝、中翰府第士大夫第、澹园遗址等田洋"十八景"。而甘蔗作为村内主要作物，村里的年轻人以甘蔗为创意载体开发了乡村形象IP，还创作村歌《甘蔗哥》，设计了"甘蔗哥"动画形象的文化产品。田洋村以利益为纽带把农民有效组织起来，有利于克服土地分散经营的弊端，促进土地高效经营。一方面，通过集体牵头、农户参与、企业入驻的方式，优化产业结构、明确主导产业、壮大产业规模。另一方面，可以解决传统农业高投入、低产出和信息不对称问题，提高乡村产业的效益和抗风险能力，推动乡村产业兴旺。

二、田洋村乡村振兴市场问题分析

在数字时代背景下，必须高度重视乡村经济振兴数字化道路与产业模式选择问题，通过现代数字信息技术与农业农村各个环节的有效融合，进一步提升农村经济发展质量，推动农业转型升级。通过对厦门市田洋村的研究，总结出一条对于各县域乡村振兴的适用路径，即重在通过数字化转型、产业融合发展、人居环境整治、完善基础设施配套、传承乡土文化、健全组织体系等措施弥补劣势、补齐短板，优化调整乡村人地系统结构与布局，高水平推进乡村振兴和城乡融合发展。

通过构建田洋村研学基地，推广"文化＋研学＋旅游"的新模式，充分发挥政府、企业、社会、学校、村民等各方面的力量，推动田洋村研学基地向个性化、品牌化发展。在此基础上，可以实施"文化+研学+旅游+N"，不断延伸田洋村研学基地的产业链，扩大该文旅品牌的广度和深度，充分利用其品牌优势去谋划定位。同时将该基地作为典型，按照"宜融则融，能融尽融"的原则，依托地域自身优势，总结经验，注重辐射作用，逐步由点到面推广至整个厦门市、福建省更甚是全国。

（一）宏观市场环境——PEST 分析

1. 政策法律

2021年文化和旅游部发布《"十四五"文化产业发展规划》（以下简称《规划》）。《规划》提出到2025年，我国要实现文化产业体系和市场体系更加健全，文化产业结构布局不断优化，文化供给质量明显提升，文化消费更加活跃，文化产业规模持续壮大，文化及相关产业增加值占国内生产总值比重进一步提高，文化产业发展的综合效益显著提升，对国民经济增长的支撑和带动作用得到充分发挥。《福建省国民经济和社会发展第十四个五年规划和二〇三五年远景目标纲要》提出："到2025年，文化强省建设和全域生态旅游省建设取得重大成果，文化和旅游领域高质量发展超越迈出重要步伐，宣传思想工作、文化事业、文化产业和旅游业高质量发展机制基本形成，文化产业和旅游产业在全国的位次明显提升，福建作为我国重要的自然和文化旅游中心、21世纪海上丝绸之路旅游核心区、世界知名旅游目的地的地位更加凸显"这一发展目标。其中还提到福建省的新一轮科技革命赋予文化和旅游高质量发展强大新动能。新一轮科技革命和产业变革方兴未艾，5G、大数据、云计算、物联网、人工智能等新技术的深度应用，将重塑新闻媒体生产流程、重构文化和旅游基础设施、催生新的文旅和影视应用场景，有了传播媒介才能帮助我们数字化运作更好地形成"科技+文化""科技+旅游"等新的产业业态，全面延伸文旅产业链条，赋予了文化和旅游高质量发展新的动能。

福建省发布《关于全面推进乡村振兴加快农业农村现代化的实施意见》之后，农村改革持续深化，农村承包地确权登记颁证和农村集体产权制度改革整省试点任务全面完成；乡村振兴实现良好开局，农村人居环境整治三年行动任务全面完成，乡村振兴领导体制和工作机制基本建立，农民生产生活条件明显改善，农村面貌焕然一新，农村同步实现全面建成小康社会目标，广大农民获得感、幸福感、安全感显著增强。

2. 经济环境

2019年，福建省积极推动企业发展电子商务拓展销售渠道，从供给侧促进消费升级。2019年全省实现网络零售额4589亿元，排名全国第6位；同比增长24.8%，高于全国增速6.3个百分点。其中，实物商品网络零售3779亿元，同比增长28.9%，高于全国增速8.7个百分点；占全省社会消费品零售总额的比重约为23%，对全省社会消费品零售总额增长的贡献率约为55%，拉动消费增长作用明显。全省文化产业实现增加值2161亿元，占地区生产总值比重达5.1%，文化产业成为国民经济支柱性产业，工艺美术业、印刷业、动漫游戏业、文化创意设计业综合实力位居全国前列。2019年，全省共接待国内外游客5.37亿人次，实现旅游总收入8101亿元，分别比2015年增长100%和158%。关于"十四五"时期文化建设和旅游发展有关指标：文化产业增加值为3800亿元，2020年为2270亿元；文化产业增加值占GDP比重为6%，2020年为5.17%；广播电视等类似电子商务实际创收收入为200亿元，2020年为164.24亿元。旅游产业总收入为10500亿元，2020年为5047.41亿元；旅游业增加值占GDP比重8.1%；接待人数70000万人次，2020年为37210.75万人次。

经济环境逐渐优化，给村企合作提供了资本，研学活动中学校和政府也可以放心在村落中安全地体验特有的乡村文化和工作日常。

福建省农业农村发展取得历史性成就，农业供给侧结构性改革全面推进，特色现代农业加快建设，十大乡村特色产业全产业链总产值突破2万亿元；农村居民人均可支配收入持续较快增长，"十三五"时期年均增长8.6%，2020年突破2万元。

3. 社会环境

"十三五"时期，福建省宣传思想工作、文化事业、文化产业和旅游业发展取得显著成绩，文化强省建设扎实推进，文化小康基本实现，人民群众的文化获得感、幸福感和安全感明显增强。文化产业和旅游业跨越式发展，文化产业增加值、入境旅游指标进入全国前列，朝着建设我国重要的自然和文化旅游中心、21世纪海上丝绸之路旅游核心区、世界知名旅游目的地的目标加速迈进。福州、厦门入选国家级文化和科技融合示范基地。"清新福建""全福游、有全福"品牌全面打响。两项指标提前一年完成"十三五"规划目标。入境旅游指标连续多年居全国第5位。文化体制机制改革深入推进。文化、旅游和广播电视、电影、新闻出版等部门机构改革顺利完成，省文联、记协、作协通过改革推进职能转换。国有文化企业公司制改革基本完成，公共文化机构理事会制度和文化馆图书馆总分馆制改革加快推进。积极参与全国有线电视网络整合和广电 5G 建设一体化发展。文化市场综合执法队伍整合基本完成，各设区市基本实现"同城一支队伍"。"放心游福建"服务承诺机制在全国推广。与全方位推进高质量发展超越的要求相比，"十三五"期间，福建省文化和旅游工作仍然存在不少瓶颈和短板：八闽文化所蕴含的中国精神、时代价值及世界意义的挖掘、宣传还不够系统深入，一定程度上影响了在国内外的传承、传播和创新；媒体融合有待进一步深化，主流媒体传播力、引导力仍需加强；文化艺术创作在国内外有标志性影响的精品力作不够多，存在有"高原"缺"高峰"现象；文化和旅游公共服务数字化、智能化、品质化水平有待进一步提高，城乡之间、地区之间还存在较大差距；文化产业和旅游产业国际化水平还不高，在国内外叫得响的行业领军企业和本土品牌较少；人才队伍建设与新时代文化和旅游发展要求不相适应，特别是缺乏高水平原创团队、文化文艺大师巨匠和创意营销、策划规划等产业领军人才。

4. 技术环境

在文旅融合的大背景下，福建省文旅厅突出"创新驱动数字化转型，智能引领高质量发展"主题，赋予"全福游，有全福""人文福地""清新福建"品牌建设创新科技感，为广大游客、人民群众提供更便捷、高品质、多样化的全新文旅生活体验。为贯彻落实福建省委十届六次全会精神和《全力打造"全福游、有全福"品牌总体方案》等文件要求，全面提升入闽游客的体验感、满意度，福建省文旅厅配合福建省旅游发展集团打造"全福游"智慧旅游综合服务平台，面向所有入闽游客和福建市民推出"一部手机全福游"APP，围绕"吃住行游购娱"等旅游要素，为市民和游客提供文化和旅游信息查询、景区景点门票预订、行程定制与交通出行安排、酒店住宿预订、美食特产选购、导游服务等"一站式"全域旅游服务。

数字文化，焕发活力，秉承"传承文明、服务社会"的初心，闽图官网、掌上闽图 APP、微信图书馆、闽图微信小程序等多种网络平台提供海量的中外文电子期刊、电子报，国家级会议论文及博硕论文，随时能够满足读者多元化的文献服务需求。

通过三维影像动态技术,将"红色闽西"馆藏革命文物三维展示在观众面前。三维展示在丰富文物展现形式的同时,为观众提供更加丰富的文物信息和内容,更大程度地满足了观众的求知欲和好奇心,极大地提升了文物展示的效果。VR(虚拟现实)技术在福建文旅行业得到广泛应用。福建文旅 VR 电视展示平台结合 3D 建模、无人机航拍等技术,为公众提供沉浸式文旅体验。该平台由福建移动机顶盒和大屏电视机组成,观众通过遥控器即可 720 度全方位自由欣赏福建省 4A 级以上景区的绝美风光、文化民俗和美食特产。展会期间,省文旅厅还推出海丝之旅、美食之旅、文化之旅、世遗之旅等福建特色主题 VR 宣传片,让观众从全新的视角体验清新福建的大好山水。VR 等新技术的加盟让田洋村的甘蔗线上推广以及销售开辟了新的一条道路,数字化建设的发展变得更为便捷,减少了建设成本的同时又打通了田洋村与城镇的原料、销售渠道。在科技的介入下田洋村旅游观光的额外费用(垃圾清理费、导游费等非必要费用)减少的同时,还增加了"用户"的体验感。

(二)微观企业主体——SWOT 分析

表 8-1　项目 SWOT 分析表

条目	内　　容
优势 (Strengths)	S1:本项目基于团队实地调研分析田洋村现状产生,与当地村委会有着合作关系; S2:依托田洋村特色农业来发展甘蔗经济,前景广阔; S3:田洋村现有一定的线下旅游业发展基础,将有效推进文旅产业的创新与完善; S4:田洋村历史文化沉淀丰厚,悠久的积淀将为文创产品的开发提供不竭生命力; S5:"互联网+农村经纪人"促使农业与有关工商部门联为一体,缩短流通过程,使产品减少在流通领域的损失,从而保证其价值的顺利实现,并提高产品的附加值

续表

条目	内　容
劣势 （Weaknesses）	W1：项目还在萌芽阶段，缺乏大量的资金支持，难以快速铺开市场； W2：需要专业的人才支持，村民整体的文化水平、商业观念还需提升； W3：受大环境影响，线下旅游业的发展短期内受阻； W4：地区封锁和行业限制在一定程度上束缚了农村经纪人业务的开拓
机会 （Opportunities）	O1：据调研，市场上暂时还没有成熟的文化资源型乡村振兴项目； O2：目前我国政府大力支持乡村振兴、高质量文旅产业的发展； O3：电商多样化的发展，使得更多的资本愿意投入到互联网领域，为项目发展注入新鲜血液； O4：着手绿色制造业领域的开拓，贴合"双碳"目标
威胁 （Threats）	T1：项目处于初步发展阶段，运营模式不够完善，组织管理制度不够完整； T2：项目团队成员社会经验不足，各部门的调度衔接还需改善； T3：项目经费有限，宣传推广可能存在力度不足的情况； T4：农村经纪人目前发展存在分散性强问题，个体发展抵御市场风险能力较低，还需强有力的组织协同工作

资料来源：调研团队整理。

（三）市场竞争波特五力分析

"波特五力模型"又称"波特竞争力模型"，是迈克尔·波特于1979年创立的用于行业分析和商业战略研究的理论模型。模型的"五力"分别是：供应商的讨价还价能力、购买者的讨价还价能力、新进入者的威胁、替代者的威胁、行业内现在竞争者的竞争。该模型的基本观点为：一个产业所处的竞争环境，不仅仅是处于一个产业内生产相同或者相似产品的企业之间的竞争，客户、供应商、替代产品和潜在的进入者均为该产业的"竞争对手"，并且依具体情况会或多或少地显露出其重要性，这五种作用力共同决定产业竞争的强度及产业利润率。

1. 供应商的讨价还价能力

主要取决于供应商行业的市场状况以及他们所提供物品的重要性。供货商对于文化创意产业而言，主要是文创产品成本和特色甘蔗的供应，根据五力模型来说，供方力量的强弱主要取决于他们给产品提供怎样的投入要素，当其投入要素的价值占总成本较大比例、对于产品生产过程很重要或严重影响产品质量时，供应商的讨价还价能力就会大大增强。对于古镇文化创意产业来说，其对于文化创意和技术，以及特色的核心方法来说，在这种经济不发达的地区，创意和人才相对较弱，技术壁垒和资金壁垒仍然存在，供应商并不多，由于产业链可以与主要供应商——当地居民形成互惠互利的情况，议价能力相对不强但也不弱。

2. 购买者的讨价还价能力

买方的讨价还价能力主要视情况而定，主要有下面三个方面：买方所需产品数量、买方转而购买替代品所需成本、买方所各自追求的目标。对于文化创意产业来说，购买者主要由去当地旅游的游客构成。而对于游客来说，主要分为散客和团客，散客由于人少，购买力小，议价能力并不强。对于团客来说，多为有组织的规模性组织，购买力大，人多，相对具有较高的议价能力。另外，对产业来说，有特殊的村企合作平台，其中的农村电商平台中，消费者的议价能力很低。

3. 新进入者的威胁

对于现有行业而言，新进入者会导致市场占有率变化，产品价格降低，新进入者需要资源生产，导致生产成本增加，两方面使企业获利能力下降。对于古镇文化产业而言，新进入者壁垒较高，一方面，这种产业依托于浓厚的文化和历史积淀，具有极强的地域特色，很难对原有产业造成威胁；另一方面，对于文化创意产业的投资和经营具有较大风险，而且收益见效慢，像主题公园等，都需要一定时期一定程度的投入付出和开发才能发展。但在电商方面，由于当今社会电商产业发展之迅速，进入行业的壁垒小、要求低，很多人都发现了这样的商机，会有很多人有进入的想法，但同时竞争压力大，行业发展就会更快，要求变高，因此相对而言是均衡发展的。综上，新进入者的威胁对于文化创意产业而言相对压力较小。

4. 替代品的威胁

某一行业时常会与另一行业的企业处于竞争的状况，根本原因就是这些企业的产品具有相互替代的性质。这种源自替代品的竞争会以各种形式影响行业现有情况。对于我们的文化创业产业而言，一方面对于分化产品来说，存在大量替代品：如儿童主题乐园、流行音乐节、博物馆等，由于文化创意产业本身内容的丰富性，同时随着社会发展，现代知识经济产业对于文化创意越来越重视，上述替代品对于学生、年轻人同样具有强大的吸引力,而这种不依赖于强烈特色地域性的替代品,大多分布在经济发达地区,在交通住宿等方面具有优势,会给当地产业带来较大竞争压力。另一方面对于甘蔗经济来说,存在其他水果、一些特色小吃等替代品。甘蔗这种时节水果,大家在各自家乡也能买到,相较于其他保质期长一些的食品,不利于贮存和携带,面对的竞争很明显。

5. 行业内现在竞争者的竞争

行业内现在竞争者的竞争情况复杂、强度大,是企业所面对的最强的竞争。从现有市场情况来看,文化创意产业的竞争不仅有国内各种各样的特色旅游景区,也有国外一些具有神秘色彩的异域文化。随着时代发展,人们对于文化提升和旅游体验需求提高。想要发展好文化创意产业,必须找准痛点,找到不同于其他产业的特色点,也要能在一些硬件条件上增强,提升竞争力,这些都很有难度。另外,当地的产业中有很大一部分是电商产业,在当今时代,电商发展迅速,行业内有很多产业和企业都有自己的电商平台,且发展劲头大,因此在电商方面行业内竞争比较强。综上而言,行业内现在竞争者的竞争较强。

6. 结语

综上所述,对于文化创意产业而言,供应商的讨价还价能力、替代品和行业内现有竞争者的压力比较大,购买者的讨价还价能力较弱,但极强的地域特色和文化积淀都给文化创意产业的发展提供了新路径,竞争优势有待挖掘。

三、田洋村乡村振兴对策建议

(一)甘蔗产业数字化运作模式

传统的农村经纪人是活跃在农村经济领域,以收取佣金为目的,为促成他人交易而从事农产品产加销中介服务的公民、法人和其他经济组织。农村经纪人根据服务类型主要分为五种:①科技经纪人,该类型的农村经纪人能组建科技服务站,向农民传授有关种植、养殖和加工等方面的技术,进行科技承包,科技示范指导,提供科技咨询,使科技商品化、技术价值化;②营销经纪人,主要业务是为大量产出的农副产品开拓市场的经纪人,这种经纪人必须掌握各地市场行情,将大量的农副产品销售出去,并逐步形成品牌;③信息经纪人,组建各类信息服务站为农民提供相应市场需求信息,小范围地调整农业种植结构,向农民推荐高质量、高效益的经济作物、药材作物等；④娱乐经纪人，区别于明星经纪人，主要功能是兴建文化城、图书馆等文娱设施，丰富农民文化生活的同时提高农民的科技文化水准；⑤储运、加工经纪人，负责收购农民的产品，并进行储备加工，使农产品价值提升，同时为农民提供优质生产生活资料。

当今传统农村经纪人面临的挑战主要来自三个方面：①农村经纪人行业越来越难干或将消失，随着农村个体种植利润越来越小，农村土地规模化经营成为大趋势，而农村的种植模式必定成为规模化种植。在规模化种植的前提下，农户或生产基地生产出来的农产品可直接到达市场上、消费者手中或深加工企业，不用经过农村经纪人这一环节。②市场信息资源已不是农村经纪人的优势，农村经纪人通过一定途径去收集市场信息，并且对这些信息进行分析、挑选，然后参与到农村经济流通领域中，从事促成成交或直接组织农产品买卖交易。农村经纪人凭借掌握市场信息应运而生。一直以来，农户的生产普遍较盲目、碎片化、低端，销路往往是最大的难题。现代农民可以通过互联网来拓展销路，通过电子商务则可以了解到其他地方的价格，直面市场、直接谈价。③电商也正改变最传统的农业，农村电商的发展近几年来虽取得了一定成效，但也面临一些无法回避的问题，如农产品生产规模较小，产品分散化程度高，缺乏运营人才，农民对运用智能手机、电脑等网络工具相对陌生，对线上交易不熟等，其中，能搭上电商快车的农产品在全省农产品流通份额中占比还是不高。

基于以上问题，本项目提出"互联网+农村经纪人"新模式，即建立一个网上运营平台，将传统线下农村经纪人形式与线上运营平台相结合，为田洋村的甘蔗产业打开"云端"市场，构建一、二、三产业协同推进的美丽经济生态链。基于当前电子商务环境下我国农产品物流业发展趋势为以顾客为中心、小批量、个性化、准确性、及时性、可持续发展以及适应性，本平台改变传统的农产品经营方式，依托当地特色农产品，在网上开办农业经纪人之家栏目，向消费者介绍和推广。该运营平台主要包括传统农村经纪人的三类功能：科技经纪人、营销经纪人与信息经纪人，在具备传统农村经纪人优势的同时，能够承担较线下体量更大更多的农产品产量和种类，改善农村经纪人发展不平衡的局面，避免因甘蔗生产季节变化而产生的经纪活动季节性、区域性明显的问题，提高组织化程度和经纪人专业性，加强各农村经纪人之间的信息交流。以下是对"互联网+农村经纪人"模式的具体分析：

青春实践路　奋进新征程

一是投资环节。因该运营平台由大学生创业团队自主搭建、运营及日常维护，运营平台创建的资金主要来源有三个方面，第一个来源为田洋村村民投资入股，第二个来源为社会资本，第三个来源为政府资金补助。

田洋村村民投资入股的股权结构由基本股、交叉股、调节股三部分构成：①基本股，将集体资产进行股份制改造，集体保留38%，剩下62%分配到户，每户平均20万元，每股年分红4万元，只有本村集体经济组织成员才能持有，缺资金的农户以土地每亩地折价4万元入股。②交叉股，集体旅游公司、村民合作社、商铺、农家乐相互持有股份，交叉持股460家商铺，可自主选择入股店铺。③调节股，全民参与、入股自愿、钱少先入、钱多少入，照顾小户、限制大户。

社会资本的资金来源主要形式为招商引资。首先与田洋村原有合作企业如厦门信息集团有限公司、厦门市政集团水务集团进行合作，前期聚集一定的品牌商家数量，然后不断扩大招商规模。可定期举办招商会，邀请甘蔗产品链上下游企业，发布优惠招商政策，吸引商家入驻。可提出投资第一年免平台使用费、免广告宣传费、免平台服务费等优惠政策。

政府资金补助的形式主要为建立发展基金、直接补助费、建立专项资金及补助技术创新研究开发费用，同时政府也可通过税收方面的减免政策对本项目进行政策支持，减少该运营平台创建及运行的成本，助推电子商务支撑体系建设，吸引更多村民投入本运营平台建设。

同时，田洋村的投资运营形式可考虑采用翻滚式投资运营，即随着项目开展阶段的不断深入，在原有投资的基础上加大投资运营的力度。该方式的优势在于可以根据运营平台发展的具体情况调整投资的方向和力度，使投资更加高效。

二是开发环节。本运营平台开发过程的重点是根据田洋村的特色农产品即甘蔗产品，构建一个甘蔗科学种植方法教学、甘蔗产品销售、甘蔗市场信息提供三位一体的购销体系，吸引网页点击量和目标消费者。

在本项目开发过程中，除创建该平台的高校大学生团队外，还应加强对田洋村村民的技术培养，提高村民相关互联网操作技能，为村民树立"电子农村经纪人"概念，引导村民通过互联网操作等数字化方式发展本村甘蔗产业。

三是营销推广环节。本运营平台旨在通过大数据助推传统农村经纪人这一线下农产品推广方式转型升级，将田洋村的特色农产品甘蔗推销给广大消费者，为甘蔗产品销售提供网络平台，向甘蔗种植户传授先进的甘蔗种植方法与技术。

运作方式为"互联网+科技经纪人"及"互联网+信息经纪人"。在本运营平台界面首页导航处设置甘蔗行业资讯、相关政策法规、甘蔗产业相关科技及科技成果、甘蔗产业科普博览、甘蔗种植培训等栏目。①甘蔗行业资讯主要包括内容有关于甘蔗产业的综合要闻、田洋村地方资讯、甘蔗丰收季节产销情况、助农增收的相关政策、甘蔗产业发展动态等相关信息。②政策法规一栏主要内容包括当前地方政府和全国政策方针及相关政策解读,同时有相关案例便于村民自行解读,普及相关法律法规。③农业科技及科技成果部分主要内容包括当前甘蔗的优良品种、先进种植栽培技术、采收加工技术、现代农业思想宣传、科研成果转化等相关内容,为村民和浏览者传播先进思想。④科普博览专栏致力于为村民和浏览者传播农业科普、生态环保、如何高效减灾防灾等内容。⑤种植培训专栏包括付费教学视频和微课等在线课程,教授甘蔗种植户专业种植知识,同时也包含趣味版教学视频提供给普通消费者或对甘蔗种植感兴趣的初学者。

本运营平台主要售卖田洋村特色农产品甘蔗及甘蔗制品,打造"品牌化+平台化"运作模式。品牌化指打造田洋村自创品牌"甘蔗哥",在平台 logo 等地方体现"甘蔗哥"的品牌形象,使该品牌形象深入人心;平台化指将农产品放在本运营平台出售,主要消费对象包括甘蔗产业链下游企业和全国各地的游客。旨在推动农业生产要素的重构,打破农产品规模化的制约。

采取的主要运营模式有两种,分别为消费者定制(C2B)模式和农场直供(F2C)模式。C2B 模式下,农户需根据消费者的订单需求生产甘蔗,然后通过家庭宅配的方式把自家生产的甘蔗产品配送给会员。该模式的运作流程分为四步:第一步,农户要形成规模化种植;第二步,农户要通过本运营平台发布产品的供应信息招募会员;第三步,会员通过网上的会员系统提前预订今后需要的产品;第四步,待产品生产出来后,农户按照预定需求配送给会员。F2C 模式,即农产品直接由农户通过网上平台卖给消费者的行为。该销售模式与 C2B 模式的区别在于对甘蔗产品的购买有数量上的限定,需根据当年甘蔗产量在会员预定产品销售完后确定库存再定具体销售数量。

在非甘蔗产出季节,本运营平台会售卖限量甘蔗文创产品,例如以甘蔗为设计元素的银饰、陶瓷制品、田洋村特色瓷板画等,每种文创产品因手工制作仅有少量存货,且只有会员有权限可以购买全部限量产品,非会员和游客仅可购买部分产品,同时平台接受文创产品定制服务。

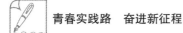
青春实践路　奋进新征程

另外，本运营平台拥有一个小程序，消费者可付费购买相应的土地，并雇佣种植人员种植甘蔗，小程序会根据甘蔗生长的真实情况提醒购买者浇水、晒太阳、施肥等操作，同时也会根据天气情况和自然灾害显示预测的甘蔗产量，会出现颗粒无收的情况，损失由消费者自己承担。在甘蔗成熟期，购买者可选择支付邮费将甘蔗寄送到家或选择出售，出售所得将用于支持乡村振兴工作。

意见领袖（KOL）推广策略：在互联网内容分享平台，向目标用户清晰深刻地传达本运营平台的运营理念，提高消费者信任度。

具体活动内容为由生活类博主为主，发布本运营平台体验测试视频，介绍运营平台包含的内容及甘蔗产品购买方式等，向消费者传播乡村振兴理念，并进行平台推广。

在线下，与大型商超合作，通过整合超市资源，借助超市平台以联合推广的方式，进行深度平台推广。

具体方式为将甘蔗产品投放到各大城市位于黄金地段的大型商超，超市工作人员向前来购物的消费者推荐平台试用服务，在线上预定产品并在产品产出期来超市取货，教授消费者运营平台的使用方式，以此提高平台浏览量和使用度并推广产品。

在产出运营环节，本运营平台的产品产出主要包括四个部分，线上付费课程、通过平台出售的甘蔗产品、小程序收取的费用以及企业投放广告的广告费。

线上付费课程指对提供高质量原创内容收费，依靠其极强的专业性、独特价值的内容吸引习惯于网络学习群体，进而向用户进行不同费用的设定和收取。本运营平台还提供按单节课收费的方式，平台用户可根据兴趣选择想听的课程并扫码进行付费。同时平台接受专家授课的形式，专家可将自己的授课视频发送在本平台上，付给平台中介费并且获得收益需与平台按比例进行分成。

通过平台出售的甘蔗产品的盈利来源主要为产品销售额。在C2B模式下，收益来源为平台收取的会员费，即会员的年卡、季卡或月卡消费，会员还可以选择在储值卡里充值一定的金额；在F2C模式下，收益来源为甘蔗产品售卖利润以及农户付给运营平台的管理费、广告费等。小程序收入主要为消费者租赁土地和雇佣人员所付费用，将种植风险转移给消费者。同时，本运营平台在页面发布甘蔗产业链上下游企业的相关信息，向企业收取平台使用费、广告费及平台服务费。收取的费用用于平台日常运营与维护。

（二）关于文创产品的运营模式——基于"互联网+"

文化消费，可以理解为大众购买文化产品或文化服务用以满足其精神文化需求的消费行为。随着社会经济的发展以及大众消费需求升级，文化消费日渐主流化、大众化。而田洋村作为具有代表性的文化资源集合地之一，通过开发文化创意产品，实现公共文化服务与文化产业的融合，带动田洋村文化消费。

一是依托当地文化资源是田洋村文创产品开发的基本途径，作为厦门历史文化沉淀最为丰厚的乡村之一，田洋村被誉为"古同安科举文化第一村"，村内举人厝、进士第等古厝资源丰富，深厚的文化底蕴给田洋村文创产品提供了可能性。以田洋村科举文化、古厝及"甘蔗哥"形象等文化资源作为文创产品的基本元素开发符合大众审美的文创产品，如我们可以以"甘蔗哥"形象为设计原型，制作一套表情专辑，通过表情专辑的形式，增加大众对田洋村"甘蔗哥"的认知了解。同时，我们还可以推出闽南语方言表情包设计，这类表情包不但可以增加聊天时的趣味性，同时可以增加大众对闽南地区的文化了解，是一种独具特色的文化输出形式。

二是依托村内艺术工作室为田洋村文创产品开发提供了技术支持，如陶瓷工作室、银饰加工坊、瓷板画工作室以及泥塑木雕工作室等。以陶瓷、银、瓷板画、泥塑木雕等材质，根据市场调研等方式，在文创产品种类多元化、样式多样化开发等方面进行探索，设计出能够满足消费者各种需求的产品。

三是在"互联网+"背景下对田洋村文创产品进行推广。"互联网+"的背景不仅对文创产品的开发具有一定的优势，对文创产品的推广也具有优势。文创产品借助互联网平台，能够实现宣传、营销、销售、价值推广，使更多的人知道、了解文创产品。同时，文化创意产业通过网络平台实现文创产品的推广，还能够增强地域文明建设，通过作品吸引更多的人来到此地，感受别样的文化气息。

"互联网+"背景下，文创产品推广可以借助第三方应用商店进行。以"互联网+"为导向推广文创产品，借助网站推广，文化创意产业根据自身文创产品可以在互联网平台上打造属于自身发展的网站模式，加强网站宣传，提高网站的点击率，使人们通过网站推广模式知道、了解文创产品。以"互联网+"为导向开展的文创产品推广，依托广告模式进行推广，以融媒体为导向，实现新媒体与传统媒体共发展，将文创产品以广告的形式进行宣传、普及，加强品牌形象的树立，增强人们对文创品牌的认可度。以"互联网+"为导向推广文创产品，借助微信平台、微博平台进行推广，符合人们生活信息获取需要，使人们能够借助微信、微博平台获取较多的文创产品信息内容。

以"互联网+"为导向建立数字化平台传统的文创产品营销主要以线下实体店铺为主，大众在参观景点之后习惯性游览景区内的文创店铺，这种营销模式限制了文创产品的流通。随着互联网的不断发展，大众的消费理念也发生了改变，以"文创产品+电商"的营销模式，将促进文创产品消费日常化。基于对全国业界文创信息系统的详细调研，厦门田洋村将与厦门信息集团专业人员合作，创立一体化智慧文创平台。这个平台具有以下特点：

一是服务闭环化。一体化智慧文创平台基于"互联网+"的理念，建立了官网营销、移动端推荐和文创商店销售全覆盖闭环服务模式。借助互联网对田洋村的文创产品进行营销，消费者能够借助电脑或者手机自主选择和获取自己喜欢的文创产品，实现了消费者获取信息从被动向主动的转变，从单向向双向交互的转变。田洋村通过利用互联网，能够展示相关文创产品的各类信息，如规格、文化价值及常识、保养方法、保修期限等，能够使消费者对田洋村文化以及文创产品有更深的理解。

二是功能智慧化。一体化智慧文创平台对文创产品的创作和研发进行科学的管理和记录，让工作人员能方便地进行文创产品设计，对资源和元素进行抽取，挖掘出产品的价值。利用"互联网+"方式，利用智能数据分析、元素标准化等功能，实现田洋村文创智慧化。文创产品就能随时将新颖的设计思路融入其中，进而达到综合性的产品研发以及产品创新目的。除此以外，产品设计者还能借助大数据手段来拓宽现有的产品创作信息，据此增强创造文创产品的针对性，今后甚至可以多村多地区联合内涵挖掘和设计制作。功能包括特征素材分类、素材本体知识提取、素材基础库管理、设计素材库管理、授权利用、版权保护和素材智能检索。

三是以电商直播平台促进对田洋村文创产品的消费。电商直播作为一种新型的营销方式，通过直播环节对田洋村文创产品进行内容化解读，且在强互动、强参与的直播环境下，用户更容易被激发购买欲望。目前，为了顺应电商新兴发展趋势，淘宝、京东、拼多多、唯品会等平台都已推出直播业务。消费的目的不是为了实际需求的满足，而是不断追求被制造出来的、被刺激出来的欲望的满足。就文创产品而言，作为非必需品，只有增强其可消费性，才能激发大众的文化消费欲望。而电商直播能够带来更强的视听感官的刺激，对于营造良好的文创产品消费情境具有一定的价值。

在电商平台开展"田洋村——乡村振兴典范村"直播不仅能够促进传统文化的传播与传承，且其文创产品作为田洋村文化与普通大众之间最具象、最平常的连接，田洋村在电商平台上的直播有利于促进文化消费，扩大小众乡村文创产品的知名度，推动精英文化的大众化发展，也为未来文创产业的营销提供发展思路。

（三）田洋村文创产品的研发产出

一是田洋村文创产品生产产出流程一体化。一体化智慧文创平台创立了田洋村文创设计管理、文创产品管理、文创产品DIY、消费者购买及售后反馈的一体化流程。文创产品开发人员根据村中资源（如陶瓷、银饰、瓷板画、泥塑木雕等）、特有元素（如"甘蔗哥"形象）及市场信息等设计制定产品开发方案。由文创产品开发委员会成员对产品开发方案进行讨论评审，提出意见调整，并进行修改完善，通过审核的方案开始产品开发设计流程。文创产品开发委员会成员对产品设计效果图从产品的"元素性、故事性、功能性"进行初步评审，对未通过初次评审的产品进行修改意见反馈，通过评审的产品上报领导进行审核，对审核通过的产品进行打样，文创产品开发委员会组员对打样产品进行初步评审，根据效果图对产品进行比对，对达到设计效果且价位合理、产品质量能保障的产品进行新品的申报生产，由领导进行最终签字确认，进入产品生产流程。根据合同签署流程与厂家签署产品生产合同，并确定产品大货的生产时间及产品上市时间。在产品上市后，及时对产品销售情况进行监控，做好反馈意见的收集。

二是社会力量参与田洋村文创产品研发。文创产品开发面向的对象是社会大众。用户对自我设计产品拥有原生的责任感，当自我设计产品被使用时，设计者即用户会自发成为一个主动的产品宣传媒介，出于责任感或者说自豪感，用户会向自身的社交媒体圈宣传，类比谣言的传播机制"群体极化效应"，社交圈内的不断强化会使最终的结果更加稳固。而小部分用户的宣传必然在传播途中产生谣言的同类要素，自发宣传的结果可能会在适当的引导下，产生和谣言相同的传播速率，最终达到宣传效果。数字转型时代下生产者与消费者的互动渠道更加多样，包括微信、微博、电商平台等，为社会力量参与提供了便利。田洋村可以借助社会力量广泛参与文创产品开发，采取优秀作品投票机制，票数最高的作品可以用于销售的创意产品中，作品被采纳者的同时参与者可以获得相应经济奖励。通过社会力量参与开发的文创产品既符合社会主流的品位，又能增加用户与田洋村的互动交流，同时起到良好的宣传效果。

三是打造田洋村特色文创产品。田洋村可以利用本村现有的资源，如陶瓷、银饰、瓷板画、泥塑木雕等，制作具有田洋村特色，又不乏时代特色的文创产品。以陶瓷为例，其制成品上会刻与时代相关的标语或图像，这样陶瓷制成品也将成为消费者的"潮流单品"；又或是瓷板画，其图案可结合热门元素、热门题材，在不失其传统文化底蕴的基础上迎合消费者的需求，这样瓷板画文创产品也将成为消费者抢购的产品。田洋村可以从自身资源出发提取与时代相关的要素融入文创设计中，通过挖掘村中传统元素建立自己的"田洋村文创"品牌，如以"甘蔗哥"的形象或是科举文化的背景融入文创产品中。在数字媒体时代，文创产品的开发应当做到与时俱进，大力开发一些"网红产品"，为文创产品赋予深刻、丰富的文化内涵，然后再充分利用现代化网络信息技术，大力宣传田洋村文创产品，扩大田洋村文创产品的影响力以及受众范围，使更多的人了解田洋村文创产品。

（四）田洋村文创产品的盈利收入

要成功实现田洋村文创产品盈利，需从立足点、附加值、外延性三方面综合权衡，理性施策。具体措施如下：

一是立足点为平台。选择或建立对路的平台，是文创产品得以发展壮大的先决条件。做好平台门槛很高，需要强大竞争优势外加资本助力。很显然，有了足够竞争优势，资本自然就来了。而要提升平台竞争力，在原创内容基础上，企业需与平台建立互惠互利合作模式，并形成极具辨识度的产品价值观，为特定消费者提供可辨识"窗口"。毕竟，人们选择某平台并在此消费，缘于对其传递的价值理念深度认同，形成共振同频效应。唯有树立起类似良性互动关系，才可实现双赢。

二是附加值为衍生品。一款文创产品能否"一石激起千层浪"，在发展本行业的同时，也给其他行业带来足够关注度和影响力，是其拥有持久生命力的关键所在。衍生的核心是产品多元化开发。对于田洋村而言，仅研发单一产品会形成瓶颈，限制用户群拓展，而从单一内容向多元生态拓展，则有助于打通产业链各环节，分享产业链成果收益，也可以大大增强企业竞争能力、抗风险能力和资源运用效率。

三是外延性为跨界融合。田洋村文创产业和传统产业有效实现跨界融合，是促动未来文创消费升级关键之所在。一来，跨界可提高传统产业附加值和竞争力，通过对文化衍生品和运作方式选择性引入，使该产业具有浓郁的文化性特征，并借此实现自身产品和品牌变革；二来，跨界也可为全新商业模式提供明确清晰的切入点，提升潜在盈利空间。

总的来说，在未来谋篇布局中，只要田洋村文创产业以生产高质量产品为根本着力点，层层发力，打好平台、衍生品和跨界融合的组合拳，精心浇好创意这个根，就一定可以不断促进企业价值最大化，激发效益最优化，实现文创产品供销一体的良性循环。

（五）村企合作平台——村企联合，吸引企业入驻

在乡村振兴的道路上，极为重要的一步就是城乡融合，让乡村的产品能卖到城市里去，城里的资本能到乡村来投资，即资本下乡。

分税制改革后，地方政府从经营企业向经营土地转变，而大多数当地政府缺乏经营土地的能力，就会将土地卖给不同的企业，参与进企业投资，主要经营权交由企业主理，从而带动了当地经济发展水平。企业是资本的载体，资本下乡也就是吸引企业入驻，以凭借资本对于资源的整合影响力，优化当地的要素配置水平，发展比较优势产业，推动产业结构的优化。具体有以下几种平台形式：

一是建立农村电商平台。农村的产业结构仍以第一产业为主，推动农业生产技术革新，提高农产品质量及销量，是乡村振兴工作中的重点。村企共建，寻找一、二、三产业共建的道路，实现产业转型是我们吸引资本的方向。

随着电子商务技术的进步，各大综合性电商平台稳步发展，社交电商爆发式增长，各具特色的地方性电商平台蓬勃发展，新型农业经营主体的自建平台也渐成规模，涉农电商平台不断壮大，借助直播带货、淘宝店铺等方式，通过数字化的方式赋能品牌，提高农产品知名度以及销量。

通过与当地政府合作的方式，可以划分出具有政策优势、产业集群效应的电商谷，吸引电商企业入驻。电商企业的进入一方面可以完善乡村的数字化基础设施，夯实农村数字基础设施是深入推进农村数字经济高质量发展、建设现代化数字农村的基础保障；另一方面改造了数字化供应链，电商企业在提供农产品信息

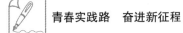

的同时,可以作为农产品超市直接进行售卖,用户可以登录电商平台查看农产品的质量、供应情况、物流状态,由于农产品的特殊性,在数字化物流供应链的帮助下,能有效减少物流损耗,一定程度上保证了农产品质量。这种数字化销售方式打通了农产品线上线下的销售渠道,扩展了农产品的销售路径,不再局限于本县或者是本市,极大地提高了农产品的销售量,增加了农民收入。

二是创办绿色制造业。在国家提出"双碳"战略的大背景下,发展绿色制造业,减少碳排放也是重要一环。田洋村的主要经济作物为甘蔗,也以此发展了具有田洋特色的甘蔗经济。甘蔗是一种可以一年多生的植物,生长周期较短,所以是造纸原材料的一种极佳替代物。现在已经有部分奶制品企业使用以甘蔗为原材料的纸质外包装。田洋村可以利用其甘蔗产地的优势,发展这种绿色纸业,可以大大减少传统纸业对于自然环境的破坏,提高对于自然资源的利用程度,是产业优化升级的典范。

(六)民俗文化研学体验基地

田洋村采用以"农业为本、教育为体"的运营模式,同时体现出农村传统民俗和现代化发展活力等多种特点,引进艺术、激活乡村,把艺术做到田间去,走出一条具有田洋特色的"产业+文化"的乡村振兴新路径。本项目的线下运营模式是依托于田洋村现有的文旅产业基础建设一个民俗文化研学体验基地,发挥田洋村自身的文化资源丰富、产业结构合理等优势,聚焦文化产业,以文教产业发展带动周边关联产业的共同进步,融合"文、教、产"三大要素,能同时实现游览观光、研学体验、经济发展等多方面目的。

一是投资开发环节。田洋村非常重视对于非物质文化遗产的传承和保护,在村内开设了瓷板画工作室、武术馆等,让更多外来游客能感受到纯正的地方民俗,也使更多的村民参与到文化保护的活动中。创建民俗体验馆,能使各部分功能更加集中,不仅能为各项民俗文化提供一个保存的实际载体,也可以加强游客的体验性和实践性,更加充分的体验到民风民俗。依托于民俗体验馆,构建田洋村研学基地,研学基地可与厦门市内的中小学合作,组织中小学生来此参加实践活动。村内有福州大学艺术学院陈圣燕教授设立的美术工作室等,他们在从事艺术创作的同时,可以由他的学生们开设一些线下课程,教授前来研学体验的中小学生手工编织、瓷板画创作等丰富有趣的体验性活动。田洋村仍是以农业为主,有大量的农业用地，可以划出一片土地承包给不同学校，每年学校组织学生来此进行劳动实践，让学生亲身体验播种、耕地、收获。

二是投资环节。田洋村本身已经拥有较为充实的文教资源，并拥有充分的闲置土地可以投入使用，现在仅需投入建设承担教育宣传功能的区域。资金来源一部分由平台的初始投资提供，在50万元左右。来自政府的投资和补助，主要途径为低价提供土地、建立发展基金、税收减免等方式实现。另外，还可与当地学校进行合作，获得学校资金的帮助，建设研学基地，丰富学校的课外实践活动并且提供场地。

三是营销推广环节。建设民俗文化研学体验基地一方面拉近青少年与传统文化的距离，加强对传统文化的保护和传承意识，也能使青少年继承和发扬吃苦耐劳的精神，体验劳动生活。另一方面通过"文化＋研学＋旅游"的新模式，充分发挥政府、企业、社会、学校、村民等各方面的力量，推动田洋村研学基地向个性化、品牌化发展，坚持全域发展思路，把田洋村"文化＋研学＋旅游"新模式纳入区市大旅游的范畴内，结合当地实际，加强组织领导，做好规划工作，使田洋村研学基地往全省乃至全国模范研学基地发展。此外，田洋村研学基地将突出文化品牌，打造"文化＋研学＋旅游"新业态，从求精方面入手，保证研学基地基础条件好，各项配套服务措施完善，从而产生强烈的体验感受，通过政府和行业主导，融合各种媒体推介宣传，重点打造具有文化品牌的"文化＋研学＋旅游"新业态，从而推动乡村振兴战略顺利实现。在此基础上，可以实施"文化＋研学＋旅游＋N"，不断延伸田洋村研学基地的产业链，扩大该文旅品牌的广度和深度，充分利用其品牌优势去谋划定位，同时将该基地作为典型，带动该新业态向点线面推广至整个厦门市、福建省甚至是全国。按照"宜融则融，能融尽融"的原则，依托地域自身优势，总结典型经验，注重联合辐射作用，逐步推进点线面的有序发展，真正实现以文促旅，以旅彰文。同时，将加强要素保障，注入发展动能，为保证该"文化＋研学＋旅游"新业态的成功，需从项目政策资金人才等要素给予进一步的支持保障。

作　　者　西北大学经济管理学院本科生　林伟杰　邵　钦　刘华桐　林天宇　张仰浩
　　　　　　　　　　　　　　　　　　　　孙铭璇　白张硕　肖依霖　张　越　张雨欣

指导教师　李　勇

青春实践路　奋进新征程

9 关于宁夏回族自治区固原市乔洼村乡村振兴路径选择的调研报告

习近平总书记在《坚持把解决好"三农"问题作为全党工作重中之重，举全党全社会之力推动乡村振兴》中强调："农，天下之本，务莫大焉。""务农重本，国之大纲。"历史和现实都告诉我们，农为邦本，本固邦宁。我们要坚持用大历史观来看待农业、农村、农民问题，只有深刻理解了"三农"问题，才能更好地理解我们这个党、这个国家、这个民族。必须看到，全面建设社会主义现代化国家，实现中华民族伟大复兴，最艰巨最繁重的任务依然在农村，最广泛最深厚的基础依然在农村。党的十九大报告指出，"三农"问题是关系国计民生的根本性问题，必须始终把解决好"三农"问题作为全党工作的重中之重，实施乡村振兴战略。为深入学习宣传贯彻习近平新时代中国特色社会主义思想和党的十九届六中全会精神，贯彻落实习近平总书记关于青年工作的重要思想，这次活动西北大学赴宁夏社会实践队联系了宁夏固原原州区官厅镇人民政府。在活动中我们跟随乡镇干部下乡调研，聚焦宁夏回族自治区固原市乔洼村基层实际问题，开展乡村治理调研工作，形成以下调研报告。

一、乔洼村村情概况

乔洼村距固原市 3 千米，位于原州区官厅镇政府北 2 千米处，属回汉混居村，区域面积 25 平方千米，清水河河道和固胡公路呈南北线形贯穿村内，辖 4 个村民小组 638 户 1776 人，常住户 319 户 996 人，其中脱贫户 56 户 162 人。现有党员 73 名，为三星级党支部。全村耕地 5383 亩，退耕还林 2757.2 亩，草地 3394 亩，农村宅基地 361.30 亩。产业主要以种植和劳务输出为主，种植以冷凉蔬果为主，日光温室大棚145栋，经果林基地450亩，已挂牌农家乐2家，具有民俗特色文化大院1家。2021年人均可支配收入13188元。2022年入选自治区特色旅游示范村。

发展小城镇、加快城镇化进程是我国实现全面建设小康社会这一宏伟目标的重要举措之一。近年来，原州区委、区政府高度重视村镇工作，将其作为实施富民强区的重要战略之一来抓，取得了较好成效。目前原州区官厅镇村镇发展有以下几个特点：

一是村镇基础设施渐趋完善，到2008年底，全区8个建制镇均有供水设施，自来水普及率达到31%，一般农村集镇有井窖4.7万个，用水普及率19%。村镇现有道路131千米，人均道路面积6.27平方米，村镇绿化面积4.09平方千米，人均绿地面积2.64平方米，绿地率17.95%。全区大部分村镇都实现了通路、通电、通话、通有线电视。

二是乡镇面貌显著变化，形成了乡镇工业主导型、旅游开发型、地域优势型、综合发展型等不同的发展特色。

三是村镇规划设计普遍得到重视，至2007年底，全区所有建制镇和乡所在地集镇都编制了乡镇的控制性规划，部分集镇结合实际进行了调整完善；村镇建设详细规划编制工作得到加强，尤其是个别中心镇进展较快；结合社会主义新农村建设有关政策，规划先行，2008年底完成了全区109个积极发展、适度发展型村庄的规划。

但是相关村镇建设还存在一些问题：

一是村镇规模普遍偏小。当前，原州区共有6镇5乡，镇域中超过3万人的有4个，大部分都在2万人左右，镇区人口超过3万人只有1个，大部分都在1万人左右，离经济学预测的合理的城镇镇区人口规模3万至5万人有着较大差距，不利于资源的合理有效配置，影响了村镇整体竞争力的提升。

二是产业支撑不强。主要体现在：一是产业规模偏小，缺少带动区域经济发展的支柱产业和龙头企业；二是科技含量不高，多是劳动密集型和手工作坊式企业，缺少技术密集型高科技产品的带动；三是产品档次低，缺少品牌产品，市场竞争力不强；四是布局分散，工业企业游离于城镇之外零星发展，弱化了企业对村镇发展的推动作用。

三是管理机构和人员不稳定。管理机构和管理人员不稳定是当前村镇建设管理较为突出的问题,有的甚至没有专门从事村镇建设的管理机构和人员,使村镇建设管理工作陷入瘫痪状态;有的虽然设立了机构、定编了人员,但属自收自支性质,没有正常的收费渠道,人员工资待遇得不到保证,人心不定,工作无法正常开展。这些都严重影响了村镇建设工作的健康、有序发展。

二、存在问题

根据调研,乔洼村在进行乡村振兴中存在的问题主要集中在以下几个方面:

(一)蔬菜产业

一是从事冷凉蔬菜的专业技术人员缺乏,冷凉蔬菜技术指导人员专业背景为其他产业,且缺乏实践经验。农业新技术推广体系不完善,使得部分农户对大棚操作不熟悉,造成了因个人疏忽所导致的较大损失,成果转化能力较弱。且在面对自然灾害时,没有有效的手段或者措施来减少农户的损失。

二是农户对于冷凉蔬菜加工能力不强,产地预冷贮藏保鲜技术发展滞后。蔬菜加工停留在初加工阶段,商品化处理能力较低。没有形成完整的产业链,造成了部分农户蔬菜销量停滞。

(二)"好山好水好资源"如何成为拉动区域经济增长的驱动力

乔洼村区位优势明显,毗邻清水河国家湿地公园。经过我们的实地调研发现,清水河国家湿地公园中仍存在一些老问题,如游客乱扔垃圾破坏生态环境,雇佣的周边群众积极度不高,公园管理不到位等。除此之外,最重要的是依托清水河国家湿地公园生态的相关产业没有得到很好的发展。

"好山好水好资源"如何成为拉动区域经济增长的驱动力是我们需要着力解决的问题。问题的内核是随着经济社会的发展,以家户个体为主体的高度分散化的经营模式已逐渐不能适应当前经济社会"大市场"的竞争和需求,而对这种不适应反应最明显的是那些种养资源稀缺但是自然和人文景观资源丰富的村庄。这类村庄具有良好的资源,但是村庄内部"小、散、乱"特征明显,单个农户家庭没有能力也没有想法组织、治理村庄内部庞大、无序的资源,"让绿水青山变成金山银山"的美好愿望往往对应"好山好水好凄凉"的残酷现实。如何提升村庄整体的凝聚力,让村民劲往一处使,依托良好的生态资源开展乡村振兴工作是现阶段需要解决的问题。

(三)政府投入和基础设施薄弱

一是投入力度不够:2021年原州区向乔洼村村集体注入发展资金100万元,水务局投资300万元用于改造提升第五代日光温棚10栋,但距离建成高标准设施农业蔬菜园区,打造清水河畔冷凉蔬菜示范基地只是杯水车薪;未针对乔洼村实施乡村旅游示范村基础设施提升项目,缺乏配套的农家乐、民宿等,未形成产业链。

二是基础设施薄弱:乔洼村145栋蔬菜大棚,只有52栋为新建或改造提升后的新一代日光温棚,其余均为老旧的土墙温棚,墙体占地面积大、劳作不方便、安全隐患大;145栋蔬菜大棚未集中连片,缺乏高质量的硬化路,蔬菜销路打开后并不能及时将新鲜蔬菜转运出村;沈家河湿地公园停车场车位少、公共卫生间不能满足游客需求;沈家河民俗馆周边停车不方便,门前道路大型车辆很多,安全隐患大,缺乏旅游设施基础及配套服务体系。

(四)村集体经济组织架构不完善

一是职责不清:虽然成立了乔洼村村集体经济股份合作社,并由村党支部书记担任负责人,其他村干部担任相应的职务,表面上组织架构明确,但实际上存在职责不清、关系不明、功能定位不协调等问题,不仅影响合作社更好更健康更快速发展,更为以后的基层治理埋下隐患。

二是缺乏经验:乔洼村村"两委"班子在2020年换届之后虽然在年龄和学历上"一降一升",但是依旧缺乏有产业规划及产业经营方面和旅游方面能力的人才,现任班子还没能树立转型发展理念,没能对村集体经济有新认知,不能在充分尊重农民民主权利的基础上开展农村集体经济的管理与经营工作(乔洼村2021年度经营性收入255410元,只占总收入的23%,且村集体经济收入主要依靠出租土地、蔬菜大棚、库房等村级集体资产获得租金以及光伏资金等有限来源,未能将145栋蔬菜大棚做成村集体的产业,未能把蔬菜产业和旅游资源结合起来)。

三是缺乏机制:缺乏必要的集体经济的管理机制,导致集体经济的资金来源渠道较为单一,集体经济发展中面临较大风险;财务、政务公开不到位。

（五）示范带动不够，群众参与度不高

一是"两个带头人"工程开展不够有力：乔洼村自2020年换届后，虽然班子成员年龄学历达到了"一降一升"，但只有村委会主任是40岁以下，学历是大专，其余文化程度均为高中及以下；从事蔬菜种植的4名党员中只有2名是乔洼村党支部的，仅有的2名致富带头人是2022年新发展新培育的，所储备的3名村级后备干部均未从事蔬菜种植相关工作；多数农村青年外出务工，大学生不愿返乡，农村人才的大量外流，这种状况造成了农村人才储备严重不足，尤其是农业科技、经营管理、法律服务等村集体经济急缺的人才队伍相当不足，制约村集体经济发展。

二是由于缺乏本村靠蔬菜种植致富的鲜活例子以及相关的政策保障，群众对于村集体发展蔬菜种植，建设设施农业蔬菜园区关心不够、支持不够，担心土地流转中自己的权益不能得到保障，所以宁愿守着地里几十亩无人问津的树苗，也不愿意把土地腾退出来进行流转。

（六）宣传推广力度不够，知名度不够

未能形成有特色、有知名度的蔬菜品牌，缺乏有效的市场营销手段，在媒体上进行宣传的力度不够，群众的关注度不够。现有的宣传手段没有特色、传播力不够，没有引人关注、广为传播的宣传策划活动。

（七）产业融合不够，价值转化不足

蔬菜产业（瓜果）未能和旅游结合起来，未能打造一条休闲游、生态游的精品旅游线路，未能将农副产品、非遗文化等转化为商品价值。国家乡村旅游重点村创建后劲不足，集观光、采摘、休闲、度假、娱乐为一体的乡村旅游全面发展格局尚未形成。

蔬菜基地新建大棚相较于传统大棚，种植面积更大，使得蔬菜产量增加；使用材料更加牢固，增长了大棚的使用时间，提高了安全性。但新建大棚仍存在一些问题，由于排水设施不齐全，暴雨等自然灾害会对农户造成较大损失。从事冷凉蔬菜的专业技术人员缺乏，冷凉蔬菜技术指导人员专业背景为其他产业，且缺乏实践经验。设施农业新技术推广体系不完善，使得部分农户对于大棚操作不熟悉，造成了因个人疏忽所导致的较大损失，成果转化能力较弱。且在面对自然灾

害时，没有有效的手段或者措施来减少农户的损失，农户对于冷凉蔬菜加工能力不强，产地预冷贮藏保鲜技术发展滞后。蔬菜加工停留在初加工阶段，商品化处理能力较低。没有形成完整的产业链，造成了部分农户蔬菜销量停滞。

三、优化建议

（一）加大外界支持

一是加大对乔洼村村集体经济的政策扶持力度。根据乔洼村发展规划，整合各部门支农惠农资金统一利用，结合乔洼村已有的设施农业、沈家河民俗等，开发集蔬菜种植、采摘及旅游观光为一体的示范基地。

二是持续推进产权制度改革。用好用活乔洼村已有的土地、农业设施，推出关于农民土地流转和利用土地持股参股的条例，保障农民合法权益。

三是选派懂农业、善经营的驻村工作队、科技特派员到村任职，参与村集体经济规划、发展决策等。

四是学习借鉴头营镇蒋河村"跨村联营"和中河乡中河村"小村联盟"发展集体经济模式，以乔洼村村集体经济组织为龙头、周边各联营村集体经济组织为成员，成立村集体经济组织联合党委，配强联合党委班子成员，实行工作联动、产业联育、发展联抓，真正将组织优势转化为发展优势。

（二）激发内生动力

一是支持发动村干部参与学历提升，通过学校学习、外出观摩等开阔眼界、转变意识、提升能力，培育储备从事村集体经济发展的后备干部，给他们交任务、压担子，并从镇上指派专业对口的导师帮带提升。

二是加大对致富带头人在发展产业方面的政策和资金的支持。培育一批懂农业、善经营的农经型人才和致富带头人，提升他们的致富能力和领导能力，带动农民增收，带头参与村级事务处理。

三是加大乔洼村村集体经济和本村致富带头人的宣传，增强群众对村集体经济发展的信心，动员群众积极参与村集体经济发展。

四是加大政策资金支持，吸引农村青年、大学生返乡创业，尤其是农业科技、经营管理、法律服务等方面的人才参与到村集体合作社中大展宏图。

（三）加强保障措施

一是加强组织领导，提供坚强保障。为保障村集体经济项目顺利、高效实施，交由乔洼村集体经济领导小组负责项目顶层设计与重大问题决策。领导小组中村两委班子成员占40%，致富带头人、村民代表等占60%。形成村集体牵头，"两委"班子密切配合、村集体经济组织成员民主决策"三位一体"的工作机制。

二是加强制度建设，规范项目管理。严格按照财政部相关工作精神和上级要求，加强制度建设，用好用活村集体拨付资金。建立健全村级集体资产管理制度，包括村级财务审批制度、收支预决算制度、村级财务公开制度与民主决策制度等，规范资金使用流程和严格收支审批，加强资金管理。对联合经营的项目，需明晰产权，独立核算。实现村财乡管，公开透明，民主决策，将项目资金发挥最大的效益。

三是完善民主管理，加强监督检查。建立健全村级集体经济民主决策机制，规范和完善民主决策的内容、形式和程序，保障党员群众知情权、参与权、决策权和监督权。配合上级做好项目实施监督检查，完善以村民为主的监事会，构建村级集体资产的运营监督长效机制，确保村级集体经济健康发展。

四是加强宣传培训，增强内生动力。加强相关政策、信息以及产业发展的相关实用技术等方面的宣传、培训与引导，通过参观考察、集中培训、学习交流等方式，让广大干部、村民了解和掌握国家政策，增强自我发展能力，积极融入发展壮大村集体经济的潮流中，促进村集体经济持续高效发展。

（四）加强基础设施建设

一是积极争取项目，在原有车辆道路的基础上适度拓宽，增设人行道路，将车流与人流分开，缓解游客较多时的交通压力。

二是通过改造提升，把部分院子改造为农家乐，在农家乐内提供住宿、餐饮、休憩、娱乐等多种功能，实现内部设施现代化，外观古朴。

（五）打造特色品牌

一是乔洼村怀抱战国秦长城，可利用国家提倡的长城文化发展战略，选点建园，打造保护观光区，拓展乡村旅游线路。

二是沈家河民俗文化村各种文化资源丰富，传承脉络清晰，经几年挖掘整理，现初具规模，应尽快补充完善设施，提升看点，使之尽快产生经济社会效益。

三是固胡公路（古丝绸之路）贯通全村，交通便利，车流密集，可沿路发展东西两廊观光经济带。路西为文化长廊，以历史文化为载体，有秦长城遗址、博物馆、艺术馆、文化馆、丝路客栈等相互连接，延绵全域；路东为农业种植长廊，以特色农业种植、蔬果种植、采摘体验等相互交织，打造成特色农业观光经济带；东西两廊可结合环境整治项目进行，推进农户门头装修、墙体彩绘、篱笆花园建设，大力推进文化墙建设和沿路两侧栽种四季花卉建设，全方位实现美丽乡村全域旅游目标。

四是充分利用沈家河与清水河现有叠加治理环境，可发展水面、河流经济（在不影响环境污染情况下），包括水产养殖、休闲垂钓、水上游乐等项目。

五是积极与文旅局对接，布设旅游线路，跟进娱乐、餐饮等服务功能，争取利用三到五年时间打造集"吃、住、行、游、购、娱"等功能于一体的丝绸之路最美乡村旅游区。

（六）加强组织管理

"组织兴，则乡村兴；组织强，则乡村强。"近年来，固原市人民政府坚持提升基层党组织建设巩固脱贫攻坚成果，实现全面乡村振兴。具体措施有以下三点：

一是强化政治引领，深入贯彻落实习近平总书记关于"三农"工作、乡村振兴的重要论述、视察宁夏重要讲话和重要指示批示精神及自治区第十三次党代会精神。扎实开展乡村振兴主题培训，聚焦基层党建、产业发展、乡村振兴等重点内容，采取"线上＋线下""理论＋实践"等方式，分层分批开展教育培训。

二是建强基层组织，全面建立"行政村党支部—网格（村民小组）党小组（党支部）—党员联系户"组织体系。

三是锻造乡村振兴骨干队伍，选优育强乡村干部，扎实开展换届后乡村班子回头看。

（七）重视生态建设

近年来，固原市坚持"绿水青山就是金山银山"发展理念，坚持生态优先，严守生态红线，全面监管和保护生态环境，筑牢生态底色，把丰富的生态资源优

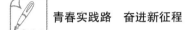

势变为经济优势、竞争优势、发展优势,全面推进乡村振兴。

一是统筹县域城镇和村庄规划建设,优化乡村全面振兴布局。加强基础设施建设,优化产业布局。统筹利用好空间规划,划准划优划定生态保护红线、永久性基本农田、城镇开发边界"三条控制线",综合考虑生产、生态、生活空间,优化村庄用地布局。

二是大力发展生态经济,推动生态价值有效转化。全面推行林长制,推进山林权改革、推进以林养林新模式,探索以地换林新路径,实施百万亩水源涵养林建设、百万亩退耕还林低效林提质增效、百万亩生态移民迁出区生态修复工程,坚持"一县一龙头、龙头带业态"的模式。

三是加强基础设施建设。可通过以下方法:一是积极争取项目,在原有车辆道路的基础上适度拓宽,增设人行道路,将车流与人流分开,缓解游客较多时的交通压力。二是通过改造提升,改造农家乐,在农家乐内提供住宿、餐饮、休憩、娱乐等多种功能,实现内部设施现代化,外观古朴。

(八)大力发展乡村旅游业

我们应该根据乡村肌理和文化特质,将乡村湿地的保护和管理作为主要目标,从湿地生态系统向湿地生态、人文、经济复合生态系统转变,以湿地公园保护湿地生态系统完整性和恢复湿地功能,以湿地小镇改善人居环境和实现生态产业升级,提升区域生态与经济综合竞争力,围绕湿地生态种养、湿地文化创意、湿地生态旅游等生态产业,建设一产、二产和三产"三位一体"和生产、生活、生态"三生共融"的湿地生态经济区,通过维护其生物多样性、文化多样性和生态景观多样性,推动绿色产品和生产环节的技术和商业模式创新,来创造新的市场需求,成为乡村振兴的战略支点。

作　　者　西北大学经济管理学院本科生　刘韵姗　李晓璐　马　娟
　　　　　西北大学数学学院本科生　吕竞百
指导教师　王颂吉

10 关于广德市新杭镇文旅融合助力乡村振兴的调研报告

在全球经济快速发展的背景下，文化产业对经济增长与社会发展的影响不断加深。我国"十四五"规划要求健全文化产业体系，提出"文旅融合，乡村振兴"的发展道路。我国乡村经济在国民经济中始终占据着重要地位，乡村文化经过漫长的历史积淀也形成了独特的魅力。因此乡村文化和旅游产业融合发展，以拓展乡村特色产业，转换资源优势为价值优势，实现乡村振兴成为一条可行路径。本文以安徽省广德市新杭镇为例，立足于本地资源优势和文化特色，通过资料查找、实地调研、数据分析等多种方法，以理论为指导，与实践相结合，介绍新杭镇的发展概况、文化背景、文旅融合项目等，客观分析了新杭镇文旅融合型乡村旅游发展的现状和存在的问题，并提出几点可行建议。

一、关于安徽省广德市新杭镇部分文旅融合项目的发展现状

根据《中国乡村振兴发展报告（2021）》，近年来我国乡村已经比城市表现出更强的经济增长能力。随着乡村经济发展进入新阶段，探索乡村经济发展新模式以推动乡村振兴成为全面建设小康社会的重要方向。而乡村文化旅游则被认为是新时代推动乡村产业结构升级，实现乡村经济发展的有效途径之一。而新杭镇地处苏浙皖三省交界，东与浙江省长兴县毗邻，北与江苏省溧阳、宜兴相连，居长三角经济圈核心区，素有"鸡鸣三省"之称。自然文化资源丰富，国家4A级景区太极洞和3A级景区桃姑迷宫、箐箐庄园坐落境内，有着依托长广矿区遗留资源，集养老、游乐、影视于一体的综合性旅游基地，彭村新天地湿地公园，合兴村"两花经济"等。

（一）太极洞风景名胜区

太极洞风景名胜区，位于苏浙皖三省交界的宣城市广德县石龙山内，太极洞是一座石灰岩溶洞的地下溶洞群，属于喀斯特溶洞，总面积达14万平方米，洞长5400余米。分上洞、中洞、大洞、水洞和天洞，洞中有水，洞洞相连，形成了奇丽的天然景观。太极洞历史悠久，文化积淀深厚，被明代文学家冯梦龙称为"天下四绝"之一。太极洞风景名胜区共计有景观景点700余处，主要有"太上老君""凌霄宝塔""洞中黄山""壶天宫""玉皇宫""海天宫""洞中黄山""大千世界""仙源小三峡"等景点。

1986年7月1日正式对外开放，是华东地区最大的喀斯特溶洞。太极洞经过20多年的开发建设，景区设施、服务配套体系逐渐完善，先后兴建了办公楼、山庄宾馆、长乐园、太极索道等设施，已形成集溶洞游览、索道观光、休闲度假、科学实验、会议商务于一体的综合性旅游区。

今年五一假期，太极洞景区针对旅游经济发展新形势，主动调整营销模式，立足长三角旅游市场，重点开拓自驾游、自助游，同时加强多层次宣传，将营销深入到居民社区，大打亲缘牌、文化牌，吸引客源市场。假期第三天，太极洞景区迎来了小长假旅游最高峰，单日接待量突破1.1万人次。据统计，截止到5月1日下午16：00，假期3天共接待游客2.2万人次，与去年同期相比增长23%。

（二）"时空长广、鎏金矿城"综合性旅游基地

长广煤矿属于安徽与浙江共同管理，见证了安徽与浙江深厚的友谊。浙江是一个资源贫乏省，为了帮助浙江充分发展，经浙江、安徽两地领导协商，在周恩来总理的关怀和相关国家部委的支持下，长广煤矿形成了"地面安徽管，地下浙江挖"的独特局面。

随着煤炭资源枯竭，2013年长广煤矿停止开采，并于2019年正式移交给安徽。当前牛头山社区的良好发展也离不开过去长广煤矿的辉煌，近年来牛头山社区围绕长广煤矿打造旅游文化品牌，助力当地发展，发展前景优良。

如何让文化引领、带动曾经的工业重镇转型升级，新杭镇走出一条文旅融合的创新发展之路。当地以"长广文化"为核心，在长广矿原先的一些建筑基础上，着力打造了"时空长广·鎏金矿城"项目，将长广矿区、社区、景区三区融合，

建设集文创休闲、沉浸式体验、观光旅游、文化消费和商业居住等功能于一体的长广文化旅游示范区,让长广老街成为文创新地标;以工业文化为核心,打造"陶瓷是怎样锻造的""钢铁是怎么炼成的"等工业旅游线路,让游客通过亲手制陶、亲眼观看冶铁技艺来感受工业文化的魅力。

其中具有代表性的文化馆"时空长广、皖美新杭"展览馆位于牛头山社区原工人文化宫,总面积约4200平方米,共分为鱼米之乡、风起云涌、峥嵘岁月、鎏金矿城、不忘初心、擘画未来六个展厅,详细展列了古今新杭人民艰苦奋斗的累累硕果,是一个集博物馆、建设成就馆、红色文化馆、党建教育馆、研学馆、规划馆为一体的综合性展览馆。

(三)彭村新天地湿地公园

彭村磨盘山湿地,是彭村境内一处保持完好的原生态湿地,媲美杭州西溪湿地。该湿地面积有1万余亩,拥有各种名贵树木40余种,白鹭、灰鹭等国家二级保护鸟类20余种,湿地中心更有一处小岛,是白鹭的栖息地。几十年前兴建的广德到江苏宜兴丁山的丁广运河贯穿湿地,游客可乘渡船游览湿地,一趟全程就有45分钟之久。

彭村党委书记在江苏无锡挂职,在外学习的经历让他深感彭村要发展必须向苏浙沪看齐。回村后,他就多次带彭村社区"两委"走访苏浙沪学习先进经验,把新思想新理念带回村里,在召开村民大会后,全村一致决定走融入长三角、旅游兴村之路,并且将旅游精准定位为长三角老年观光团,将彭村社区打造为长三角老年游客休闲康养之地。

彭村社区通过同上海、江苏旅游公司以合作开发的方式,由旅游公司对磨盘山湿地等进行整体规划建设,景区建成后,旅游公司保底每月至少有6000人次游客数量,而门票10%的收入将作为村集体资产。

彭村以"党建+旅游"模式聚力打造"彭村新天地"品牌,通过发展生态休闲观光农业,带动乡村振兴。2021年彭村集体经营性收入达到了70余万元。

磨盘山湿地景区里配套有"一室两地三园四坊",其中,一室为名人工作室,目前有国画和象棋工作室入驻;两地为影视基地和党员干部教育培训基地;三园为海棠园、果园和荷花园;四坊为茶坊、糖坊、酒坊和豆腐坊。

彭村社区还将继续以磨盘山湿地公园为中心,丰富内容,扩大范围,发展民宿旅游、水上娱乐、电商物流等，建成一体化综合性基地。

（四）合兴村"两花经济"

合兴村，如今是远近知名的网红打卡地。尤其是2020年8月8日举办的首届"大美广德、锦绣合兴"荷花节活动，不仅在直播平台刷屏，活动当天更吸引长三角周边游客达2万余人，声名大噪。

几年来，在镇党委镇政府的正确领导下，通过转型发展，合兴村集体收入从2018年的5万元，跃升到2021年的51.5万元。在此期间，该村招引了溧阳市田园综合美化公司入驻合兴村，共同开发东山花海文旅项目。其中，合兴村转型蜕变的"两花经济红胜火"，2021年5月17日被《人民日报》安徽专版刊登，为合兴村发展提供了坚强的物质保障。

以前合兴村是出了名的采矿村，全村有33家大理石材厂。虽然每年能产生近5000万的经济效益，但小作坊经营、无序开采也严重破坏了合兴村的生态环境。2018年合兴村关停所有大理石材厂，实行土地复垦。

长三角一体化东风起，合兴村将目光放到了自身独特的区位优势上：距离江苏省溧阳市5A级景区南山竹海只有不足15分钟车程，溧阳旅游1号公路的起点皖苏两省的分界点就在村里。

于是，一个新的发展方向形成——积极融入长三角协同发展，做优做强生态优先绿色发展。村里决定引入企业流转土地种植荷花和菊花，吸引溧阳南山竹海游客，发展观光旅游与荷花、菊花深加工产业。

"'两花'经济不仅让全村面貌大变样，还让村集体收入实现从零到10多万元的突破。"村委会委员何宇介绍道，"两花"种植流转价格不仅高于一般稻田每亩200元，通过开展莲子、荷花深加工，延长农产品附加值，使村民一年四季有活干，在家门口实现创收。

如今漫步合兴村，不仅可以欣赏到万亩竹海的自然风光，更能欣赏到荷花、菊花的片片美景。值得一提的是，合兴村同溧阳市协商，抬高了以往省界公路上用来限制采矿货车限高杆的高度，并将溧阳市旅游1号公路向合兴村延伸了3千米，实现无缝对接。合兴村和溧阳可畅通往来旅游大巴，共享旅客资源。

二、关于新杭镇文旅融合模式推进乡村振兴所存在的问题

在国家政策支持和乡镇政府的实施推动下,乡村文化旅游得到蓬勃发展,但是在新时代社会环境和乡村振兴背景下,还没有形成成熟的实施方案和研究策略,在我们团队实践调研中,发现新杭镇文旅发展过程中仍然存在着一些亟待解决的问题。

(一)当地服务接待能力低,难以满足游客多样化需求

部分乡镇旅游点如太极洞风景名胜区在景点打造、环境改善、基础建设方面关注较多,对于开发具有当地特色的文化产品关注不够,缺乏长期建设目标,对于如何利用旅游资源来培养当地产业,形成长期经济效益考虑不够,推广办法和措施成效不明显。主要为以下几点现象:一是配套设施差。过分突出景观效应,而对娱乐、休息、餐饮等配套设施重视不够,导致"景美人累"现象频频发生,使游客的体验感与景区价值大打折扣。二是价格管控差。对景区商家经营监管力度不够,商品价格混乱,影响游客在景区的消费积极性。三是细节服务差。景区在导览、应急处理、人员疏导等方面做得不够,游客在游览过程中会遇到各种各样的问题,但得不到解决。

由于总体上管理人员的水平参差不齐,管理条例也不规范,到乡村的旅游者中大部分人的文化水平比当地乡村人的文化水平高,求知欲强,对问题刨根问底,然而大部分村民的旅游专业知识都是只知其一不知其二,无法为游客进行讲述,从而导致不少旅游者乘兴而来败兴而归。造成这些问题一方面在于人员培训不到位,经营者和村民对乡村旅游的特点与内涵认识不清,没有对相关业务进行钻研,不懂得去揣摩旅游者的心理,错误地认为旅游者来到这里是走马观花式旅行。也正是这种错误的思想使村民和从业人员没有学习知识的欲望,从而导致了对旅游业务知识的贫乏。另一方面原因在于乡村旅游经营者的工作重心是眼前的经济利益,经营者的投入与收益比是他们首先考虑的问题,从而忽视了对文化的重视与传播。如果做生意只看眼前的利益,没有长远的眼光,就会失去长远的利益。

（二）乡村缺少人才资源

乡村振兴措施的实施和文化旅游融合的推进离不开优秀人才的参与。就目前来看，大部分乡村相对城市的生活环境艰苦、薪资待遇低、个人发展受限，导致年轻人，特别是具备较高文化素养的优秀人才不愿返乡，使得乡村发展缺乏后劲和动力，对于文化旅游融合、产业发展、乡村经济振兴造成一定的阻碍。

国家重视高校人才扎根于乡村发展，培养和磨炼一批国家发展的后备人才队伍，鼓励高校毕业生以三支一扶、大学生村官、特岗教师等形式参加乡村发展，并且提供了优厚的待遇条件，在各地方政府的积极配合下，引起了众多毕业生的积极响应，每一年为乡村输送了大量的人才。当服务期满，由于生活需求、个人家庭事业、晋升职位、收入水平等方面因素，大部分基层大学生工作队伍选择离开乡村，造成人才流失。一些单位为了保住人才，提供优厚的条件，满足生活条件和改善工作环境，最终仍不能留下这批优秀人才，乡村发展只不过是这些大学生谋求更高发展的跳板，而乡村为每一年培训大学生队伍付出巨大的精力、人力、物力，最终仍是面临人才外流的局面。同时，由于乡村配套设施不足，部分青壮年劳动力到城市打工占绝对比例。

（三）乡村旅游项目缺乏地方特色

受周边乡村旅游项目影响，很多地方都是跟风照搬，同地域的乡村旅游项目低端同质化严重，旅游服务项目相似，如合兴村的"两花经济"和彭村新天地湿地公园几乎都是荷花欣赏、节目表演、瓜果采摘等项目，没有村镇特色，没有充分融入文化元素，不能给消费者提供更高的旅游体验。

存在的问题：一是定位狭隘，旅游模式雷同化。乡村旅游常被大众错误定位为农家乐，而事实上，两者之间并不能简单画上等号。目前，不同地域不同村庄为游客所提供的乡村旅游模式大同小异，多为采摘瓜果蔬菜、垂钓、爬山等一系列体验式活动，各处乡村旅游高度雷同化。并且多数人选择乡村旅游的目的在于感受有别于城市的乡土气息，过于单一的体验让乡村旅游发展困于瓶颈。二是重视自然资源开发，缺乏文化挖掘。田园风光确实是乡村旅游的中心和卖点，而本土文化却是乡村旅游的亮点。当前，大多乡村旅游仍然缺乏乡村民情、礼仪风俗的传达，影响乡村旅游长远持续发展。除了有别于城市的美景之外，游客更多的是体验不同风土人情和农耕文化,如江西婺源的篁岭、陕西咸阳的袁家村就是乡村旅游的成功典型,每年接待的游客量达数百万之多。三是乡村建设无差异化。乡村建设缺乏大胆创新执行力,当某乡村建设模式获得成功,大家便一窝蜂地照搬照抄式的模仿,导致千村一面。

(四)乡村文化内涵体现不足

乡村旅游项目的核心是满足游客的精神需求和文化感受,是集民族风情、传统乡村文化、田园风光为一体的旅游形式。但是,一些乡镇旅游点商业化气息过于浓重,把乡村打造成为城市外的商业街,失去了乡村本应具有的宁静感,不能给予游客乡村特有的文化感受。

一些地方在发展乡村旅游中,也存在只重视外观、不注重文化内涵的现象。有的对本地旅游资源认识不足,在景点建设和项目开发上缺乏科学规划,粗放经营,产品同质化严重;有的认为发展乡村旅游就是要多栽花种草,而对地方文化挖掘不够、提炼不足,没有把农业、旅游和乡村传统文化有机结合起来,缺少有创意的文创产品,文化含量和附加值不高,使得这些花费巨额资金打造的乡村旅游项目缺乏灵魂,没有持续吸引力,昙花一现之后,就门庭冷落车马稀,有的甚至荒废。这不是美丽乡村建设想要的结果,违背了发展乡村旅游的初衷。

出现这种现象,表面上看,是因为一些地方不尊重乡村建设规律,急功近利,对乡村资源进行简单化利用,没有认识到发展乡村旅游是一个循序渐进、久久为功的过程,没有挖掘出乡村文化内涵。深层的原因,是一些干部政绩观出现偏差,热衷于搞些热热闹闹、花花草草、涂脂抹粉的表面文章,认为这样资金投入少,容易出政绩。这种形式主义的做法浪费了资金、害了农村、毁了旅游。

三、对新杭镇文旅融合推进乡村振兴的几点建议

(一)挖掘乡村文化资源,激活乡村旅游文化要素

乡村旅游与文化产业的文化挖掘、开发深度有限,开发模式主要处于简单观光的状态。因此,乡村文化的挖掘应从传统文化、民族文化、历史文化、地域文化及风土人情的角度出发,挖掘出能够体现当地乡村多元文化的载体,使其与文化产业相融合。各地都拥有具有地方特色的美食与土特产。不同乡村地区的乡

美食都蕴含着当地浓厚的人文情怀、地域风俗及文化特色，如广德的竹笋、茶叶等。由于我国不同乡村地区都拥有特色的美食和新鲜的素材，能够通过娱乐活动、风俗文化、美食制作方法等乡村文化体验，吸引游客深入其中。乡村的地方特色产品是乡村旅游与文化产业融合发展的依托和着力点，能够切实提升乡村经济的发展质量，如农产品、民间工艺等，都能帮助旅游产业及文化产业挖掘出乡村独有文化、特色文化。针对科技融入不足的问题，乡村旅游产业应以科技创新、科技元素融入为抓手，革新乡村商品的表现形式，丰富商品的类别，通过文化创意产业的优势，打造特色的乡村商品品牌，使科技创新元素成为乡村商品与文化产业融合的根本。

（二）丰富文旅产品建设，打造特色品牌

销售文旅产品是实现乡村振兴的有效途径，是文旅融合的现实产物。文旅产品多样化能够促进融合的深度与广度，使文旅融合的内容进一步充实，成果进一步优化，反之亦然。因此，深入挖掘和利用文旅产品是深化文旅融合内涵、实现乡村振兴的重要手段。根据产品形式不同，可以将其大致划分为有形产品与无形产品。有形产品是文旅融合的主要载体，能够满足村民、游客等不同类型人群对文旅产品的需求，如安徽众和建筑陶瓷科技有限公司的工艺品陶瓷，文物古迹等；无形产品是文旅融合的间接表达，能增强村民的归属感和游客的文化体验感，如传统文化、地域风情等。为了更好地形成广德市新杭镇产品建设圈，就必须要根据市场定位和地区特色，将新杭镇抽象的文旅资源转化成具体的文旅项目，并且根据项目性质进行分类。

如"两山"理念转化样板区。规划3个区块：①生态功能修复区。依托长广矿区遗留资源，加快生态保护修复，推进基础设施配套建设和核心区开发，打造集养老、游乐、影视于一体的综合性旅游基地，打响"时空长广、鎏金矿城"品牌，打造"两山"理念样板地。②长宜广文化旅游示范区。以太极洞风景区为核心，打造长三角休闲度假旅游目的地。依托长宜广文化旅游合作联盟，整合毗邻的宜兴、长兴等地文化旅游资源，联合打造区域旅游精品游线，推进"一地六县"文旅合作示范区建设。③绿水青山保护区。依托溧宜广交界毗邻区域，积极引进休闲康养类项目，实现与溧阳南山竹海、天目湖景区联动发展。

（三）推动乡村产业振兴

乡村振兴的关键是振兴工业。工业繁荣是农村振兴的重要基础，是解决农村一切问题的前提。发展工业不仅是加强农村发展基础、增强造血功能的主要支撑，也是提高农村居民收入和发展信心的重要途径。要紧紧围绕发展现代农业和农村一、二、三产业融合发展，构建农村产业体系，实现产业繁荣，着力增加农民收入，繁荣农村生态。完善农业支持保护体系，保持适度发展方向多种经营形式，培育新型农业经营主体，逐步完善农业社会化服务体系，才能实现小农与农业现代化的有机衔接。发展特色产业和具有特色经济是加快农业和农村现代化的重要举措。要因地制宜做好规划和实施工作，鼓励和支持农民依托当地资源发展特色农业、乡村旅游和庭院经济。

乡村文化与旅游的融合以文化为内、旅游为外，是一种有价值的社会实践。在长期的探索和实践过程中，要确定文化旅游整合的方向，寻求中心优势，努力打造特色品牌，研究乡村振兴与文化旅游整合协调发展的模式。文化产业和旅游业将高度融合，让游客真正从外到内体验。将文化和旅游融入乡村旅游目的地是创新乡村旅游发展模式的最佳决策。乡村振兴战略和文化旅游一体化战略都旨在解决当前的主要社会矛盾。文化与旅游业的融合是实施乡村振兴战略的途径，并为协调发展模式的可持续性奠定了基础。这种协调发展模式在乡村旅游目的地可能没有得到很好的发展，需要投入更多的时间和精力。乡村文化与旅游的融合不应盲目追求，而应根据未来政治趋势的发展，从多方面进行分析和研究，更好地发展乡村旅游，实现乡村复兴与文化旅游融合。

作　　者　西北大学经济管理学院本科生　汪　阳
指导教师　齐江海

11 关于米脂县杨家沟镇多产联动赋能乡村振兴的调研报告

近年来，杨家沟镇以巩固脱贫攻坚成果与乡村振兴有效衔接为主线，立足自身资源禀赋，在"黑""绿""红"三色产业模式下推动当地农业经济实现质的发展。本团队将按照既定路线前往杨家沟镇展开调研，本次调研采用多种调查方法如实地调研、问卷调研、人物访谈和咨询专家，以确保调研的专业性、准确性和科学性。深入调研米脂县杨家沟镇特色农业产业、农产品经营、养殖业和红色旅游业等经济行业的发展情况，深入探讨当地百姓对于乡村振兴的认识和意见，旨在了解当地"红色领航，绿色发展，多产联动"的新发展理念，探索该地"黑色养殖+绿色田园+红色旅游"三产联动的发展战略，深究如何更好地推进当地产业扶贫、助力贫困群众增收、赋能米脂乡村振兴。

一、调研对象现状

党的十九大报告中，习近平总书记提出了乡村振兴战略。"三农"问题是关系国计民生的根本性问题，必须始终把解决好"三农"问题作为全党工作的重中之重，实施乡村振兴战略。

当前，我国城乡居民收入差距较大，城乡发展不平衡、不协调的矛盾比较突出，农业基础不稳固，农村社会事业发展比较滞后。实施乡村振兴战略能够从根本上解决"三农"问题，达到生产、生活、生态的"三生"协调，促进农业、加工业、现代服务业的"三业"融合发展，并且有利于重构我国乡土文化，弘扬中华优秀传统文化。

2020年7月，为加快发展乡村产业，促进乡村全面振兴，农业农村部印发了

《全国乡村产业发展规划（2020—2025年）》（以下简称《规划》），《规划》布局了六大任务以推动乡村产业的发展。（图11-1）

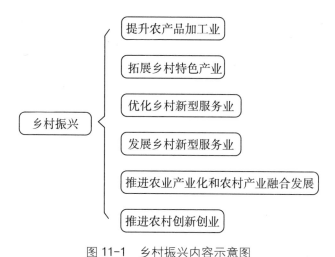

图 11-1　乡村振兴内容示意图

（资料来源：调研团队根据公开资料整理）

2021年3月12日，《中华人民共和国国民经济和社会发展第十四个五年规划和2035年远景目标纲要》（以下简称《纲要》）对外公布，其是指导我国今后5年及15年国民经济和社会发展的纲领性文件。根据《纲要》，"十四五"期间，我国将坚持农业农村优先发展，全面推进乡村振兴。《纲要》指出，要持续强化农业基础地位，深化农业供给侧结构性改革，强化质量导向，推动乡村产业振兴。"十四五"时期将实施8项现代农业农村建设工程，要点是提高农业质量效益和竞争力，落实乡村建设行动，健全城乡融合发展体制机制，实现巩固拓展脱贫攻坚成果同乡村振兴有效链接。

当前，我国较落后地区乡村发展目标主要集中在提升农产品加工业、拓展乡村特色产业、优化乡村休闲旅游业、发展乡村新型服务业、推进农业产业化和农村产业融合发展、推进农村创新创业等。大部分农村正处于单一农业产业或缺少代表性产业的生产情况，由于管理者意识欠缺、缺乏农科技术专业指导、市场竞争力小、自然资源匮乏、地形气候环境恶劣等主观或客观因素，其在如何立足自身资源禀赋、发掘本土产业优势、打造乡村特色产业链这一主要问题存在较大困难。

青春实践路　奋进新征程

种植业、养殖业、旅游业三大产业是当今我国乡村经济发展的主要来源。种植业发展面临着农业农田现代化改革、引进高新农科技术、农作物优良育种及虫害防护等需求；养殖业发展面临着养殖基地机械化、新技术引进、动物优良品种育种、完善肉类加工链等需求；旅游业发展面临着避免形式雷同、整合文化资源、树立品牌形象等需求。在不同形势下，各地区乡村产业振兴可以探索特色产业核心发展、不同产业联合发展、辅助产业合理发展等贴近自身情况的发展道路。（图11-2）

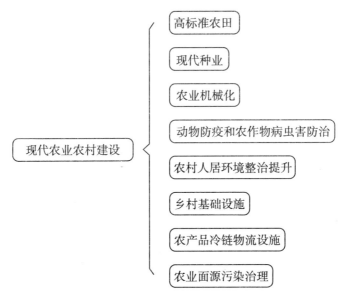

图 11-2　现代化农业农村建设基本内容示意图
（资料来源：调研团队根据公开资料整理）

随着乡村振兴战略不断推进，我国农村面貌焕然一新，许多村镇在不断摸索中打开思路，为更多乡村提供借鉴。在经济稳步发展的同时，还应注重生态文明建设、乡风民俗建设、政治文化建设、精神人文建设等齐头并进，同促振兴、共进繁荣。

基于此，本次社会实践以探索"特色产品产业链带动地区经济发展，实现乡村振兴"为核心目标，在脱贫攻坚的具体实践中，通过米脂县杨家沟镇"黑色养殖+绿色田园+红色旅游"的三产联动发展战略，根据实践结论收获建立杨家沟脱贫成果与乡村振兴的有效衔接，进一步探索乡村地区在改革开放新局面中的振兴机制与发展道路。

乡村振兴篇

通过了解，我们得到了米脂县杨家沟镇的基本生产情况，深入研究米脂县杨家沟镇在农业、养殖业、旅游业三产联动战略实施下存在的问题，探究其产业振兴的新思路、新形式，提高村民生活水平、助力乡村振兴。

杨家沟位于陕西省榆林市米脂县城东南20千米，始建于清同治年间杨家沟马氏庄园，是陕北最大的地主集团——杨家沟马氏地主集团的庄园。1947年11月22日，毛泽东、周恩来等率领中共中央机关和解放军总部来到杨家沟，在此召开了著名的"十二月会议"。1978年成立杨家沟革命纪念馆并对外开放。

杨家沟总土地面积10平方千米，总人口547户1453人，建档立卡脱贫户118户294人，耕地面积4770亩，林草地2273亩，村内羊、猪、牛、驴等牲畜存栏1600余头（只）。

杨家沟红色资源丰富，是毛泽东、周恩来、任弼时等老一辈无产阶级革命家率领中共中央机关（代号亚洲部）工作和战斗过的地方，在这里召开了具有划时代意义的"十二月会议"，提出了党在新形势下军事、土改、政党、经济、政治等各方面的行动纲领和政策，会议讨论并通过了毛泽东《目前形势和我们的任务》，为最终夺取全国胜利做了充分的理论准备，中国革命从此由战略防御转入战略反攻。除此之外，毛主席和党中央在这里还领导了土地改革运动、整党运动、新式整军运动。因此，杨家沟革命旧址作为红军转战陕北时期居住时间最长、从事革命活动最多的地方，现在是全省爱国主义教育基地、全国重点文物保护单位。2020年4月，米脂县杨家沟革命纪念馆被陕西省委组织部确认为全省干部教育培训现场教学点。

近年来，杨家沟村以巩固脱贫攻坚成果与乡村振兴有效衔接为主线，立足自身资源禀赋，贯彻新发展理念，构建新发展格局，围绕"黑色养殖+红色旅游+绿色田园"三产联动发展目标，深度整合资源、资金和资产，大力发展特色产业。一是组建成立了"集体+贫困户+非贫困户"的新型互助合作社——寺沟亨亨养殖专业合作社。养殖场建筑面积逾3400平方米，以饲养黑毛土猪为"发力点"，采取陕北传统养殖方法，喂养玉米、麸皮、黑豆以及菌藤等粮食蔬菜，育肥期10-12个月，年出栏猪肉量可达6万余斤。目前，养殖场黑毛土猪存栏量约300头。村集体占股51%，贫困户和一般农户股本为5000元，占股49%，吸纳一般农户股东95户，其中贫困户24户，基本实现寺沟自然村全覆盖。利润按照股份比例进行分配，其中村集体所得部分再进行二次分配。2018年度村集体经济组织分红户均 3000 元，2019 年度村集体经济组织分红户均 2000 元，2020 年度村集体经济组织分红户均 3000 元。另外，合作社通过科学管理、积极引导股民学习养殖知识，积累养殖经验，逐步提升饲养管理水平，确保肉质鲜香、绿色健康，力争将寺沟土猪打造成米脂品牌、榆林名牌。二是建成"佳米驴"养殖和保护基地。基地占地 60 亩，由村股份经济合作社整体管控运营，管理承包费三年 75 万元，目前养驴、马、羊约 300 余头。三是建成占地 35 亩的千只湖羊养殖基地，管理承包费三年 18 万元。四是建设绿色田园中心。目前村内有小米种植基地 150 亩、樱桃园 50 亩、标准化山地苹果园 500 亩、温室大棚 4 座、小杂粮种植 3000 多亩。五是利用好红色资源，投资 2.97 亿元打造集红色文化游、农耕体验游、农家乐、游乐园等为一体的大杨家沟景区。投资 2.56 亿元建设杨家沟红色科技产业园，定位于窑洞民宿、窑洞文化、红色文化游、红色教育培训等功能。成立杨家沟合力农业发展有限公司，注册"扶风寨"品牌，致力于各类文创产品的研发，由村集体组织严把关，高于市场价收购原材料，并由专业团队负责销售，目前已研发出小米咖啡、小米酒、小米面膜、苹果醋、苹果酒等产品，大大提高了农产品的附加值，增加了群众收入。

本次实践调研就是基于杨家沟"黑色养殖＋红色旅游＋绿色田园"的三产联动政策，调研杨家沟乡村振兴的发展道路与发展成果，探寻其中是否还存在需要完善的方面。

二、存在的问题

（一）网络及通信设施不够完善

米脂县杨家沟镇地处山区，当地无线网络仍未普及，同时，手机通信信号受此影响也无法很好接收，与外界的联系存在很大的障碍。除此之外，杨家沟镇发展建设的寺沟亨亨养殖专业合作社的相关负责人员缺乏网络技术培训，关于网络带货平台的认识和运用水平不高，当地了解并且能够熟练运用网络的居民屈指可数，即使相关的基础设施建成落实，电商直播、网店等项目开办实现起来依然还有很大的困难。

这样的情况显然与如今 21 世纪信息化时代的发展要求不相符合，"互联网＋"的发展模式无法被充分应用于养殖专业合作社知名度提高、养殖规模扩大和收入增加中。这样一来,养殖专业合作社的发展前景受到相当大的制约,对于乡村振兴的推动作用也十分有限。

(二)黑色养殖尚未成熟

佳米驴体格高大、遗传性稳定、结构匀称、适应性强,于1977年被国家原林业部、商务部等五个部门联合发文确定为全国优良品种。佳米驴不仅可以役用,并且全身是宝。驴肉营养丰富,驴血具有药用价值,驴皮是制作阿胶的重要原料,一般一头成年驴能卖到5000元左右。但是,由于农业机械的发展、经济效益不如黄牛、配种不方便等原因,佳米驴的数量呈下降趋势。即使是在专业的养殖场内,养殖佳米驴的工作重心也在保种上,销售暂时还未形成规模,在增收、解决就业等方面的推动力明显不足。

黑毛土猪养殖已颇具成效。全村95户村民以户为单位成了股东,5年来累计分红达20000元,目前存栏量约500头。不过,黑毛土猪养殖专业合作社由于场地、技术等因素的限制,目前尚未进行猪肉的深加工处理,养殖收益还存在较大的增长空间,养殖规模也有待进一步扩大。

(三)红色旅游内生动力激发不足

米脂县杨家沟革命旧址主要包括毛泽东、周恩来等老一辈无产阶级革命家的旧居,中共中央十二月会议旧址和西北野战高级会议旧址等,是毛主席和党中央转战陕北时期居住时间最长、从事革命活动最多的一个地方。2021年9月13日,习近平总书记在杨家沟革命旧址指出,要充分运用红色资源,深化党史学习教育,赓续红色血脉。

杨家沟镇在立足革命旧址、发展红色旅游时,对景区的利用存在片面化、静态化的问题,对游客以及社会公众的红色革命教育不够深刻。杨家沟革命旧址在空间分布上包括扶风寨片区、水道沟片区和阳圪山片区,但是参观的人群主要集中在扶风寨片区,这样就造成人们对于旧址整体的认知不够全面,且旧址无系统性的游览路线,游客驾车可直接抵达扶风寨内参观旧址建筑单体,各旧址点之间缺乏互动联系,观众无法真实体会旧址本体选址中的隐蔽性以及转战时期防御性安排住所等历史信息。

另外,陕北地区冬春季节风速较快,冬夏温差较大,而杨家沟革命旧址建筑群依山建成，多依托于粉质黄土，容易受到来自降水、风蚀、冻融和植被等多个方面的危害。同时，由于部分革命旧址中仍有居民居住，建筑群受到不同程度的人为破坏，如改建、污损等，此类问题同样不容忽视。

（四）绿色田园产品影响力小

小米绿色种植业作为米脂县绿色田园模式的重要组成部分，呈现出多元共进的健康发展态势。当前，其面临的主要问题有两点：一是网络直播带货投入少、力度小，在平台上获得的流量关注度不够，所吸引的顾客数量少且黏性不强，不能形成有规模的粉丝经济；二是在乡村振兴战略全面推进的时代背景下，大量农产品借助互联网和更加便利的交通运输涌入人们的生活，市面上同类产品较多，而米脂小米品牌推广力度小，在全国小米的品牌中竞争力小，无法形成良好的品牌效应。

（五）自然灾害多发，生态环境脆弱

米脂县杨家沟镇地处黄土高原丘陵沟壑区，地势东北高、西南低，起伏较大，地表多呈破碎化，气候属温带大陆性半干旱季风气候，年平均降水量453.6毫米，降雨集中在每年的7—9月，以8月最多。季风性的气候特点使得杨家沟多暴雨和干旱等极端天气状况，又因山地众多且坡度较陡，洪涝、泥石流对当地人民的财产人身安全有不小的威胁：农业产量不稳定，极易受到气候影响，甚至因干旱和洪水大幅减产；洪涝加剧盐碱化，压缩发展空间；山体滑坡阻塞道路，隔绝与外界的交流等。

在推进乡村振兴的过程中，随着三大产业的协同发展，生态破坏和环境污染难以避免。开垦土地、农药、工业废弃物、游客产生的固体垃圾等，与杨家沟所处黄土生态脆弱区存在着不小的矛盾，区域可持续发展对于杨家沟来说，是一个艰巨的任务，但同时也是必须面对的重要任务。

三、对策与建议

2022年以来，米脂县以发展壮大村集体经济为抓手，以改善农村人居环境为着力点，以最大化增加农民收入为目标，多措并举推进乡村振兴战略有效实施，

不断推动乡村振兴工作取得新进展、迈出新步伐。

党建引领构建齐抓共管的工作格局。米脂县聚焦巩固拓展脱贫攻坚成果同乡村振兴有效衔接工作重点,推进各项工作提质增效、提档升级,为高质高效完成年度目标任务奠定坚实基础。制定米脂县"提质增效"专项方案,成立了由党委书记、村支书等担任致富带头人的专项行动领导小组,明确责任,分工到人。同时,深入贯彻"疫情要防住、经济要稳住、发展要安全"的要求,树立"红色引领、绿色发展"理念,紧紧围绕"产业强起来、城乡美起来、百姓乐起来"目标,牢牢守住不发生规模性返贫底线,全面推进乡村振兴。

产业聚合形成规模有力的带动效应。米脂县坚持以点带面、全面提升的工作思路,依托乡域内种植业、养殖业、红色旅游业等重点特色产业,围绕"资源共享、优势互补、合作共赢"核心目标,打造供销链合联盟模式,同步探索拓展产业发展共商、利益联结共建、社会治理共促、发展成果共享的多元合作服务内容,通过把资源合在一起、资金联在一起、人才聚在一起,企业有了活力、集体有了收益、群众得了实惠。聚焦各大主导产业,融合农业资源优势,促进农产品流通、销售等环节改造升级,形成乡村振兴有力的产业支撑。

打造品牌踏出共建共促的振兴之路。充分释放米脂县及附近县区生态资源优势,推进生态文明与产业振兴深度融合、相融共促,加快当地黑毛土猪和佳米驴的养殖业、米脂小米和黑豆的种植业、杨家沟革命旧址的旅游业、米贴画和剪纸的非物质文化遗产等特色产业的共建共促。形成特色产业片区,实施财政扶持发展壮大村集体经济示范片区创建项目,做大农业精品示范品牌,形成高端种植片区。同时坚持分类推进、分步实施、分层示范,推动乡镇打造示范片区、区级打造示范带,以点带面、片带融合放大示范引领效应。

电商经济是激活乡村振兴的新引擎。直播带货的快速发展,催生了网点微商、农民博主等就业岗位,成为农村创业的一个重要方式,并且能较好地解决农产品市场中长期存在的供需错配、产销矛盾突出、信息不对称、销售渠道不畅等痛点。网络直播能够系统性助农、富农、流量惠农,不断打造出特色农产品品牌,提高产品附加值,让农民共享直播经济的红利,进一步扩大助农成果。但据团队调研发现,该地农产品在网络推广过程中存在的问题较大,流量关注度不够,无法形成良好的品牌效应,所以应加强农产品品牌化建设,打造符合地方特色的区域公用品牌,加强农产品的溯源体系搭建,巩固基础设施建设,建立健全农村流通网

青春实践路　奋进新征程

络体系，培养更多的电商人才，让电商直播实现标准化、常态化。

乡村振兴中人才是基石。团队在与致富带头人交流过程中发现，当地留不住年轻人的问题极其严重，应该要积极建设乡村振兴人才驿站，并将其打造成为乡村人才振兴工作的主要阵地和支撑乡村振兴的重要平台，同时充分发挥人才驿站引才、育才、聚才作用，通过开展结对帮带等活动，培养一批乡村"领头雁""田秀才""农创客"，并利用人才专业技术和资源优势，拓展合作领域，储备产业项目，创新销售渠道，为乡村全面振兴注入新动能。

作　　者　西北大学经济管理学院本科生　王婧婷
指导老师　轩梦月

12 关于长沙市红色旅游助力乡村振兴的调研报告

领略湖湘红色文化，续写百年伟大篇章——"潇湘红旅励志游学"暑期社会实践团队由新鸿基郭氏励志社的 16 名本科生组成，团队成员分布在经管、信科、文学、数学等多个学院。本着助力乡村振兴这一共同目标，成员们团结协作，默契配合，历时 7 天，先后前往长沙多地进行调研实践。旨在通过实地参观、采访和发放调查问卷的形式调研湖南长沙红色文化旅游发展现状，深入学习感受革命先辈坚韧不摧、英勇无畏的奉献精神，接受爱国主义教育洗礼，通过实践平台长见识、增本领、提才干，坚定政治信仰，培养爱国情怀。

一、调研地简介及现状

湖湘文化在历经先秦湘楚文化的孕育，宋明中原文化等的洗礼之后，在近代获得了"湖南人才半国中""中兴将相，什九湖湘""半部中国近代史由湘人写就""无湘不成军"等盛誉。历史上不仅有贾谊在此为相，还有岳麓书院传承千年，近代更是走出了一大批为了国家和民族的存亡奔走、探索的仁人志士。近年来，长沙市认真贯彻落实习近平总书记关于对革命文物工作的重要指示精神，切实把革命文物保护好、管理好、运用好，发挥好革命文物在党史学习教育、革命传统教育、爱国主义教育等方面的重要作用，充分利用其湖湘红色文化资源，通过一系列创新方式弘扬、宣传湖湘历史文化，赓续红色血脉、传承红色基因，形成了独特的红色文化资源开发模式。在我国红色历史文化旅游和乡村振兴事业中发挥了"领头雁"的作用，为各地发展提供了经验借鉴。

湖湘红色文化资源即是指在新民主主义革命和社会主义建设过程中，中国共产党领导湖南人民为民族解放和国家富强而艰苦奋斗、奋发图强所形成和积累的

青春实践路　奋进新征程

集物态、事件、人物和精神为一体的物质与精神财富。目前，湖南深入实施革命文物保护利用工程，对湖南境内的红色旅游资源进行了深度整合和创新发展，充分利用湖湘红色文化资源，以传承红色基因，弘扬红色精神，续写红色故事为主题，来率先示范乡村振兴。长沙市便是其中的典型代表。

（一）领略湖湘历史文化，感受千年精神传承

贾谊，西汉著名政论家、思想家和文学家，其才情风华和心怀天下、忧国忧民的伟大情怀如涓涓细流，在三湘大地上漫延，成为湘湖文化之源。

湖南博物院是中国首批国家一级博物馆，湖南省最大的综合性历史艺术类博物馆，也是中央地方共建的8个国家级重点博物馆之一。据博物院官网显示，湖南博物院有展厅面积为2.7万平方米，有馆藏文物18万余件，其中尤以长沙马王堆汉墓出土文物、商周青铜器、楚文物、历代陶瓷、书画和近现代文物等最具特色。

岳麓书院是中国历史上赫赫有名的四大书院之一，坐落于中国历史文化名城湖南长沙湘江西岸的岳麓山脚下。作为世界上最古老的学府之一，其古代传统的书院建筑被完整保存至今，每一组院落、每一块石碑、每一枚砖瓦、每一支风荷，都蕴含着时光淬炼的人文精神。

（二）感悟红色湖湘文化，接受爱国主义洗礼

橘子洲，位于湖南省长沙市岳麓区的湘江中心，被誉为"中国第一洲"，由南至北，横贯江心，西望岳麓山，东临长沙城，四面环水，绵延10多里。橘子洲有毛泽东青年艺术雕塑、问天台等景点，是一座跨越时空的桥梁，让青年大学生与青年毛泽东跨时空对话，它向我们展示了伟人青年时期胸怀大志、风华正茂的气概。橘子洲是一抹亮丽的红，浸染着湖湘文化，积淀了浓厚的历史底蕴。

湖南党史陈列馆共4个部分，展出2400余张图片、380余件实物、13处场景，生动地展现了湖南党史的脉络和细节，集中描绘了近百年来中国共产党人领导湖南革命、建设、改革实践的历史画卷。

中国共产党长沙历史陈列馆以"长岛人歌动地诗——中国共产党长沙历史陈列"为展标，以中共长沙历史发展脉络为主题，以毛泽东、何叔衡从长沙城西的湘江轮船码头乘船赴上海，参加党的一大情景开始，以丰富的历史文物、翔实的文史资料，采用多媒体表现形式，生动记述了党在长沙带领广大人民群众进行革

命、建设和改革的伟大历程，全面展示中国共产党领导长沙人民革命、建设、改革所取得的辉煌成就和宝贵经验，突显了建党初心和使命，是一部走着读的长沙地方党史。

（三）调研红色旅游现状，感受乡村振兴成果

杨开慧纪念馆由杨开慧故居、杨开慧烈士陵园、杨公庙、陈列馆四部分组成，占地 126 亩，是中国百家红色旅游经典景区之一、湖南省爱国主义教育基地、湖南省妇女儿童爱国主义教育基地，2022 年入选全国妇女爱国主义教育基地。目前，开慧镇着力打造"板仓小镇"旅游品牌，组织出版红色故事书籍，发行推出民族歌舞剧等，以红色研学培训、传统爱国教育、精品水果采摘、乡村民宿体验等发展起文化旅游产业，带动周边餐饮食宿的经济发展，取得了一定的社会效益与经济效益。

毛泽东同志故居，原称上屋场、中国人民伟大领袖毛主席旧居，位于湖南省湘潭市韶山市韶山乡韶山村；整体坐南朝北，属土木结构"凹"字形典型建筑，总占地面积 566.39 平方米，总建筑面积 472.92 平方米。2019 年 12 月，成为全国乡村治理体系建设试点单位。2020 年，韶山全市地区生产总值 97.08 亿元，比上年增长 4.2%。2021 年 1 月 29 日，入选湖南省人民政府公布的 2020 年度真抓实干成效明显的地区名单。位于韶山市韶山乡的韶山村更是集中了毛泽东同志故居、韶山毛泽东同志纪念馆、毛泽东铜像广场、滴水洞等景点，是毛泽东同志青少年时期生活、学习、劳动和从事革命活动的地方，展示了毛泽东同志从少年时的生活、求学和后期的真理探索历程以及毛泽东思想的科学体系。

中共湘区委员会旧址暨毛泽东杨开慧故居是湘区革命的重要历史见证，是全国重点文物保护单位、首批全国爱国主义教育示范基地、湖南省爱国主义教育基地、全国红色旅游景点，记录着毛泽东、杨开慧等革命先辈为党奋斗的光荣岁月和小家大国的感人故事，承载着中国共产党人的初心使命，诠释着对党忠诚、不怕牺牲的坚定理想信念。

青春实践路　奋进新征程

二、红色旅游助力乡村振兴工作存在问题

新时代保护红色文化资源不仅对于传承红色基因、赓续红色血脉、加强爱国主义教育具有重大意义，而且对于乡村振兴具有不可替代的独特功能和价值。拥有红色资源的乡村如何利用特色优势推动乡村高质量发展，仍是乡村振兴需要探讨的一大课题。在参观开慧镇和韶山红色景点和调研走访景区工作人员和周围商户的过程中，我们也观察到了一些红色旅游发展中的问题。

一是红色文创产品设计理念滞后、对消费者吸引力不足。相比起韶山纪念馆开发出的不同系列的文创产品，开慧镇的文创产品还存在较大问题。首先面临的一个突出问题就是应用场景较窄。韶山的红色文创与居家生活、学习工作等领域融合，实用性较强。而开慧镇的多数文创产品还局限于旅游纪念品，如画像盘摆件、像章等。除了缺乏实用性，审美性和艺术创意性也不足。红色文创的设计者们对于红色文化符号、红色人物形象缺少再创造，只是对图案、形象的机械转移，搪瓷缸、汽车挂件上的人物头像，伟人铜像摆件等红色文创产品还处于低级开发阶段，这种简单移植，不仅不符合时代审美、抑制了红色文创产品的生命力，还降低了消费者的兴趣和购买欲望。

二是新客源不稳定。从客源角度分析，红色旅游的发展主要依靠两种力量：一是集体组织的学习调研，二是一些经历过革命战争年代的老一辈人。虽然研学旅游的形式一定程度上拓展了新客源，但是对于年轻一代，他们对曾经的革命战争年代和艰苦环境缺少认识，不会自发地产生游览兴趣。将严肃教育性内容用他们更能接受的生动活泼的方式表现出来才能稳定客源。

三是红色旅游形式较为单一，经济效益不高。资源开发深度不够，可参与性的项目极少，旅游还是以参观游览为主，游客体验感不强，大部分只是走马观花，很快就能逛完。况且现在有很多人只是为打卡拍照，自然停留时间短，消费不足。开慧镇和韶山的商户也介绍到很多游客都是半日游，对于当地的餐饮、住宿等相关行业带动不大。

四是红色旅游人才匮乏，教育学习不够深入。文字加图片的展示方式比较枯燥，若没有生动的讲解就难以达到教育和学习的目的。目前红色旅游中的从业人员素质参差不齐，一些红色导游和解说人员对于景区的红色内涵理解不深，讲解

内容略显单薄。红色旅游承载着丰富的政治历史文化内涵和精神文化内涵，讲解员的解说是沟通文物与游客的桥梁，为了红色旅游的长远发展，工作人员应当有更高的责任感。

五是配套设施不够完善。红色旅游资源的开发确实促进了基础设施的改善，开慧镇和韶山旅游景区距离市区相对较远，政府修路在很大程度上为游客参观提供了便利。但是交通和景区配套设施还是相对落后。以开慧镇为例，从星沙开往开慧镇的红色专线一天只有两班，而且车票必须要用现金支付，给不了解情况的外地游客带来很大不便。景区周围的大多都是小商铺，没有共享充电宝等便捷服务，难以满足游客需求。

六是宣传力度不够，网上信息不完善。开慧镇尽管有公众号"开慧故里"，但只有相关内容推送，而且内容较杂，没有独属于杨开慧烈士陵园、杨开慧故居等旅游景点的服务，游客获取信息困难。磐石青年团队通过抖音平台来展示他们的工作日常，通过年轻人视角带领大家领略开慧镇风土人情，但是他们粉丝只有200多个，宣传力度明显不足，经营账号仍是他们需要长期坚持的工作。采访一位饭店老板时，我们了解到她的饭店并没有入驻外卖平台，现在年轻人又普遍有提前预订的习惯，所以这样多少会对她的生意产生影响。景区周围店铺商家大部分是中老年人，对于智能手机操作还不够熟练，当地若能针对情况派志愿者提供指导性帮助，对于商户收入会有积极影响。韶山虽然有公众号"天下韶山"，对于各景点、特色研学旅游、文创产品的介绍和服务比较完善，但是在进入景区前的信息还不够完善。景区不允许外来车辆进入的要求在公众号上没有特别提醒，游客在如果没有提前做好详细攻略很容易影响旅游体验感。红色旅游助力乡村振兴，解决好红色旅游现存问题，才能真正为乡村振兴注入活力。

而在参观各个爱国主义教育基地时团队成员也发现了同样的问题：爱国主义教育基地陈列内容和形式较为单一，缺乏持久的吸引力和感染力，大多数游客表示只愿来一次；基地的专业队伍较为稀缺，有的基地缺少讲解员，大部分参观者只能自行参观，有的基地讲解员专业素质和能力有待提升；宣传较为落后，有些爱国主义教育基地知名度低，在网上资料也较少，有的没有及时更新，导致参观者对基地了解不深或产生认知偏差。而这些问题也严重影响着爱国主义教育基地发挥提高全民族整体素质的作用，亟待解决。

三、红色旅游促进乡村振兴对策建议

(一) 当地提出的解决措施

韶山红色旅游发展模式创新。韶山景区是著名的红色旅游目的地,开展了"红色旅游+"的发展模式,注重红色文化教育引导,研学旅行发展较快;重视红色旅游地生态环境建设,康养旅游兴起;发挥乡土文化带动作用,助力乡村振兴。

韶山红色旅游发展模式策略创新。一是创新红色教育学习体验模式,丰富课程形式、增加体验项目扩展研学课堂中的体验方式、推动研学产品分类管理。二是开发红色旅游宜居产品,养生旅游产品、康体度假产品、养老人居产品。三是规划红色韶山乡村旅游品牌,保护传承乡村文化、重视村民参与、乡村旅游和研学旅行融合发展。四是加强线上与线下交融宣传。韶山红色旅游发展路径分析:一是牢牢把握新时代发展契机,创新旅游产品。二是抓住智慧旅游发展契机,创新宣传形式。三是秉承全域旅游发展理。

长沙县开慧镇旅游资源空间分布特征及整合开发。通过长沙县开慧镇相关资料搜集,结合实地调查,分析其旅游发展现状,总结旅游资源空间分布的问题及条件,并通过旅游资源类型占比、旅游资源丰度指数、旅游资源配合指数来分析旅游资源类型组合状况,通过旅游资源整体优势度、地理集中指数、不平衡指数等数理统计方法,定性与定量相结合的分析开慧镇旅游资源的空间聚集度、离散程度、不均衡程度等空间分布特征,再根据资源空间分布规律进行资源分区。最后,以全域旅游为指导,根据旅游资源分区,提出长沙县开慧镇旅游资源整合开发应从旅游布局开发、旅游产品开发、旅游线路开发、旅游市场整合营销四个方面进行。

(二) 对于红色旅游发展的建议

随着社会经济的发展和人们闲暇时间的增多,旅游需求日渐升温,旅游产业蓬勃发展,为人们追求精神愉悦和提升生活品质提供了路径和平台。红色文化多在特定的历史背景下产生,具有内涵丰富、寓意深刻、教育性和故事性强等特点。2016年我国颁布了《全国红色旅游经典景区名录》,以经典景区建设为示范,引领和带动红色旅游景区全面发展,并通过红色旅游景区实现红色文化的广泛深入传播。为提升红色旅游景区传播红色文化的功能和效果,此次"三下乡"活动,我们以游客感知为视角对红色旅游景区的红色文化传播效果开展了评价研究。在全面梳理游客感知、红色旅游景区以及红色文化传播的相关研究成果基础上,以红色旅游景区的红色文化传播效果为研究对象,参考多方内容明确了对红色旅游景区红色文化传播进行评价的内容,通过调查问卷的方式了解红色旅游景区红色文化传播效果。我们选择了既是革命圣地又地处革命老区,同时也属于我国红色旅游景区类型中最为普遍的故居类、纪念馆类的红色旅游经典景区——韶山与开慧镇。运用问卷调查法对韶山和开慧镇红色文化传播的效果进行测评,发现韶山和开慧镇红色文化具有较好的红色文化传播效果。依据评价结果,我们提出以下几点提升韶山和开慧镇红色旅游景区红色文化传播效果的策略。

一是创新红色文创产品设计理念、增加对消费者的吸引力。红色旅游文创产品是植根于红色旅游文化产业的重要衍生物。目前面临品牌形象不突出,设计理念滞后,同质化现象严重,市场规模偏小等诸多问题。创新的想法是以文化 IP 的视角,概述红色旅游文创产品设计的 IP 基础辩证,分析其蕴含的丰富内涵和时代特征,从特色建筑、革命文物、革命故事来探讨红色文化符号提取方法的三重维度。注重培育优质红色 IP 形象,提出红色旅游文创产品,创新设计的 IP 加技术、IP 加故事,IP 加传播三重路径,推动红色旅游高质量、多样化、持续健康发展。设计开发策略有:聚焦红色旅游地点特色,有针对性地进行设计;重视时尚审美设计,拓宽应用场景,与居家生活、学习工作相结合,增加实用性;寻找突破式创新思路;聚焦文旅融合,满足消费者需求。

二是稳定新客源,以多种方式展示红色资源吸引新一代客源。注重激发游客的混合情感,混合情感对于游客参与红色旅游的行为意愿乃至红色旅游的教育目标实现都有着非常关键的影响。以大学生为例研究分析可得,红色旅游游客混合情感对旅游意愿的影响表现为 U 型关系曲线;学习效果在其间发挥着中介作用;游客个体认知调节了混合情感与旅游意愿、混合情感与学习效果之间的关系,即当游客认知程度较高时,混合情感与旅游意愿、混合情感与学习效果的 U 型关系较为平缓。因此,完善游客混合情感影响旅游意愿的中间机制和边界条件,这对提高红色旅游游客的学习效果和旅游意愿具有深刻实践意义。

三是开发利用红色旅游资源新途径:数字赋能、多元认同与价值共创。从红色旅游与数字赋能、多元认同与价值共创的角度,提出新时代红色旅游资源开

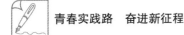

发利用升级的重要路径,即利用数字赋能手段,以挖掘需求侧的游客真实需求,并识别顾客红色旅游认同机制与价值创造机制。同时,从供给层面,对红色旅游地的利益相关者进行认同感、幸福感和数字化卷入度的研究,从而形成价值共创的红色旅游开发利用模式,以达到红色旅游价值链重塑社会综合效应提升的目的。

四是注重红色旅游人才队伍的建设。抓好对重点人才的培养,重点人才分别是行政管理队伍、职业经理人、紧缺专业人才、导游员队伍;构建一套完整的旅游人才培养机制,具体可以通过发挥高校红色旅游教育意义、建立一支高素质的红色旅游人才队伍、加快编写红色旅游教材、积极开展各种类型的红色旅游活动;创建有效的人才激励机制,具体可体现在改革薪酬体制、创建员工参与管理体制、完善人才奖励机制。

五是加快红色旅游地设施建设,努力打造精品红色旅游景区。配套设施作为红色旅游地经济发展的基础和必备条件,是发展的能量,为红色旅游发展增添后劲,而建设滞后则可能成为制约发展的瓶颈。

六是拓宽宣传渠道,加大宣传力度,完善网上信息。针对游客获取红色旅游地信息困难的情况,应通过多种线上平台展示红色旅游的信息,当地消费店铺也可通过入驻平台展示信息提供预订服务。

作　　者　西北大学经济管理学院本科生　王　尧　王旭超
　　　　　西北大学外国语学院本科生　刘玉婷
　　　　　西北大学数学学院本科生　王卓阳　黄佳寅
　　　　　西北大学文学院本科生　李瑞京　黑　悦
　　　　　西北大学地质学系本科生　朱昱科
　　　　　西北大学物理学院本科生　艾艳艳
　　　　　西北大学法学院本科生　黄国蓉
　　　　　西北大学化学与材料科学学院本科生　翟亦蝶　周湘林
指导教师　杨世攀　徐银银

13 关于宁强县乡村振兴发展现状的调研报告

乡村是一个可以大有作为的广阔天地，在新时代迎来了难得的发展机遇。必须立足国情农情，顺势而为，切实增强责任感使命感紧迫感，举全党全国全社会之力，以更大的决心、更明确的目标、更有力的举措，推动农业全面升级、农村全面进步、农民全面发展，谱写新时代乡村全面振兴新篇章。

农业农村农民问题是关系国计民生的根本性问题。当前，我国发展不平衡不充分问题在乡村最为突出，主要表现在：农产品阶段性供过于求和供给不足并存，农业供给质量亟待提高；农民适应生产力发展和市场竞争的能力不足，新型职业农民队伍建设亟须加强；农村基础设施和民生领域欠账较多，农村环境和生态问题比较突出，乡村发展整体水平亟待提升；国家支农体系相对薄弱，农村金融改革任务繁重，城乡之间要素合理流动机制亟待健全；农村基层党建存在薄弱环节，乡村治理体系和治理能力亟待强化。

身为新时代青年，为积极响应国家号召，我们团队赴宁强县进行线下调研活动，对乡镇支柱性产业进行了解与探究，切身感受国家乡村振兴战略的初步成果。

通过实地调研宁强县及下辖村镇乡村振兴的发展现状，了解当地的乡村振兴政策、措施、历史文化、产业发展、村容村貌等。针对该地区出台政策及方针，汲取乡村产业扶持方面的优秀案例，对乡村建设提出相应建议，探讨乡村振兴中存在的瓶颈、面临的阻碍，以及根据现在新农村建设在乡村振兴中存在的问题，当代大学生能否做一些力所能及的事情。

一、宁强县发展现状

（一）2022年宁强县第一季度经济运行综述

根据县（区）生产总值统一核算结果，全县实现生产总值30.85亿元，同比增长9.6%。其中,第一产业增加值3.34亿元,同比增长5.2%;第二产业增加值15.88亿元,同比增长15.3%;第三产业增加值11.63亿元,同比增长5.4%。

一是农业生产总体稳定,特色产业形势良好。农林牧渔业完成总产值6.49亿元,同比增长5.7%。蔬菜及食用菌产量1.57万吨,同比增长6.1%;中药材产量86吨,增长11.7%;生猪出栏9万头,增长11%,季末存栏16.36万头,增长0.4%;肉类总产量7892吨,增长12.4%。

二是工业经济较快增长,装备制造和食药工业拉动力强。规模以上工业完成总产值30.24亿元,同比增长17.4%。规模以上工业增加值增长22.7%。分轻、重工业看,轻工业完成产值8.58亿元,增长21%;重工业完成产值21.66亿元,增长16%。分产业看,采矿业完成产值3.44亿元,增长3.4;装备制造工业完成产值10.39亿元,增长21.9%;食药工业完成产值8.38亿元,增长20.9%;材料工业完成产值7.34亿元,增长17.7%;电力、燃气、水生产及供应业完成产值0.59亿元,下降7.5%。固定资产投资增幅较大,第一产业投资增势强劲。固定资产投资同比增长46.5%。分领域看,项目投资增长54.8%;房地产开发投资下降28.9%;民间投资增长34.3%。分产业看,第一产业投资增长100.6%;第二产业投资增长76%,第三产业投资增长20.3%。

三是建筑业稳定增长,房产销售市场整体向好。资质以上建筑企业总产值3.18亿元,同比增长12.2%。资质建筑企业签订合同额增长11%。房地产商品房销售面积增长39.3%。

四是消费市场保持平稳,城乡消费同步增长。实现社会消费品零售总额8.63亿元,同比增长10.4%。其中,限额以上单位实现消费品零售额2.28亿元,同比增长12.1%。按经营单位所在地分,城镇消费品零售额6.12亿元,增长10.5%;乡村消费品零售额2.51亿元,增长10.3%。按消费类型分,餐饮收入1.34亿元,增长5.5%;商品零售7.29亿元,增长11.4%。

五是服务业恢复向好,居民服务类收入增速较高。规模以上服务业企业营业收入同比增长16.3%。其中,租赁和商务服务业增长5.7%,科学研究和技术服务业增长15%,居民服务、修理和其他服务业增长66.3%,文化、体育和娱乐业增长2.8%。

六是财政收支同步增长,金融存贷平稳运行。地方财政收入2936万元,同比增长8.5%;财政支出9.88亿元,增长3.8%。截至3月末,全县金融机构人民币各项存款余额161.62亿元,增长8.2%;各项贷款余额54.23亿元,增长8.7%。

七是城乡居民收入稳步增加,农村增速快于城镇。全体居民人均可支配收入5886元,增长6.1%。其中,城镇常住居民人均可支配收入8741元,增长4.4%;农村常住居民人均可支配收入4033元,增长7.2%。

(二)2022年上半年宁强县居民人均可支配收入

据宁强县统计局调查,经国家统计局汉中调查队核定,2022年上半年宁强居民人均可支配收入11626元(全市12714元),同比增长5.1%(全市增长4.7%),位居全市第二,高于全市平均水平0.4个百分点;宁强居民人均消费支出7640元(全市7959元),同比增长2.0%(全市增长1.2%),位居全市第一,高于全市平均水平0.8个百分点。

其中,城镇居民人均可支配收入18170元(全市18832元),同比增长3.7%(全市增长3.4%),位居全市第二,高于全市平均水平0.3个百分点。农村居民人均可支配收入7322元(全市7705元),同比增长5.9%(全市增长5.7%),位居全市第二,高于全市平均水平0.2个百分点。

城镇居民人均消费支出9725元(全市9958元),同比下降1.6%(全市下降2.0%),位居全市第一,高于全市平均水平0.4个百分点;农村居民人均消费支出6268元(全市6323元),同比增长5.1%(全市增长4.9%),位居全市第二,高于全市平均水平0.2个百分点。

农村居民人均可支配收入增速快于城镇2.2个百分点,城乡收入比为2.48:1,较上年同期缩小0.06,城乡居民收入差距进一步缩小。

(三)2021年宁强县畜牧业生产

今年,宁强县以实施乡村振兴战略为总抓手,以政府引导、龙头企业带动、专业合作示范、金融保险支持、防疫体系保障"五位一体"发展模式,加快畜牧业产业转型升级,优化畜禽良种选育,落实规划先行,合理布局畜牧产业区域,落实代养机制,保证畜产品供应,全县畜牧业生产形势良好,出栏和畜产品产量增长平稳,生猪产能保持平稳有序发展、生猪价格年度周期保持平稳,牛羊肉价格小幅上涨。全县实现畜牧业产值12.5亿元,同比增长6.9%。主要体现在:

一是牲畜品种出栏比上年同期稳中有升。全县生猪出栏25.8万头,同比增长

5.8%；出栏牛 0.84 万头，同比增长 1.14%；羊出栏 0.97 万只，同比增长 4.95%。

二是家禽饲养量与上年同期基本持平。全县家禽出栏 86 万只，同比增长 2.29%，禽蛋产量 5919 吨，同比下降 0.06%。

三是肉类总产量比上年同期稳中有升。全年实现肉类总产量 2.3 万吨，同比增长 12.23%。

（四）2021年宁强县农林牧渔业增加值

2021 年，宁强县农林牧渔业增加值 22.26 亿元，同比增长 6.3%。从主导产业情况看：宁强县"茶、药、菌"3+X 农业特色主导产业优势明显，农业产值 22.25 亿元，增幅 6.8%；其中茶叶 6.4 亿元，中药材 3.5 亿元，食用菌 3.7 亿元。

分行业情况看：农业、林业、畜牧业、渔业、农林牧渔服务业分别实现 13.2 亿元、1.3 亿元、6.8 亿元、0.12 亿元、0.74 亿元，同比分别增长 6.1%、5.6%、7.2%、4.8%、3.5%。

通过上述政府财政相关数据，可以明显看出，宁强县经济正在实现稳定增长，依托于宁强县多元化的产业类型，较为完善的市场机制以及优化后的产业结构，宁强县依然实现着经济的正增长。

在参观宁强县循环经济循环产业园区后，我们了解到该园区的生产总值在全县生产总值中占较高权重，得益于地方政府对企业入驻的相关便利政策，从诸多方面为企业提供较为良好的生存环境，县政府采取增值服务，从六个方面解决企业的后顾之忧：

一是政务服务。成立宁强县政务中心园区分中心，项目手续一站式办结。设立代办领办服务中心，提供产业投资建设项目审批帮办代跑服务、法律咨询服务，为企业从设立到项目竣工投产提供全流程服务。

二是金融服务。设立应急转贷基金及助保贷基金，为企业提供转贷资金及贷款担保，建立金融机构、金融超市与企业的深度对接通道，多渠道、全方位解决企业资金难问题。

三是财税服务。引进财税咨询服务机构，为企业提供会计代理记账，企业重组破产清算、股权收购转让等服务。

四是人才服务。设立人才奖励政策，对人才签约单位给予 5 万—20 万元奖励，搭建人力资源平台，为企业提供代理招聘、劳动派遣、职业培训等，建立县镇村三级人社劳动服务平台,及时发布用工信息,就业服务一步到位。

五是数字服务。建立电子商务创业孵化基地,拥有完善的电商运营团队、电商客服团队,提供电商培训、创业孵化、品牌培育推广,推动产业数字化、数字产业化发展。

六是物业服务。拥有完善物业服务体系,提供物业管理、公寓住宿、环境卫生、会议服务、水电费收缴等服务,为企业提供优良的生产生活环境。

综上所述,地方发展离不开政府的政策方针,建立健全城乡融合发展体制机制和政策体系,统筹推进农村经济建设、政治建设、文化建设、社会建设、生态文明建设和党的建设,加快推进乡村治理体系和治理能力现代化,加快推进农业农村现代化,是乡村振兴的关键一环。

二、调研概况与问题初分析

为切身了解乡村振兴战略的政策方针,我们调研小组分别选取青木川镇、阳平关镇、宁强县循环经济产业园区进行实地调研,通过不同形式对乡村发展策略进行初步了解,进一步更好地去理解农业、农村、农民问题,以及"三农"问题所关系到的国民素质、经济发展,社会稳定、国家富强、民族复兴等问题。

(一)青木川镇

2022年7月17日,调研团队来到陕西省宁强县青木川镇开展旅游商户就业形势调研活动,并采用调查问卷和居民走访的形式进行产业探究。

队员们早上8:00集体从陕西省汉中市宁强县阳平关镇乘坐公交车前往青木川古镇,乡镇之间由于距离较远,因此公共交通成为人们不可或缺的通行手段,由于村镇道路行车较少,同时考虑到村民乘车便捷问题,该公交车采用随叫随停的行车方式,很大程度上照顾了村民的出行,该设计对年老的村民来说,也更为便利。队员们于上午10:00左右抵达青木川古镇,该古镇是国家4A级旅游景区,因川道内遍布青木树而得名,古镇位于宁强县西南角,地处陕、甘、川三省交界处,东临安乐河镇,南接广坪镇,西邻四川省青川县,北倚甘肃省陇南市康县和武都区,总面积208平方千米。调研团通过走访商户,了解这个遗落在大山中的世外桃源。该镇古建筑主要以回龙场街为主。该街始建于明成化年间,总面积达

青春实践路　奋进新征程

4万余平方米，保存度达80%，后街下半部遭水冲坏，自清咸丰以来陆续修建，民国年间青木川一魏姓人也进行了维修，建有3处魏氏住宅并遗留其倡办的中学1所，总面积达8500平方米，保存度85%。街道建筑自下而上蜿蜒延伸866米、宽4米，金溪河绕着古镇转了个弯，古街被河拉成了弧形。形似一条卧龙，现留有古朴独特，雕梁画栋，风格典雅，古建筑房屋260间，是不可再造的历史文化遗产。古街上近百户人家的房子大都是四合院，二进二出的两层结构，建筑风格有明清时期的旱船式，也有西方教堂式，队员们可以在探访期间感受到历史在青木川古镇留下的痕迹。

在抵达古镇后，队员们进行初步分组，通过分发问卷以及居民走访形式对青木川的产业发展，民众生活水平以及居民幸福感进行探究。在问卷填写过程中，存在部分民众目不识丁的情况，反映了当地居民大体上的文化水平，由于上述情况的出现，队员会在此时采用与居民交谈的方式，通过语言交流了解当地近两年来的发展状况。在与一位当地商户的交谈中，我们得知青木川开始发展旅游业与服务型产业后，当地的经济得到较大程度上的提升，居民收入有了较大改变，青木川的景点给当地村民带来了大量的就业机会，农闲的村民会在其周边开办小吃店与客栈，集旅游观光与购物聚餐于一体，同时我们也能从这位商户的言谈中感受到他对于政府政策的信任与感激，通过与他的交谈，切身感受到了乡村振兴战略，给当地居民生活带来了物质与精神上的改变。

同时商户向我们反映了景区村民有较为严重的饮水问题，大部分村民家中没有连通自来水，因此饮用的是经过过滤的泉水以及河中的水，这些水源存在部分水质不达标的问题，如果遇到大雨天气，河水会涌现出大量泥沙，无法饮用，对当地的旅游业也会有一定程度上的影响。

尽管旅游业的开发极大地带动了当地的经济增长，但由于近年来大环境影响，当下经济受到极大冲击，旅游业尤为明显，加之青木川当地产业形态较为单一，因此在面临突发灾害时，经济抗风险能力较差。综合上述几点可以看出，当地经济多元化发展同样是不可或缺的一环。

（二）阳平关镇

2022年7月18日，调研团队来到阳平关镇，以采访的形式深入了解当地居民就业情况以及种植业的发展现状。

调研队伍于上午 10：00 左右到达阳平关镇政府，在政府相关人员的带领，与阳平关镇人力资源管理处的管理人员进行简短的访谈，我们了解到由于阳平关附近建设有一些工业园区，例如电子厂及工业厂房，当地镇政府为促进就业、发展当地经济，会对居民进行基础的培训，以使民众可以在工业园区从事简单的流水线工作，以此来提高当地民众收入；同时，为了增强女性居民就业能力，镇政府开设了有关护理技术的培训，针对文化程度不高但家庭经济较弱的妇女进行相关培训，通过专项技能的基础培训，拓宽就业渠道，改善居民经济状况。同时阳平关镇政府会根据每年农村的发展方向进行战略规划。在就业方面政府会带动农民进行产业发展就业，为防返贫，政府也会对有返贫风险的农户进行鼓励帮扶，发展产业，在政策方面一心为农民，精准赋力乡村振兴。

在政府精准帮扶之外，阳平关也根据自身优势，发展种植业，其中阳平关天麻产业初具雏形。由于位于秦巴腹地的宁强县植被丰茂，雨量充沛，气候温润，是天麻的适生区，是有着40余年的种植历史和大批掌握天麻生产技术的土专家。宁强天麻因其品质好而享誉全国，是宁强生物资源的靓丽名片。1970年徐锦堂、冉砚珠教授带领自己的科研团队和宁强工作人员潜心研究，1972年研制成功野生天麻变家栽技术，并取得了3项重大科研成果，1978年野生天麻变家栽技术获得全国科技大会奖，"天麻有性繁殖——树叶菌床法研究"获得陕西省1979年度科技成果一等奖，1980年获得国家发明二等奖。1976年5月成立了宁强县天麻研究所，致力于在全国推广天麻生产科技成果，为全国天麻产业的发展做出了重大贡献。而宁强县下辖阳平关镇也通过天麻的种植生产进一步带动当地经济。

2022年3月16日宁强县阳平关镇通过全流程、保姆式服务，全力保障天麻小镇项目建设一路绿灯，天麻小镇第一期两菌研发中心已建成厂房10栋、养菌车间140间，厂区内外道路平整、办公用房和生活用房已建成，调试生产设备，投入生产。天麻育种养殖场位于阳平关镇政府西北5千米清河村三组，清河村采用"支部+集体经济+企业+党员+脱贫户"管理模式。我们由当地养殖村民带领，了解到近两年阳平关镇的天麻养殖收入很可观，近年来，宁强县扶持农民发展天麻产业，成立多家天麻种植专业合作社，种植面积达2.5万亩，惠及9800余户3.3万余人，年产值达3亿多元。实现了"造血式"的增长，极大地拉动了农村产业发展。

同时宁强县阳平关镇积极围绕农业转型升级，牢固树立党建引领产业发展思维，采取"村党支部+合作社+基地+农户"的发展模式，大力发展羊肚菌等市场前景好、经济效益高的食用菌产业，助力乡村振兴，助推农民增收致富。

（三）宁强县循环经济产业园区

2022年7月20日，在指导老师的带领下，队员们来到宁强县循环经济产业园区，在园区工作人员的介绍下，在园区内进行参观学习。

宁强县循环经济产业园区坐落于宁强县高寨子镇，距京昆高速1千米，距京昆高速韩家坝入口3千米、距县城5千米，与阳安铁路和宝成铁路距离较近，交通便利。园区一期控规内的水、电、路、绿化、治污、场地平整等"七通一平"基础设施建设已完成，投资环境优越，开发前景广阔。该县不断加强党对经济工作的领导，全县经济呈现逐月回升、稳中向好的态势，主要经济指标完成较好，预计全县生产总值完成105亿元、增长3.4%。工业经济稳步增长，全县57户规上工业企业总产值100.9亿元、增长6.9%，循环经济产业园区体制改革顺利推进，标准化厂房二期工程主体完工，41户企业投产33户、实现产值67.1亿元。现代农业提质增效，"3+2"产业体系不断完善，"五园"建设步伐加快，举办第三届全国天麻贸易洽谈会，宁强入选国家"互联网+"农产品出村进城工程试点，羌良核桃合作社入选全国500强名单。

宁强属暖温带山地湿润季风气候，雨量充沛，山清水秀，生态良好，茶叶、木耳、天麻、香菇、生漆、杜仲、核桃等林特产品享誉南北。宁强县现有耕地面积44万亩，粮食总产量为10.3万吨，出栏生猪32.3万头，茶叶产量突破400吨，草本中药材种植面积达5.8万亩。

队员们到达园区后，工作人员向我们介绍了园区概况：

宁强县循环经济产业园区成立于2008年12月，总体规划面积5平方千米，现已建成1.5平方千米。产业定位主要依托我县和周边地区的优势资源，重点发展农副产品加工、食品饮料、生物制药；承接东部产业转移，发展电子、机械加工等产业。禁止在园区兴办对环保产生影响的企业，从源头上保证清洁生产。现已形成生猪、茶叶、核桃、食用菌、中药材五大循环经济产业链。

为了帮企业降低运营成本，园区根据企业税收情况，量身制定房租优惠政策。同时，还创新企业融资方式，设立担保贷款及过桥贷基金，累计开展业务50笔，为企业争取1.37亿元贷款支持，多渠道、全方位破解企业资金难问题。优良的营商环境是吸引产业和项目的软实力。宁强县出台《优化提升营商环境十大行动实施方案》，并成立县政务服务中心园区分中心。园区推行政务服务自助网办、急事约办、特事特办、不见面办理等模式和容缺办理、告知承诺等制度，企业项目手续实现一站式办理，进一步深化放管服改革，有效激发市场主体活力。

为了提升园区管理服务水平，县委、县政府成立了决策机构宁强县循环经济产业园区建设领导小组，议事协调机构宁强县循环经济产业园区管理委员会，日常管理服务机构宁强县循环经济产业园区管理办公室，市场运营机构宁强县循环经济产业园区开发有限责任公司，对企业实行保姆式服务。

在管理人员带领下，队员们参观了园区内的电子厂与生产的变压器，园区内有49户不同类型的企业，为宁强县及周边地区居民就业提供更多岗位。

之后，队员们前往园区的宁强县新宁酒厂，了解到该酒厂为传播弘扬汉羌文化，继承羌族祖先的古法酿造技术和固态发酵蒸馏工艺，酿酒原料直接与农户相对接，取汉江源头清泉水，酿造出"泛珠泉牌"羌韵酒。

最后，由于园区采取"校（院）企联合"模式，在依托江苏产业技术研究院、上海市农业科学院国家食用菌技术研发中心、北京中医药大学、西北农林科技大学等专家技术团队以及国防科工局的支持下，引进先进的太空育种、辐照育种、组培育种以及水培、无土栽培、智能温室等现代化农业生产技术和设施设备，为山区农业发展插上科技的翅膀。因此我们有幸由西北农林科技大学教授带领，到五丁生物研发中心了解如何从中药成分中通过发酵提取酵素。该项目是西北农林科技大学与大连科技大学的合作项目，体现出园区科技含量较高。

宁强县循环经济产业园区以高新区升创作为全新起点，坚持以深化体制机制改革、营造良好创新创业生态为抓手，强化以企业为主体的政产学研协同创新，着力提升自主创新能力和产业发展现代化水平，极大地带动了当地的经济发展，真正做到了科学技术是第一生产力，是乡村振兴产业极为成功的典范。

三、调研数据处理与分析

通过对青木川的居民进行问卷调查，我们可以得到一些基本数据，设A为良好，B 为一般，C 为较差。问卷调查处理结果如表 13-1 所示。

表 13-1 问卷调查结果

人数/评级	A	B	C
收入水平	10	40	10
幸福指数	15	35	0
政府带动作用	5	45	0
基础设施建设	5	25	20

资料来源：调研团队问卷调研数据。

由表 13-1 我们可以看出，在政府开展乡村振兴，大力发展旅游业后，当地居民幸福指数较为不错，同时，大部分居民认为当地的经济发展离不开政府相关政策的支持，由此可以反映出政府在乡村振兴中的重要作用。

另外，还可以看出大部分居民认为当地的基础设施建设存在较大的改善空间，对于青木川而言，居民最为关心的就是用水问题，当地的日常用水取自泉水或河水，水质受天气影响较大，如果遇上阴雨天气，河中会翻涌出大量泥沙，导致无法正常用水。

四、调研发现的问题与对策建议

问题一，青木川古镇基础设施比较薄弱，青木川是宁强县最西北边的城镇，属于秦巴山系的汇聚区，山路崎岖不平。青木川镇只有一条三级公路，地势险峻，路面狭窄，如果遇到恶劣天气，出行极大程度上受阻。每逢春节、端午、国庆等节假日，大量自驾游客涌入青木川，会导致交通拥堵，加之当地停车位置较少，使游客出行更为不便。

问题二，古镇文化内涵挖掘不足。青木川作为文化古镇发展旅游业，需要充分挖掘古镇文化的内涵，并能向游客深入的传递文化底蕴。但是古镇居民大多是年龄较大，文化水平较低的村民，在向游客传递古镇文化方面有很大的障碍。

问题三，在青木川古镇建设中，为了保护古镇老街的建筑物完整，使得大量居民迁出老街建筑或者限制居民的活动范围，以此来实现古镇的木质建筑物不受破坏。又为了古镇的经济发展，大范围的招商引资，将居住房屋改造成商铺。为保护建筑物完整，将居民迁出，古镇老街过度商业化，失去了古镇原本的底蕴。

问题四，县城和乡镇人口老龄化，当下留守在村中的基本是老龄人口，而年轻人外出务工，当地青壮年劳动力大量缺失。一个地区的发展，离不开新鲜血液，靠老龄发展经济必然无法长久，因此乡镇的生存环境及就业环境需要进行相应改善。

问题五，宁强县环境优美，但是对环境的保护力度略欠缺，嘉陵江流经宁强县，其也有许多支流，日常水质较为良好。但是存在部分养殖场、工厂违规排放污水到江河之中，污染环境，以及村民不注重环保问题，随手乱丢垃圾和倒污水等，影响了当地的环境。

问题六，循环产业园区尽管为宁强县带来了相当可观的经济收入，但是依然存在一些问题，通过我们调研小组观察发现，当地电子厂侧重于低端电子元件的加工，缺少核心技术，当地制造业同样偏重于低端产品的加工，缺少核心竞争力。

针对上述问题，提出以下几点建议：

针对问题一，着力于打造青木川镇的基础设施，诸如解决居民的饮水问题，在青木川适当修筑停车位，缓解游客高峰期无处停车的局面，通过当地政府的号召作用，将周边乡镇联合起来，对道路交通进行维修。

针对问题二，可以通过建立相关服务业基础培训，向居民讲述当地文化与传统，提升住户对当地文化的了解程度，进一步向游客传递青木川独特的文化魅力。

针对问题三，当地镇政府可以出台相关政策，在不破坏古镇的前提下，最大限度通过旅游业发展经济，定期派遣相关人员对古镇进行修缮与维护。

针对问题四，政府应出台相应政策，以此为百姓的生活带来全方位的改变，居住问题、交通问题、消息闭塞问题、环境问题都应得到妥善解决。与此同时对土地资源进行充分利用，让农村建设更加规范和合理，激发更多活力。要吸引青年人回乡发展，需要有优势的项目，通过项目建设带动当地经济收入。因此要加快现代农业发展，积极引进高质量企业，为当地的青年人提供更多的就业机会。宁强县山清水秀，环境优美，且拥有的传统的古村落在当下社会炙手可热，以此为出发点，通过当地政府招商引资，吸引青年人回乡发展，进一步发挥第三产业的独特优势。

针对问题五，政府应坚持把生态环境保护工作放在首位，着力解决群众反映强烈的生态环境问题,将做好环境生态保护督察反馈问题整改作为重大任务,全力推进问题整改。加强基础设施建设,摆放垃圾桶、定期运送垃圾到垃圾处理厂,建设垃圾处理厂的资源循环利用工艺。同时,宁强县环境优美,是宜居的县城,可以考虑发展养老产业。

针对问题六,当下,科技是经济增长的发动机,是提高综合国力的主要驱动力,因此促进科技成果转化、加速科技成果产业化,对产业园区发展具有举足轻重的作用,要不断提高企业是科技成果转化主体的认识,勇挑重担,使企业寓科技成果于产品开发和发展生产之中,真正成为促进科技成果转化的重要途径。可以通过高校与企业进行合作,有利于高校、科研单位与企业之间形成相互了解、彼此信任的长期联系与合作关系,有利于将技术优势不断扩展为规模经济优势,从而获得技术成果与高收益回报。

五、结论

调研团队在对宁强县及周边县城发展以及相关项目更深入了解的同时,也深切体会到了乡村振兴的必要性,因此身为新青年的我们,应积极参与乡村振兴工作,青春因磨砺而出彩,青年只有经历风吹雨淋,摸爬滚打,才能真正领悟奋斗的真谛,才能锻造出艰苦奋斗、百折不挠的坚韧品格,才能做到在困难面前不倒下,在考验面前不退缩,在关键时刻不畏惧,勇于到条件艰苦的基层、国家建设的一线、项目攻关的前沿,经受锻炼,增长才干。

作　　者　西北大学经济管理学院本科生　李心慧　周珂莹
指导教师　李宗欣

产业发展篇

14 关于旬阳市特色农产品品牌建设的调研报告

我国是一个农业大国,农业发展为经济社会和地区发展提供动力。党的十九大提出要实施乡村振兴战略,在落后的地区,农业产业也成为当地依靠自身资源发展经济的有力保障,成为农村、农业扶贫以及产业振兴的重要抓手。近些年来,传统农业产业正在转型升级,农业品牌这一手段被认为具有增强农产品市场竞争力、推进农业现代化和产业化、提升规模效益、降低市场风险和顾客购买风险的作用,所以农产品的品牌化建设也被认为是推动传统农业向现代农业转化的重要手段。2022年中央一号文件也提到了要做好"三农"工作,开展农业品种培优、品质提升、品牌打造和标准化生产提升行动,由此可见农产品品牌化建设的重要性。政府部门也响应号召大力推动农产品品牌化建设,从多途径构建农产品品牌,但是农产品品牌化建设目前还存在一些问题,如品牌建设基础薄弱、附加价值低、统筹规划不够、经营主体能力差等,这些问题都有待解决。旬阳市作为陕南的一个小县城,在特色产业的品牌建设中也存在着上述问题,所以针对旬阳市进行调研,以期通过调研分析来为当地解决现存问题提供有益的对策与建议。

本次调研主要采用现场访谈法,对旬阳市部分政府机构和企业的工作人员进行访谈,整理访谈内容以及二手资料,来获得此次调研的数据。此次访谈涉及段家河镇、吕河镇、白柳镇、蜀河镇四个村镇,以及两家企业。通过充分调研,我们分析了旬阳市品牌建设的现状,从中总结出现存问题并提出建议。

一、旬阳市特色农产品品牌建设的现状

旬阳市地处陕西省东南部、秦巴山区东段,汉江横贯其中,地形以中山为主,兼有低山、丘陵、河谷地形,四季分明,水资源优势明显,水量足、水质好,有

适合农业发展的条件。旬阳市内农作物29类385个品种,中药材496种,是国际型优质烤烟基地、全国著名优质蚕茧之乡。旬阳市主要盛产小麦、玉米、水稻、豆类、黄姜、烟草、狮头柑、拐枣、荷包杏、中药材等,已经逐步形成以粮油为基础,以烤烟、畜牧、蚕桑为主导,以林果、魔芋、蔬菜为补充的县域农业产业发展格局。其中,烤烟在乡村振兴中始终发挥着产业领头作用,2021年烟农户均种植烤烟收入达7.37万元,旬阳市烤烟产业近几年平均产值也达到1.5亿元左右。牧业主要以牛、生猪、山羊和家禽养殖为主,近些年来处于稳步发展的状态,而渔业受到地理条件的限制,比重最小。旬阳市的特色农产品有狮头柑、拐枣、荷包杏、吕河蜜橘、富硒竹笋等,其中旬阳狮头柑和拐枣已经被认证为国家农产品地理标志产品,有一定的其知名度。近年来,在党和政府的带领下,旬阳市大力发展烤烟、蚕桑、畜牧、中药材、林果等传统产业,同时也培育壮大拐枣、油用牡丹等新兴产业。旬阳市转变传统理念,提升农产品的质量,发展特色优质农产品,推动拐枣、狮头柑、竹笋、黄花菜、辣椒等特色农产品品牌建设。目前注册特色农产品品牌5个,国家地理标志农产品2个,分别是旬阳狮头柑和旬阳拐枣,狮头柑和拐枣同时也是旬阳市特色农产品中最为有名的。当地特色品牌建设的现状主要表现在以下几个方面:

一是以农产品区域建设公用品牌为主,企业品牌为辅。农产品区域公用品牌是指特定区域内相关机构、企业和农户等所共有的,在生产地域范围、品种品质管理、品牌使用许可、品牌行销与传播等方面具有共同诉求与行动,以联合提高区域内外消费者的评价,使区域产品与区域形象共同发展的农业品牌,它最大的属性就是公用性与区域性,所以以政府建设为主。政府为此出台了很多政策支持与保障制度。政府依托退耕还林政策,引导拐枣种植。市政府通过退耕还林补助、免费提供拐枣树苗等措施已经累计退耕还拐枣5.92万亩,占退耕计划的75%,辐射带动全市种植拐枣36.9万亩,挂果5.95万亩,年产鲜果8万余吨,占当年全国拐枣总产量的80%左右,实现产值1.57亿元。旬阳市财政每年筹资1000万元拐枣专项扶持资金,还出台了《关于大力发展拐枣产业的意见》《关于印发拐枣产业基地奖补暂行办法》等政策。企业品牌是指归企业所有的品牌,在旬阳特色拐枣产业中,就出现了一些有名的企业品牌,如"汉澜拐枣汁""康硒拐枣醋"等,但是相较于区域公用品牌来说,企业对于品牌建设还不够重视,品牌建设停留在扩大知名度层面,企业的经营理念也比较传统,营销理念多处于交易营销阶段。

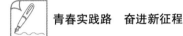

二是加强对线上和线下渠道的构建，扩大特色农产品的销售。在企业方面，主流电商平台和企业自建平台并行。线上三大电商平台的销售一部分源于特产馆或者助农馆，一部分源自加工企业自建店铺，剩下的则为其他企业或者合作社经营的店铺。除了三大主流电商平台之外，部分企业建立了自己的线上平台。目前已知，旬阳市金茂生态农业有限公司建立了拐枣王酒线上销售平台，通过线上销售平台售卖产品，同时传播企业文化以及酿酒工艺。线下销售直销与分销结合。拐枣制成品的线下直销以专卖店为主，金茂生态农业有限公司在旬阳市建立了拐枣王酒专卖店。特产店、超市也是重要的渠道，拐枣醋、拐枣茶和拐枣饮品在22个省的特产店和大型商超中销售。同时还与其他企业签订销售合同进行分销，拓宽省外与海外市场。政府也采取了一些措施拓宽特农产品的销路。2022年，旬阳市政府启动线上年货节，利用线上店铺，以直播、短视频等形式推广销售地方名优土特产；利用年货节销售平台，包括拐枣在内的多种名优特产被运送至全国各地；组织动员扶贫产品供应商入驻中国社会扶贫网、中核扶贫馆、扶贫832平台，积极对接大型电商平台；组织开展平台带货销售活动，交易额100余万元。

三是多方位、多途径进行品牌宣传，打造特色品牌。在旬阳拐枣的品牌宣传上，一方面，旬阳市政府积极组织企业参与参加西博会、旅博会、杨凌农高会、文博会等节会，在北京、上海、杭州、成都、东莞、深圳等城市举办旬阳名优产品展销推介宣传活动，提高旬阳拐枣的知名度。另一方面，旬阳市政府也通过其他媒体传播旬阳拐枣。尤其是利用电视节目以及新媒体宣传旬阳特色品牌，旬阳市特色农产品已经多次登上央视舞台，在全国观众面前进行宣传推介，大大提升了其知名度。旬阳市还拍摄了相关宣传片，利用融媒体中心、公众号等自媒体平台进行宣传。通过线上线下双线发力，扩大旬阳特产的知名度和影响力。而企业在品牌宣传方面就较为弱势。旬阳市近些年来把特色农产品与非遗保护、旅游相结合，设立文化馆微信公众号，建立数字服务平台非遗资料库，利用数字平台对拐枣酒酿造技艺等八个省级以上非遗保护项目和五个非遗扶贫就业工坊进行宣传。对非遗保护进行宣传使拐枣酿酒工艺得到了更多传播，也提升了旬阳拐枣的知名度。在与旅游结合方面，旬阳市很多旅游景点周围都会有特产馆，还会开展各种活动进行展销。如段家河镇近年来积极发展樱桃观光旅游业，政府通过每年组织开展樱桃采摘季系列活动吸引客商前来，再在活动现场进行拐枣醋、拐枣茶等特色产品的展销。

二、旬阳市特色农产品品牌建设的现存问题

一是没有进行品牌定位的理念。定位是从市场传播效率的角度被提出来的,为了提升传播的效率,必须进行系统化的品牌定位,以此来提升品牌资产。品牌定位需要让消费者心中形成独特的差异化的品牌联想,然而对于旬阳市的特色农产品品牌来说,并没有达到这一要求。例如旬阳狮头柑,经营者要清楚地了解到营销活动想要传达给顾客的品牌形象是什么,消费者会形成怎样的品牌联想,如何抓住消费者的心智,但是目前很显然经营者并没有考虑到这一点,顾客也不能够清晰地说出旬阳狮头柑这一品牌在自己内心的形象。缺乏清晰的品牌定位,就有可能导致品牌竞争力下降,因为农产品的内部差异性其实相对来说较小,尤其是初级农副产品,更容易引起消费者回忆和联想的品牌一般会成为优先选择。

二是区域内的经营者没有联合进行品牌定位设计。由于是区域公共品牌,旬阳市内的所有经营者都可以使用该品牌,任何一个经营者的行为都会影响整体的品牌形象。由于缺乏清晰的品牌定位,各个经营者对于同一品牌的同一产品的传播内容、产品包装、产品质量可能存在差异甚至矛盾,影响整个区域内品牌的统一协调发展。

三是农产品品牌质量不稳定,缺乏辨识度。旬阳市当前的农产品品牌为区域公用品牌,不同经营主体生产出的产品质量可能有所差异。在农业生产技术方面,旬阳市的农业生产方式较为落后,缺乏先进的生产管理设施与质量管理体系,属于靠天吃饭,所以农产品受气候的影响很大,这就很难保证和管理农产品的质量。况且由于农产品自身的属性难以进行标准化,对于农产品来说,其内部差异化程度较小,仅仅依靠品质并不能将农产品进行区分,而旬阳市目前的农产品品牌多为区域产品品牌,品牌名称为地域+农产品名称,从其品牌名称、品牌口号等方面很难看出农产品的内在质量信息。同时这些区域品牌由于没有进行有效的宣传,辨识度也比较低,会对消费者的购买活动有一定影响。

四是产品品牌的营销方式单一。旬阳市对于农产品品牌的营销活动主要分为线下和线上,线上通过公众号、政府官网、短视频平台宣传,线下主要是举办各种节日、参加节会这些方式。但是营销活动形式单一且传统,不符合现代消费者

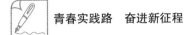

追求乐趣的需求,而短视频平台的营销活动内容不够吸引消费者,所以很少能够获取流量,不足以让旬阳市的特色农产品出圈。

三、旬阳市特色农产品品牌建设的建议

(一)建立健全农产品生产管理机制

对于任何产品来说,产品品质都是其立身之本,缺乏对其自身品质的管控,最终只会被市场抛弃。建立健全农产品生产管理机制,提高农产品的标准化,有助于保障农产品的质量,从而提升农产品品牌的竞争力。对于一些特殊的农产品来说,可能很难建立这一体系,但是却可以逐步对其产品质量进行可行的测量,建立一套完善的产品质量标注,依靠当地的自然条件,改良品种。

(二)明确农产品品牌定位

对于产品来说,明确的品牌定位能够指引营销活动的开展,然而目前旬阳市的特色农产品并没有进行明确的品牌定位。市政府可以组织开展问卷调查,了解这些特色农产品在顾客心中的形象,从而依据市场需求对农产品进行品牌定位,确立了品牌定位后,营销活动就围绕着该定位进行展开,从而展示一整套完整的品牌形象。

(三)将产品品牌建设与区域文化相结合

区域特色农产品与其当地所特有的文化息息相关,将其特有的文化内涵在产品中展示能够突出与其他产品的差异性,通过文化联想提升顾客的购买欲望。有学者提出区域农产品品牌建设有四种模式:特优资源建设模式、现代科技建设模式、历史文化建设模式、农业旅游建设模式。旬阳市最突出的特点就是主城区布局呈"太极八卦图"式样,适宜采用历史文化建设模式,所以在产品品牌标识上添加太极的元素有利于增加顾客的记忆点;在产品包装方面,除了采用太极元素之外,还可以讲述产品背后的文化,如农产品是狮头柑时,不仅可以画出狮头柑的样子,还可以进行漫画创作,讲述古人发现、种植、采摘狮头柑的插画,或者对旬阳市的历史文化、旅游景区等进行介绍;在营销传播方面,可以为农产品塑造拟人化形象,让消费者更能感受到产品的内涵以及趣味。

（四）完善特色农产品销售渠道

伴随着互联网的快速发展，各种网络销售渠道已经在逐步打通，农产品加工后便可以通过线上渠道销售。旬阳市也大力推动电子商务的发展，培养电商人才，搭建线上销售渠道，在村镇建设电商服务中心。但是受到地理条件的限制，离城区较远的地区开展电商活动便受到了阻碍，所以同时也应该完善基础设施。在特色农产品的销售上，线上通过微店、电商直播等方式，线下可以将特色农产品放在农产品扶贫馆、特色农产品馆等地方，通过线上+线下的方式，全面打通销售渠道。

作　　者　西北大学经济管理学院本科生　张　雪　余水粮　王心怡　马振楠
　　　　　　西北大学数学学院本科生　许恒源
指导老师　谭　乐

15 关于铜川市耀州区文旅产业发展路径的调研报告

随着精准扶贫工作的完成，全面小康社会的建成以及乡村振兴战略的提出与进一步发展，铜川市文化扶贫与旅游扶贫事业有了充分的发展，当地的经济水平得到了显著的提高，但是，在铜川市快速发展的同时，耀州区的旅游产业扶贫与文化扶贫也面临着一些问题。由于耀州区内的文物与古建筑较多，在旅游景区开发时存在景区运营公司无法合理开发与保护古建筑，只能进行基础设施建设，导致核心竞争力不足。旅游产业与文创产业扶贫本身需要的周期较长，前期投入与开发成本较高，成本回收慢，产业发展仍有较大进步空间。为调查当地文旅产业发展现状以及可能存在的问题与困难，西北大学经济管理学院组织调研小组前往铜川市耀州区进行社会实践调研。

本次实践活动中，团队分别调研了药王山、陈炉古镇、耀州窑博物馆等地，本次实践的总体目标是了解铜川耀州区旅游扶贫与文化扶贫发展现状，研究调查当地的文旅扶贫效果并进行志愿服务，找出当地发展之中存在的困难与问题并提出对策与建议，为铜川地区扶贫事业做出贡献。首先，团队进入了铜川市药王山景区，参观了药王山与西北大学生物系联合打造的药用植物标本展，着重对铜川市这一文化旅游名片的发展现状、未来方向等进行研究与访谈，在负责人员的介绍下深入了解铜川文旅融合发展新模式以及未来发展前景，同时也了解了当地如何依托药王养生文化打造药王文化广场、孙思邈纪念馆等设施，以及当地推出的药王养生酒、药王养生枕等养生系列产品，通过采访景区负责人了解了当地发展与扶贫工作的计划与突破口，为当地的产业发展提出了建议。其次，我们前往了陈炉古镇，通过走访耀州窑陈炉陶瓷厂、李家瓷坊、王家瓷坊等当地手艺人作坊，并从当地管委会、匠人和居民的采访中深入了解陈炉古镇，了解了当地传统手艺的传承，并实践烧制了瓷器。近十年，古镇推陈出新，顺应时代潮流，发展新模式、新趋向,打造古镇旅游新面貌,调研团队通过实地考察了解到,古镇通过发展旅游业,完成了焕新,通过打造特色民宿、陶瓷体验中心、手工陶瓷作坊、农家乐等一系列场所,加强历史文化宣传、新媒体联动,为古镇的名片赋能。之后,团队前往了耀州窑博物馆、铜川市博物馆,了解铜川市的经济发展脉络与转型模式,深入了解当地的耀瓷文化与耀州窑的发展历史,调研团队了解了耀州窑"十里窑厂"从唐宋到民国的发展历程,学习了不同种类瓷器的制作工艺技术与流程,也进一步了解了当代耀州地区瓷器工艺流程与耀瓷文化的结合情况,更好地研究了现代工业化发展中耀州窑的生产模式。同时,团队参观了耀瓷文化产业园,调研团队在园区内了解到目前人工制瓷已经形成数条完整的流水线,通过实地探访近距离感受手工制瓷的工序,被制瓷艺人精湛的技艺所折服,手艺人各司其职,从拉坯、修坯、晾晒再到上釉、装饰、绘画等创作过程,平凡的泥土在匠人精心雕刻和烈火锻炼中逐渐升华,成为一件件精美艺术品。调研结束后,团队成员还参观了两处黄堡镇耀州窑遗址,也在参观中对古代匠人精湛技术和不懈毅力有了更深刻的认识。最后,团队前往了革命圣地照金,学习了当地的红色文化,深入了解了照金精神并学习了习近平总书记的讲话,在纪念馆内缅怀先烈,调研了红色旅游产业是如何快速发展助力扶贫,同时弘扬民族精神,推动红色文化薪火相传。

一、铜川市耀州区简介及文旅行业发展现状

耀州区,隶属陕西省铜川市,地处陕西中部渭北高原南缘,铜川市境西南,北接旬邑县,南连三原县,东北与铜川市王益区、印台区毗连,东南与富平县为邻,西南与淳化县接壤。介于东经 108°34′—109°06′,北纬 34°48′—35°19′之间,总面积 1617 平方千米,古称耀县,是关中通向陕北的天然门户,素有"北山锁钥""关辅襟喉"之美誉。耀州历史悠久,文化底蕴深厚。耀州区境内文物古迹遗存众多,著名的有药王山、大香山寺、陕甘边照金革命根据地等。20 世纪 30 年代初,刘志丹、谢子长、习仲勋等老一辈无产阶级革命家在这里创建了西北第一个山区革命根据地——陕甘边照金革命根据地。截至 2021 年年末,耀州区户籍人口 22.5676 万人。2021 年,耀州区实现生产总值 129.13 亿元,其中,第一产业实现增加值 15.62 亿元,第二产业实现增加值 58.32 亿元,第三产业实现增加值 55.19 亿元,人均地区生产总值 71027 元。

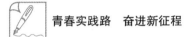
青春实践路　奋进新征程

铜川是唐代医药学家孙思邈、唐代书法家柳公权、北宋山水画家范宽的故里，在文旅行业发展方面，历史馈赠了丰富而独具特色的旅游资源。耀州区依托当地药王山、耀州瓷等旅游资源，提出一系列政策助力旅游业发展，如推出养生铜川，个性化定制康养服务、行走陶瓷古镇，感受惬意慢生活，打造铜川市的养生文化游、耀瓷文化研学游、红色精神游等项目，取得显著成果。铜川市现有A级旅游景区19家，其中，4A级旅游景区6家，3A级旅游景区7家，2A级旅游景区6家，省级旅游风景名胜区3个。药王山承载着灿烂的中医药文化，游药王仙山，品美味药膳，探寻药王长寿之道；照金记载着刘志丹、谢子长、习仲勋等老一辈革命家创建西北第一个山区革命根据地的历史；耀州窑始于唐兴于宋，历经1400余年炉火不熄，陈炉古镇被誉为"东方古陶瓷生产的活化石"。近几年，铜川以创建国家公共文化服务体系示范区为抓手，聚焦建成具有鲜明特色的西部现代公共文化服务体系示范城市的总目标，健全完善市、县、乡、村四级公共文化服务设施网络，建成红色文化、养生文化等11个地方特色数字资源库。推出了《照金》《风吹唢呐枪声响》《炉火千年》《红军小学》等多部原创剧目和电影《塬上》《我在耀瓷小镇等你》《乡村圆舞曲》等一批优秀文艺精品，持续打造"唱响铜川""舞动铜川""书香铜川""诗画铜川"群众文化活动品牌。据统计，耀州区旅游产业发展情况较为良好，在2021年，耀州区接待游客364.8万人次，比上年增长15.4%，实现旅游综合收入20.37亿元，比上年增长11.13%，年末共有4A级景点3个。同时，当地旅游扶贫发展同样成果显著，在精准扶贫的大背景下，耀州区抓住"产业发展、技术帮扶、主体带动"三个关键，因地制宜培育特色产业，因户施策落实帮扶措施，做到产业发展到村、措施精准到户、技术培训到人。通过打造特色小镇，创办文化产业园等措施助力当地扶贫产业发展，2016年1812户6102人脱贫，8个贫困村退出；2017年，1171户4033人脱贫，10个贫困村退出；2018年1786户6273人脱贫，23个贫困村退出；2019年1449户4141人实现脱贫，17个村退出，耀州区实现整体脱贫摘帽，同时，铜川市旅游发展还存在智慧景区建设滞后，旅游新业态发展滞后、旅游公共服务设施不健全等问题。

西北大学经济管理学院陕西省铜川市暑期调研实践团队为更好地了解铜川市经济发展现状，探查铜川市旅游文化资源，深入了解旅游文化结合发展状况与其对经济的带动作用，以及当地通过旅游业与文化产业扶贫的成果，通过前期对铜川市经济发展、文化产业、旅游业的初步了解，来到陕西省铜川市铜川博物馆、耀州窑博物馆、药王山、陕甘边照金革命根据地旧址、铜川市政府等地进行实地考察与采访调研。

本文主要通过探究铜川市围绕陶窑文化、药王文化、红色文化和佛教文化等资源，尝试打造"耀瓷体验游""生态康养游""党史传承游"等精品线路，提升铜川的旅游文化品牌影响力，打造耀州瓷、药王中药材等文创产品，推动旅游与文化融合发展的成果以及对于铜川市扶贫发展与助力乡村振兴战略的深远意义。

二、铜川市文旅行业发展存在的问题

根据团队多日的走访调研以及对于铜川市旅游行业数据的统计发现，铜川市文旅行业在发展过程中存在的问题主要集中在以下几方面：

（一）行业发展与文物保护存在冲突

铜川市历来是一座历史文化名城，文化旅游产业发展主要着眼于人文景观与古文物，景区内许多建筑与展品存在较大的历史价值，国家文物保护局在许多景区都设立了文保机构，要求景区在进行开发时必须要以不破坏古文物、古建筑为前提，如铜川市内最著名的景点药王山内便设有文保单位，景区运营公司无法建设与维护古建筑，只能进行基础设施建设，核心竞争力不足。旅游产业与文创产业扶贫本身需要的周期较长，前期投入与开发成本较高，成本回收周期长，药王山景区文化宣传仍有待进一步融合发展。

（二）景区类型单一，受众群体较少

总的来看，铜川市内的景区类型较为单一，大多为结合铜川当地历史文化的人文景区，一定程度上导致了景区受众群体的单一，据团队调查走访发现，专程前往铜川市的游客主要是对于古建筑、古文物、中医药、党史文化等人文社科感兴趣的中年游客群体，而对于更广大的以观赏自然风景、休闲度假、假期娱乐的主流游客群体而言，铜川市内的景区吸引力较差，导致前往铜川市旅游的人数始终有限，文旅产业发展的增量与后劲严重不足。

（三）景区宣传不足，整体知名度不高

铜川市旅游资源发达，有许多值得开发与宣传的地方，铜川市的旅游业以及相关的文创产业的健康发展，可以有效带动就业、解决贫困问题。但同时，文旅行业自身知名度过低，铜川市本土以外的人对于铜川当地的旅游了解不足，与旅游业相关的文创产业存在销路不佳、供过于求的发展瓶颈，知名度远远不够，东西虽好却难以卖出，导致文创产业也发展缓慢。

（四）旅游配套设施建设不足，相关产业发展过慢

虽然铜川市的旅游资源很丰富，且景区内基础设施较为完善，但由于当地许多知名景区之间距离较远，步行难以到达，市内的出租车与共享交通工具较少，无法满足相应的出行需求，且铜川市内多山路，交通本身较为不便，对于非自驾游客之外的其他游客而言旅游体验存在提升空间，同时，在实际调研中团队发现，景区附近的餐饮、住宿等方面明显存在缺口，难以满足游客需求。

三、铜川市文旅行业发展优化及建议

（一）明确景区定位，优化景区建设

铜川市历史悠久，旅游资源丰富，有很大的发展空间，但多为历史文化遗迹，需要保护的遗迹较多，开发存在一定的困难，景区受众群体较窄。因此，在文旅产业的发展中，首先应对历史文化进行挖掘，深挖其文化内核，降低核心用户群体的流失，同时也应当在不破坏文物与古建筑的情况下适当增加旅游体验与趣味性，加强旅游景区的娱乐设施开发，推进景区内部建设，打造网红景区、智慧景区，大力打造景前区，将能开发的部分做到最好，从而扩大受众群体，吸引非核心向游客，同时寓教于乐，让铜川新的形象在游客之间口口相传，推动当地文旅产业发展，形成良好的旅游口碑。

（二）加大景区宣传，创造旅游爆点

铜川市旅游业发展的一个巨大的症结便是景区知名度不足，因此铜川市需要加强旅游行业本身的宣传力度，团队认为，铜川市在宣传方面可以一定程度上选

择去借鉴西安、长沙等城市的做法，利用新兴的互联网流媒体平台进行宣传，打造几个既可以展现铜川市文化旅游特点，又可以有效吸引游客眼球的宣传语，同时利用流媒体平台找到本市不同于其他地区的独特定位与优势，吸引游客前来。

（三）打造知名IP，推动文创发展

铜川市的耀州窑瓷器与药王山的中医药产业发展迅速，可以有效带动就业，解决贫困问题。但同时，相关产业存在销路不佳、供过于求的发展瓶颈，知名度远远不够，为扩大当地的产业需求，提振经济发展，相关行业的从业人员应积极运用社交媒体，通过短视频记录生活、直播带货等方式进行宣传，打造当地知名品牌，提升相关产品销量，同时可以以官媒的公信力为品牌背书，推出相关产业的形象大使，创造属于铜川市的吉祥物，利用互联网与流媒体平台强大的传播能力，让"铜川耀瓷""药王故里"走出铜川，走向全国乃至全世界，从而有效扩大当地产品的销路，推动产业进一步完善，从而提振当地经济。

（四）加强交通建设，增强旅游体验

虽然铜川市的旅游资源很丰富，且景区基本设施较为完善，但由于当地许多知名景区之间距离较远，步行难以到达，市内的出租车与共享单车较少，无法满足旅行的出行需求，且铜川市内多山路，交通本身较为不便，对于非自驾游游客之外的其他游客而言旅游体验存在提升空间。因此，为切实解决这一问题，铜川市可以开发各景区之间的旅游专线大巴，打造定制旅行线路，让铜川市旅行从孤立的景点成为一个有机整体，从点到线的惠及更多游客，从而在一定程度上提升游客的旅游出行体验，同时也可以加强市内共享单车与共享电动车的投放，提升市内出行的便捷度，让更多非自驾游的游客主动前往铜川，推动旅游业发展。

（五）推动配套产业发展

铜川市内部的景区开发较为完善，但与之相关的配套设施仍有不足，在探访调研中团队成员发现，景区附近的餐饮、住宿等行业明显存在缺口，难以满足游客要求，铜川市在下一步的旅游规划当中，可以适当提供资金扶助景区附近村民开农家乐、民宿、酒店、采摘园等与旅游业息息相关的配套设施，加强景区之外的配套设施与基础设施的建设，这样既可以增加外来游客的旅行体验，也可以有

青春实践路　奋进新征程

效解决当地民众就业，体现扶贫成果，有效地改善当地民众的生活状况与生活环境，推动当地经济发展与社会生活进步。

作　　者　西北大学经济管理学院本科生　李子健　蒋佳美　寇铭君　毛星宇　冯　媛
指导老师　蔡一璇

产业发展篇

16 关于新疆维吾尔自治区那拉提旅游产业发展的调研报告

长久以来"三农"问题始终是贯穿中国社会主义现代化过程中的基本问题，是党和国家领导人工作的重中之重。从 2005—2012 年所提出的新农村建设，到 2013—2015 年的建设美丽乡村，再到 2017 年党的十九大报告中提出乡村振兴战略，可以充分体现出中国"三农"战略不断发展创新。党的二十大报告强调新疆社会稳定和高质量发展，最艰巨的任务在农村。要把巩固拓展脱贫攻坚成果、推进乡村振兴作为发展的重要抓手，推动经济高质量发展和高品质生活，促进各族人民共同富裕。实施乡村振兴战略，是解决人民日益增长的美好生活需要和不平衡不充分的发展之间矛盾的必然要求，是实现"两个一百年"奋斗目标的必然要求，也是实现全体人民共同富裕的必然要求。2018 年，自治区旅游发展大会明确提出大力实施旅游兴疆战略，推动新疆由旅游资源大区向旅游经济强区转变，对新疆旅游发展做出了重大战略部署。2020 年召开的第三次中央新疆工作座谈会中提出要培育壮大新疆特色优势产业，带动当地群众增收致富。中共中央在 2021 年 8 月份提出的《新疆维吾尔自治区国民经济和社会发展第十四个五年规划和 2035 年远景目标纲要》中指出要：大力实施旅游兴疆战略，制定实施旅游兴疆规划（2021—2030 年），优化旅游产业布局，打造"新疆是个好地方"文旅融合品牌，发展新疆全域旅游，推动旅游业高质量发展。2022 年，新疆自治区人民政府出台了《关于加快旅游也高质量发展的意见》，明确提出要"以'旅游兴疆'战略为统领，以文化和生态为优势，以创新驱动为动力，推动旅游高质量发展"。新疆拥有丰富的旅游资源，大力发展旅游业是有潜力和比较优势的战略选择。同时，实施旅游兴疆战略也是贯彻落实新时代党的治疆方略、实现新疆社会稳定和长治久安总目标的必然要求，是贯彻新发展理念、推动新疆经济高质量发展的重要举措。

通过社会实践，锻炼青年学生的实践能力，提高我们大学生的综合素质，为乡村振兴与谋求发展提供好的建议。通过实地走访观察调研，考察当地旅游业发

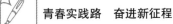

展之道的可实施性和可推广性,结合当地的政策规划,深入了解当地旅游业发展状况,总结当地旅游业推动乡村振兴的重要经验,为促进全国各地乡村振兴工作的有效快速进行提供经验借鉴,现形成以下调研报告。

一、调研对象现状

(一)那拉提经济概况

那拉提风景区位于新疆维吾尔自治区新源县那拉提镇境内,在巩乃斯河上游、天山山脉那拉提山北坡,是国家 5A 级风景区。景区草场是世界四大河谷草原之———巩乃斯草原的一部分,总规划面积 960 平方千米。其中,旅游项目建设区(也称为管理区)面积 180 平方千米,东至那巩乃斯镇,西至那拉提镇塔亚苏大桥,南至夏牧场,北至阿吾热勒山,自南向北由高山草原观光区、哈萨克民俗风情区、旅游经济开发带组成。

(二)那拉提旅游地现状

在本次实践活动中,我们深入了解了巴音布鲁克大草原、那拉提草原、花海那拉提等致力于乡村振兴的典型景区,并在那拉提镇进行了访谈等调研活动,并以此为基础,对那拉提草原旅游地现状进行以下总结。

一是得天独厚的区位优势。那拉提草原距新源县城 80 千米,相距那拉提旅游机场 58 千米,交通便利。景区以巩乃斯河为轴线,唐布拉草原、库尔德宁风景区位居南北两岸,霍尔果斯口岸、果子沟风景区、博斯腾湖、库车大峡谷形成了以那拉提为中心的辐射环抱格局。218 国道和 316 省道东西连贯景区,217 国道和 218 国道在此交会,西距首府伊宁市 256 千米,东至乌鲁木齐 465 千米,北到独山子、奎屯 195 千米,南到库车 324 千米、库尔勒 415 千米,是连接南北疆东出西进的交通枢纽。

二是以观光游和民俗文化游为主。空中草原、河谷草原和那拉提国家森林公园,这三部分是构成那拉提风景旅游区的主要部分。该景区目前推出的旅游产品主要以观光旅游为主,景区内的基础设施规模普遍较小,等级偏低。目前投入运营及在建的旅游接待设施主要有草原部落、天山牧歌、哈萨克大营、哈萨克第一村、汗血马文化园等。位于那拉提草原深处的"草原民俗文化博物馆"给游客们

产业发展篇

提供了深入了解当地历史文化的空间。走进博物馆，游客们能够更加深入地感受到那拉提悠久的乌孙古国文化和浓郁的哈萨克民族风情，独具特色的民族文化和浓厚的历史文化为那拉提的草原文化画上了浓墨重彩的一笔。

三是软件设施比较完善。近些年，当地政府不断推动"智慧旅游"建设，大力发展旅游文化，提升旅游内涵。依托地方特色和民俗文化，孵化了一大批文化产业项目。目前那拉提文化产业园建设选址、规划设计等前期工作已经启动。同时，那拉提还在政府的领导下开展了"七个一"工程，即出版一本书《那拉提印象》，出版一本画册《空中草原那拉提》，建设一座哈萨克博物馆和一座马文化产业园，征集一首那拉提主题歌曲，编导一部舞台剧《天山牧歌》，成立一个那拉提旅游音乐电台，实现文化与旅游兼容并蓄。

2005年6月，那拉提景区管委会通过国际质量体系、环境管理体系和职业安全健康管理体系认证，这标志着那拉提景区在产品质量、服务质量和职业健康安全上已经达到国际先进水平。2017年5月6日，新源县旅游发展委员会、景区管理委员会、那拉提镇政府、旅游局等相关部门对那拉提景区的相关从业者还进行了为期三天的"那拉提镇旅游业从业人员培训"。此次培训提高了旅游从业人员的综合素质，致力于为每一位游客提供良好的旅游体验感，为那拉提旅游业后期的发展积累了口碑、奠定了坚实的服务文化基础。

四是景区知名度较高。那拉提草原旅游景区是新疆十大风景区之一，是新疆"十二五"期间重点发展的五大世界级精品旅游区之一，这里拥有中国最美的云杉林，是新疆伊犁州地区重要的优质高产农牧产业区域和生态旅游区。那拉提风景名胜区是伊犁旅游的龙头景区，2004年被评为自治区级风景名胜区；2007年初，那拉提旅游区被评为"中国最佳旅游目的地"；2011年1月，那拉提被评为国家5A级旅游景区。景区在夏季一般会举办国际性的赛马比赛，冬季举办国际滑雪比赛，吸引国内外的游客，不断提高自身的知名度。新时代以来，"中国那拉提草原文化旅游节""雪之恋"等活动在景区内如期举办并取得热烈反响，推动了地区经济的发展。并在2021年，那拉提旅游风景区的各项经济指标有所增长，同时将达到每年150万人次的接待量，旅游经济收入突破4亿元。

在此次实践过程中，小组成员对那拉提当地的风景名胜以及旅游发展也有了切身体会。那拉提草原也叫空中草原，而说到那拉提，更多人想到的是那句："牧歌遍地，鲜花满山"，白雪皑皑的山峰、茂密的森林、连绵起伏的山丘、平坦的草

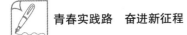

甸、蜿蜒的溪流，那拉提草高花旺，碧茵似锦，骏马像琥珀一样缀在画卷里，当万物靠近，我们能看清所有美好的细节，这种由草原、雪山、松林结合在一起的美就是那拉提草原的过人之处。小组前往实践时，又恰逢旅游旺季，游客数量众多，也切切实实体会到了那拉提的人气之旺。

二、那拉提旅游业发展存在的问题

（一）旅游营销渠道单一

旅游营销渠道是指旅游企业将旅游产品转移至最终消费者手中的途径，或者是指旅游产品从生产者转移到购买者手中所经历的途径或通道，狭义的旅游营销渠道是指旅游产品或服务从旅游企业向消费者转移过程中，取得旅游产品或服务的所有权或帮助转移其所有权的所有企业或个人。目前那拉提草原在旅游营销方面渠道较为单一，由于景点旅游市场管理体制相对比较落后，且旅游市场营销方面的人才较为缺乏，加大了景区旅游营销的难度，景区没有能力自主开展较大规模的促销活动，大多都是依赖旅行社的推介销售，而根据调查显示，新源县城目前仅有两家旅行社，那拉提草原也主要依托这两家旅行社进行旅游资源整合，围绕那拉提景区打造空中草原观光旅游、民俗文化风情旅游、花期游等产品线路。单一的渠道无疑大大制约了当地旅游业的进一步发展。

信息时代的到来增加了解信息的途径，在这一大背景下地处新疆伊犁，属于西北偏远地区的那拉提如何利用互联网资源、拓宽旅游宣传渠道就显得尤为重要。

（二）景区硬件基础设施建设不足

硬件基础设施不足主要表现在卫生、住宿、餐饮、交通、安全等方面。草原内部道路交通不便，景区内多处景点难以进入如雪莲谷路程较远、地势险峻，除了主要景点外，其他景点还未修建观光道路。住宿问题显著，草原游牧民住宿都是以毡房为主，所以，毡房也成为草原上的特色，但大多数毡房窗户过小，通风不畅，屋内设施简陋，除了被褥以外，仅有一张小桌子，无法安装自来水设施，只能配备水壶，带来了很多不便。另外，景区内的厕所大部分都是老式厕所，不是独立间，统一定时冲水，气味重，卫生条件较差，遇到团队接待，需要满足众多游客的需求，难度会更大。此外景区存在一定安全隐患，如危险指示牌上的文字经过风吹日晒已脱落，景区未能及时更换，有的危险区护栏遭到破坏没有及时修补。

（三）草原生态旅游资源遭到破坏

游牧是一种终年逐水草而居、粗放的草原畜牧业经营方式，其优势在于对天然草地的廉价利用，随着牧民各方面需求的不断增加，加上牧民生态环境意识较差，导致对天然草地的无节制、超负荷利用愈来愈严重，引发了一系列的生态问题。新疆地处半干旱地区，地理气候干旱、降水较少，生态环境极其脆弱，草原生态环境一旦遭到了破坏，就很难再恢复和重建。新疆有近八成的草原包括那拉提草原在内，均存在沙化、退化等生态问题。除此之外，景区内部居民、旅游管理人员及游客的环境保护意识较弱，随手乱扔垃圾的现象普遍存在，纸屑果皮、矿泉水瓶等在草原上多处可见，且那拉提景区的清洁人员未能及时彻底的清理，严重影响着景区的环境质量和游客体验感。

（四）地方旅游产业制度不健全

当地地方旅游产业因涉及部门多，在管理方面极易出现纰漏，可能出现管理职能交叉的情况，这一点在那拉提的交通规划方面很显著，很容易影响旅游行业的快速发展，不能形成良好的旅游体系。

三、那拉提旅游业发展对策建议

（一）打造多样化主题活动

打造富有地方民族特色的主题活动，挖掘特色旅游资源的潜力，吸引更多游客前来体验。借助实际建设发展合理规划，整合全域特色文化，充分展现出本地区的经济特色，抓住游客求新、求异、求奇的心理，挖掘那拉提草原别具一格的自然风光和文化内涵，让游客感受到不一样的草原旅游。

（二）拓宽旅游营销渠道

那拉提大草原应发展属于自己的旅游销售渠道网络，通过直接营销渠道，聘请经验丰富、社交广泛的销售人员到主要客源地，例如商业区附近、汽车站、火车站、机场等地，设置销售网点进行直接销售，使销售活动辐射范围更加广阔，获取充足的客源；通过间接营销渠道，与周边相邻省市的旅行社建立合作关系，请旅行社工作人员前来考察，全面了解那拉提草原的旅游情况，采取合适的营销方式，以发展和扩大销售渠道网络；那拉提草原可以创建自己的门户网站，加强网上宣传、树立品牌形象和网上销售的力度，同时可以通过视频网站进行视频宣传活动。

（三）加强景区硬件基础设施建设

景区深入推进"厕所革命"，改变老式厕所，由景区筹资建设星级厕所，力争做到宽敞、通风、无味、卫生，如果遇到资金问题可向当地政府申请适当的补助投资建设；改善住宿问题，毡房增加内部陈设，被褥随季节的变化及时更换，毡房选址应在有自来水处，以解决游客洗漱不便的问题，宾馆装修要典雅，给游客创造一个环境良好的休息空间；旅游景区餐饮质量低会影响旅游景区的整体形象，那拉提应根据游客不同的需求与不同档次的餐饮企业建立合作关系，形成多种层次的餐饮供给。交通方面，在不破坏生态的情况下修建观光通道，地势险峻的地方修建阶梯，方便游客攀登；景区存在安全隐患的地方应有危险指示牌，如靠近河边水深处、山地易跌落处等，危险指示牌上字迹不清时一定要及时更换，河边危险区或观景道有阶梯处要安装护栏，如有破损一定要及时修补。

（四）加强景区生态旅游资源的保护

提高当地居民生态环境保护的意识，实行轮牧，减少因放牧、耕作等一系列因素造成草场破坏，保护好那拉提草原的生态环境；景区在规划中应在游览线路沿线多设置一些垃圾箱，方便游客投放垃圾；张贴醒目的环保标识，提醒游客爱护环境；导游在讲解时要有意识地向游客强调生态环境保护的重要性，旅游车内也要尽量设置垃圾桶。通过合理的旅游景区规划，对那拉提草原景区生态旅游的未来发展做出科学预测和设计，确保草原旅游能够维护和合理利用当地旅游资源，走可持续发展的生态旅游开发道路。在编制生态旅游规划时，应注意生态旅游开发和保护与旅游相关行业配套发展；生态环境系统与社会经济系统协调统一；建立环境影响评价制度。

作　　者　西北大学经济管理学院本科生　王旭洋　沈家年　周皓月　桑杰楠

指导教师　吴丰华

产业发展篇

17 关于西柏坡红色文旅产业发展的调研报告

2022年是党的二十大召开之年，是实施"十四五"规划、全面建设社会主义现代化国家的重要一年。回望过往的奋斗路，眺望前方的奋进路，必须把党史学习好，深刻体会"红色精神"。为响应国家的号召，本实践团开展了以探访"红色文化，促进乡村振兴"为主题的暑期实践活动，开启了一段西柏坡实践之旅。调研人员深入石家庄市西柏坡镇的有关部门、企事业单位，走访调研多户家庭，收集200份调查问卷，召开3次实践会议，现形成以下调研报告。

一、西柏坡基本情况

河北省石家庄市平山县境内的西柏坡镇是我国最为著名的革命圣地之一，这里是解放战争三大战役的指挥所，新中国成立前的很多重要会议也都是在此召开。西柏坡对于中国共产党领导人民军队赢得解放战争，并最终建立新中国，有着重要历史意义。

近年来，随着全面建成小康社会战略的部署和党中央精准扶贫号角的吹响，革命老区内的经济建设及脱贫攻坚战也在紧张而有序地开展着。大西柏坡片区利用自身具备的红色文化底蕴与旅游资源优势在致富奔小康的道路上奋力开拓。

经济运行稳中有进。截至2021年年底，全年地区生产总值增长5%，达到294亿元；一般公共预算收入增长10.6%，达到22.9亿元；规上工业增加值增长4.8%，达到180.6亿元；城乡居民人均可支配收入分别达到36916元、12577元，年均增长8%、12%。

1982年3月11日，西柏坡中共中央旧址被国务院公布为全国重点文物保护单位。西柏坡和井冈山、延安一样，现在是国内著名革命纪念地和中宣部命名的

青春实践路　奋进新征程

中国百个爱国主义教育示范基地之一。西柏坡已成为全国精神文明建设先进单位、国家重点风景名胜区和 5A 旅游景区。

二、西柏坡红色文旅发展现存问题

根据调研，西柏坡现存的发展问题主要集中在以下几个方面：

一是旅游宣传力度不足。加强宣传推广对推动文化旅游品牌化发展有着重要的作用。"酒香不怕巷子深"的时代已不复存在，宣传推广是文化旅游发展的重要组成部分。一座有特色的旅游城市必然具备令人心驰神往的独特吸引力。西柏坡得天独厚的红色历史文化底蕴，就是其区别于其他城镇的亮点。因此针对其品牌的宣传推广也要重点围绕这个主题，不断创新宣传推广的手段，深度探索西柏坡红色文化旅游资源。但是在实地考察中发现，西柏坡红色文化旅游的宣传渠道较为传统和单一，更偏向于通过纸媒、广播、电视以及互联网网站进行宣传。在这个新媒体时代，传统媒体的宣传呈现投入大、收益小、受众小、互动性较差的特点，也存在着时间和空间的局限性。当前，各大旅游城市都在积极宣传推广，抢占市场先机，吸引更多游客前来游览观赏。如果西柏坡旅游不及时拓宽宣传渠道，不把新媒体宣传要素融入品牌构建之中，那么其竞争力和知名度都会大打折扣，难以在市场中脱颖而出，也难以更好地树立起西柏坡的品牌形象。

二是旅游路线较单一，基础设施不完善。西柏坡地区目前开发的红色景点之间大多呈点状分散状态，旅游路线比较单一。设计红色旅游路线时未能抓住不同游客群体的特殊化、个性化需求，缺乏适合不同群体的"特色项目""亮点项目"和"精品项目"，难以抓住游客的心，容易使其产生"红色旅游景点到哪儿都是一个样"的不良体验感。各县（市、区）无法将特色产业、民族风情等多种元素与红色旅游进行有效融合，旅游路线缺乏特色，对游客吸引力不足。

此外，由于地理环境、经济水平等因素限制，部分红色景区所在地基础设施建设尚不健全，成为西柏坡红色旅游发展的严重阻碍。其一，交通设施不完善。大多数红色景点位于乡镇，交通以城际巴士为主，旅游专线较少，部分景点所处乡镇甚至没有出租车服务。其二，配套性基础设施少。景点周边缺少餐饮、民宿、娱乐场所等，尤其缺乏高质量、高规格、有特色的基础设施。其三，现代化水平不高。部分偏远乡镇尚未实现 5G 网络全覆盖，景区网上购票、智能导游等智能化功能尚不完善。

三是产品开发程度低。首先，乡村红色旅游产品的精神内涵挖掘层次浅、价值转化形式不够生动和丰富。当前主要是通过橱窗、简介等形式进行静态化展示，未深入挖掘其价值内涵，从而实现感化和教育。未能将所挖掘出来的红色文化价值通过原创诗词、歌曲、舞蹈、小品等文艺作品来展现，表现手法不够生动，难以使其转化为人们内在的精神力量。其次，乡村红色旅游产品开发同质化可以说是目前乡村红色旅游产品的通病。由于缺少专业的旅游产品设计人才，尽管乡村红色旅游资源非常丰富，但是红色旅游产品的基本表现形式就是观光旅游，缺少深度参与和体验的红色旅游场景设计，缺少沉浸式的可互动的体验特色项目。比如，目前大部分乡村红色旅游景区都有穿红军服，做忆苦思甜饭，走红军路，唱红歌等最基本的旅游项目。乡村旅游产品开发中各种红色精神的提炼和呈现的模式都比较模糊，如何让游客深度参与体验乡村红色旅游产品，如何发挥红色旅游产品给人的震撼和教育功能，如何在情景体验中受到教化和感受到革命的洗礼，提升自己的信仰和信念，这些都是乡村红色旅游产品开发所面临的严峻挑战。

四是产品过度追求经济利益，游客红色教育功能弱化。发展乡村旅游，振兴乡村经济，离不开乡村旅游经济的发展和融入区域经济发展的大局。但是乡村红色旅游产品开发最基本的特点除了经济性外，还有教育性、文化性和公益性。目前乡村红色旅游的开发也存在重视乡村红色旅游的经济带动作用，忽略了其生态性和公益性的功能。发展乡村红色旅游首先要考虑的就是突出社会效益，把经济效益和社会效益、生态效益紧密结合，强化教育功能，尤其是要发挥乡村红色旅游产品对青少年的爱国主义和革命传统教育。

五是政府引导资金不足，投融资市场活力不够。石家庄市每年安排旅游发展专项资金，还积极争取省市级融资平台资金支持。但相对需求来说，政府资金投入严重不足，利用政策吸引社会资金的难度很大。市场化的投融资机制又未完全建立，旅游企业、旅行社、教育培训机构等规模小、实力弱，开拓市场和抵御风险能力不强。外地成功经验表明，成立地方旅游投资平台是助推地方旅游大发展的有效手段。

青春实践路　奋进新征程

三、发展建设

一是打造《西柏坡》实景剧。从目前的传播模式来看，若要强化传播效果，打造文化产业发展的平台，需要拓宽传播渠道。如果能够将一部反映当时历史的实景剧《西柏坡》打造成功，使游客不仅可以通过图片和历史文物了解西柏坡，还可以融入波澜壮阔的历史场情中，在艺术的感召下体悟人民力量的伟大，其所受到的教育必定很深刻。

《西柏坡》实景剧应以西柏坡丰富的红色文化资源为基础，以中国共产党领导下的八路军和根据地人民浴血奋战、艰苦创业、抗击日寇的悲壮历史为素材，对共产党的光辉历史进行歌颂的大型室外演出剧目。实景剧还可以借助现代科技的声、光、电技术，将壮观的历史画面艺术地、生动地展现给游客，弥补口头讲解、文字介绍以及图片和实物展览的不足。通过情景再现，让剧情带领参观者走进当年的历史，去感受炮火纷飞的战争年代中人民和子弟兵携手抗战的壮观画面，体验中国共产党带领人民群众和军队从一个胜利走向又一个胜利的光辉历程，从而进一步理解共产党在艰苦卓绝的年代创造的丰功伟绩。

二是艺术表现西柏坡艰苦创业精神。艰苦创业、艰苦奋斗是西柏坡精神的主要内涵。解放战争时期，以毛泽东为领导核心的党中央指挥辽沈、平津和淮海三大战役的电文从西柏坡发出，而西柏坡所使用的电，也是艰苦创业的成果。如果把西柏坡的动人故事运用艺术手段加以表达，形象生动地向来自全国各地的参观学习的游客展现当年老区人民运送发电机的场景，弘扬西柏坡艰苦创业的精神，其宣传效果必定是空前的。

三是创建西柏坡文化园。在打造《西柏坡》实景剧的基础上，针对一些参观者的消费需求和广大青少年参与活动的意识倾向，还可以创建"西柏坡文化园"，打造红色文化产业发展平台。鉴于当前社会上各种训练营的火爆，在"西柏坡文化园"内设置相关的训练设施，既可以吸纳各种训练营的入驻，也能为自由散客的参与创造条件，譬如模拟国际共产主义战士白求恩在解放区创建的战地医院，吸引中小学生参与抢救八路军伤病员的活动体验，有助于激发其学习医疗知识的兴趣。这些活动场所的创设，不仅可以培养广大青少年学生爱国主义情怀，还对他们未来的成长会产生潜移默化的教育作用。

《西柏坡》实景剧和"西柏坡文化园"的打造,能够更加形象生动地传播西柏坡红色文化,既能迎合部分游客的消费心理,也可满足他们乐于参与的兴趣欲望。通过系列项目的打造,进一步拓宽传播渠道,筑就产业发展平台,有利于逐步打造西柏坡红色文化产业品牌。

传播模式的创新,除了让参观者通过图片和历史文物了解西柏坡,还可以通过情景的再现,让剧情带领参观者走进当年的历史。从原先的一边走着一边观看,到坐下来伴随着历史画面的重现来体验红色文化,既可以解除旅途疲劳,又可以带来高尚情操的精神陶冶。

作　　者　西北大学经济管理学院本科生　周禹彤　毛晓涵　王琦乐
　　　　　　西北大学公共管理学院本科生　马芳瑞　雷欣雨
　　　　　　西北大学化学材料与科学学院本科生　孙依茜
　　　　　　西北大学信息科学与技术学院本科生　牟昱萱
　　　　　　西北大学物理学院本科生　东　瑞
指导教师　李晓杰

18 关于数字化促进四川省博物馆群文旅资源继承发扬的调研报告

习近平总书记在2022年5月18日的国际博物馆日指出，要加强文物保护利用和文化遗产保护传承，提高文物研究阐释和展示传播水平，让文物真正活起来，成为促进文化旅游资源发展壮大的重要力量，成为加强社会主义精神文明建设的深厚滋养，成为增强文化自觉、文化自信，进而扩大中华文化国际影响力的重要名片。进入新时代，我国博物馆建设不断走出新路径，借助数字化在走出了文旅资源传承发扬的新路，也走出了文化产业经济不断发展的新路。本课题拟围绕黄河流域文化旅游、博物馆旅游、绿色低碳旅游等主题开展调研及暑期实践。组织同学们深入成都、康定等地，了解黄河流域各地区文化并参观"黄河流域博物馆联盟"中位于四川省内的博物馆。通过博物馆工作人员访谈、游客问卷调查等方式，全方位、多角度了解博物馆游客的亲身体验、数字技术和新媒体在博物馆知识传播中的运用水平以及新时代博物馆的现状与发展路径，针对黄河流域博物馆旅游文化做出相应研究，助力打造博物馆行业的"黄河文化共同体"，深入参与黄河文化建设，推动黄河文化的保护、传承与弘扬，服务当代经济社会发展。

一、黄河流域博物馆群数字化现状

成都博物馆通过运用虚拟修复、三维扫描等技术，实现了石犀等文物的修复。与此同时，成都博物馆联合人民日报客户端，推出了"奇妙漫游云逛展"专题活动。通过精品展览内容集纳的形式，运用现场语音讲解、虚拟现实（VR）视频讲解、三维文物展示等多种手段，带领用户穿越远古，相遇未来。在数字化转型过程中，天府美术馆重点通过线上展览进行突围——利用VR等新技术将美术馆的

产业发展篇

展陈空间搬到互联网上尝试利用馆藏资源服务社区，与社区或学校联合推出数字化教育资源；如开设了社交媒体平台对其馆藏、展览进行宣传推广，保持与受众的联系，值得一提的是，成都天府博物馆在数字扫描、3D 打印与内嵌式屏幕交互上也都做出了很大的创新，为艺术馆的创新式展示与运营开辟了新路径。

数字化技术在三星堆博物馆展览中扮演着至关重要的角色。在主体两大馆——综合馆和青铜馆中，各有一个大型数字展台，分别展示了古蜀的发展概况和历程以及古蜀地区青铜器的发展史，借助数字动画，实现了情景的再现，全息投影的应用，也为展出披上了数字科技的外衣。修复中心的文物储存区通过数字控温来使得文物达到标准；文物修复区随处可见的大屏幕以数字动画的形式为我们还原了修复的过程，游客可以近距离观摩，同时也可以通过显微镜等设备进行模拟复原操作等。与此同时，博物馆还通过数字互动交流墙在文物的修复保护上征集意见、创新举措。

三星堆博物馆将数字化应用于知识产权（IP）开发，走出博物馆发展困境，展现出了强大商业价值。2019 年以来，三星堆博物馆围绕着丰富的考古文物展开了 IP 开发计划，确定了 4 个发展方向。目前，三星堆 IP 已然成型，在数字化的加持下，从设计到传播均展现出强大的商业价值。其中典型的便是数字化生产，博物馆结合 3D 打印，通过对三维数字模型进行一定比例的调整，完成古文物 3D 实物模型 1∶1 打印，用于展示参观、讲解宣传的同时，也进行着市场销售推广。博物馆讲解老师还介绍，三星堆博物馆积极探索如何借助 VR/增强现实（AR）技术提升游客观展体验，并将在明年开设的新馆中加以推广和普及。

2019 年以来，云游博物馆掀起一定的热度，博物馆数字化建设再度成为热点话题之一，但博物馆的数字化显然不能总靠特定时期下的热度去维持和推进。面对发展困境，寻求契合时代发展需求的路径，是实现博物馆数字化建设可持续发展的必要条件。

2007 年开放的金沙遗址博物馆既有考古发掘的现场展示，也有出土文物陈列展示，年接待观众约 160 万人次。其中，考古现场即土遗址的保护是世界难题。

为了更好地保护遗址和文物，该馆首先对 25 万平方米的考古发掘资料，如图纸、照片进行数字化；完成了 76 件三维数据采集、2976 件（套）文物高清图拍摄；遗迹馆 7688 平方米高精度三维数据采集；109 站 360°全景数据采集与制作。其次，在文物预防性保护方面，建立了"金沙遗址博物馆文物保存环境监

青春实践路　奋进新征程

测站"。监测范围包括考古发掘展示区、展厅、珍贵文物展柜内、文物库房。监测指标有温湿度、光照紫外强度、二氧化碳、挥发性有机化合物等，在遗迹馆还增加了土壤含水率、地铁震动。最后，在主动调控的措施方面，在柜内安装了无水调湿机，控制展柜内的相对湿度，可以进行平稳加湿和除湿，防止相对湿度的剧烈波动给文物带来的损害。

通过馆藏文物保存环境综合管理平台，管理者可以对文物保护环境的监测指标进行实时信息监测、储存、分析、评估、预警、查询、管理决策，可实现远程操控。

同时在公众服务方面，凸显用户思维，随着金沙遗址和古蜀文明的社会知晓度越来越高，来自不同国家和地区的游客都将金沙博物馆作为重要的旅游目的地。在此情况下，数字化服务朝着需求精细化、人群细分的方向，满足不同语言、不同年龄阶段人群的不同观展需求（娱乐、科普、学术）。

首先，手机端多语种微服务平台，与展厅展牌相结合，观众扫描展牌上的二维码，即可获取相关文物信息，并且提供中、英、日、韩、法、德、西、意等八语种服务。

低龄游客注意力不集中？没关系，通过AR技术对展厅的实际展示场景、文物进行扫描，便可生成三维动画。"再现金沙"VR眼镜通过全三维建模，720°场景再现，展示祭祀区从形成、兴盛、衰落到3000年后考古发掘的历史变迁，使观众更加直观地了解金沙文化。

其次，"考古时空门"的互动体验，应用遗迹馆高精度三维数据模型，结合卫星影像及考古发掘原始资料，复原了祭祀区考古发掘前、中、后的过程，并且复原了重点遗迹发掘场景和原始面貌，可以通过沉浸式视频或手柄操作感受考古发掘的乐趣。

最后，在遗迹馆参观结尾处，制作了《金沙祭祀》短片，让观众在看完考古发掘现场后，对金沙祭祀有较为全面直观的了解。

近年来，金沙遗址博物馆积极探索用科技手段赋能文化传播，开拓线上传播项目，推出主题展览移动端互动营销广告页面（H5）、文物视频彩铃、5G直播等新兴技术加载的新媒体产品，创新古蜀文明的展示形式，吸引更多的网络受众。

近年来，云观展平台大显身手，它集合了多年来文物和展览数字化保护的成果，包含所有展览的360°全景展示、精品文物三维展示及动态讲解，讲座、视频、直播合集等内容，让观众在线上观展同样收获满满。

二、当前黄河流域博物馆群数字化存在的问题

（一）数字设备使用时间过长，内容出现缺失

据 2020 年年底统计，国内三级以上博物馆已有 5788 家，大多数博物馆在 2018 年以前建成，经过多年的使用，博物馆内的液晶面板损坏现象比较普遍，导致馆内数字内容出现条纹、乱码，甚至黑屏，视觉观感产生障碍，博物馆数字产品形同虚设。博物馆负责人应该定期请专业人员对展馆内的数字设备进行检修，发现损坏设备，并找到损坏原因，及时进行更换或改正，以免影响游客观展。

（二）博物馆数字内容缺少时代性，更新不及时

博物馆是征集、典藏、陈列和研究代表自然和人类文化遗产的实物的场所。博物馆数字内容很好地解决了文物保护和展馆空间不足的情况，同时也在一定程度上达到了与参观者的互动，但是有些博物馆却忽视了数字内容的更新和创新，一成不变的内容让游客感到无聊，甚至有些过时的政策解读会导致观众认知片面，给博物馆造成不良口碑。

一方面，新的考古发掘会更新人们的观念和认知，研究数据和结果必然会有一些出入。例如轰动世界的"三星堆遗址"的新的考古发掘，极大地丰富了三星堆文化的内涵，并且出现了一些颠覆性的新发现。因此务必要对原先的研究内容进行重新梳理补充，以实现数字内容的实时性。另一方面，文化意识是为国家形态服务的，随着国家的发展和国际形势的变化，每个时期的新成果展示更新和新的目标展示都需要及时更新，但是有些博物馆却停留在几年前的数字内容上，忽视数字内容的时代性。

（三）数字内容形式单一，交互性有待提升

国内博物馆数字内容的呈现方式大多是电子屏播放，部分博物馆数字内容也实现触屏选择播放等，这些数字内容的呈现方式多年一成不变，造成参观者的审美疲劳。经调研，全国近 6000 家博物馆，超过 7 成还停留在简单的交互形式，尤其是地方博物馆自建馆以后几乎没有对馆内数字内容进行过升级改进，博物馆行

业内有"三年一小改，五年一大改，十年推倒重建"的说法，然而好多博物馆却因为种种原因疏于提升，造成馆内资源浪费。

（四）博物馆的建设资金不足

在藏品陈列展示中应用数字技术必然需要较多的资金用于购买设备、开发软件，但是对一些自负盈亏的博物馆而言，该项费用较为紧张。

（五）专业人员不足

博物馆因事业编制的限制，招聘的人员主要以文物保护、考古、历史等专业人才为主，信息技术、软件开发方面的人才严重不足，再加上博物馆的薪酬水平参照事业单位的工资标准，导致很多技术人才不愿意留在博物馆。

三、提高黄河流域博物馆群数字化水平的对策建议

从智慧文旅、文旅高质量融合发展的角度看，博物馆数字化建设必须是广泛的，一方面，它是实体博物馆的进阶之路，是促进传统博物馆往智慧型发展的重要助力；另一方面，它可以主动对接城市新基建，参与整个城市文化旅游的数字化转型升级过程。

经过近几年的发展，四川地区博物馆、美术馆的数字化建设在城市数字化转型的整体性推动下，逐步形成了几个不同的发展侧重点。对于这些不同的发展侧重点，目前很少有博物馆可以平均用力、兼顾发展，而往往只择其一优先发展。这当然首先取决于博物馆所能获得的资金支持力度，同时也与博物馆在城市文化和旅游发展中扮演的社会角色、担负的社会责任、发挥的社会功能密切相关。

（一）加强对文物、数字藏品的数据化工作

目前，博物馆数字化采集工作分为两大类，以成都为例：一类是馆藏文物、艺术藏品的数字化采集工作，如成都博物馆、三星堆博物馆。另一类是对建筑实体的数据采集，如金沙遗址博物馆，因为遗址本身就是该馆最重要的文物，通过建筑本体的数字化，实现了遗址呈现方式的数字化、动态化、多样化。成都地区博物馆文物、艺术藏品的数据化工作总体而言尚处于初级阶段。一是高标准的图

产业发展篇

像数据采集尚处于初级阶段,无论与故宫博物院"数字文物库"对外发布的 6.8 万件文物信息和高清影像的检索相比,还是与国际上顶尖的博物馆网上展示达到馆藏 50% 的比例相比,都有相当大的距离。二是资源共享水平参差不齐,离通过网上展示为公众搭建深度学习知识平台的目标还有很大差距。三是数字展览的质量有待提高。目前,基于网络而设计的数字展览,体现了将网络观看习惯与观展所需要的那种沉静状态相结合的努力,虽然目前展览的形式、可视化手段还比较简单,宣传力度也不够,影响力有限,但从长远看,这将是数字展陈不容忽视的一种类型。

(二)创新博物馆运营管理方式

博物馆管理、运营、服务系统的数字化建设依靠数据完善博物馆的运营管理、解决游客参观服务中的痛点,线上线下融合,是推动文旅行业迭代升级、服务新发展格局的关键之举。

在这一方面,许多博物馆做了不少尝试。可借鉴 2018 年上海博物馆上线的博物馆数字化管理平台,是国内首创、全面基于数据的博物馆数字化管理平台,为上海博物馆的管理从"经验驱动"到"数据驱动"搭建了框架和基础,成为"智慧上博"建设的一个重要基础。但目前这个平台受老场馆采集设备以及老旧系统技术限制,效果发挥受到影响;随着新馆的建成,以及该平台在实践过程中的不断调试和自我修正,其实用性会逐步得到发挥,并对将来的领导决策和工作优化提供客观的数据参考。

主动对接智慧城市、智慧文旅产业园,博物馆当从馆方的管理需求、观众的参观需求以及智慧文旅的发展需求出发,设计构建了数字历博、数字服务、历博之眼等板块,以及展馆导览、动态应急预案、视频虚实巡检等数字化场景,对接政府业务数据、物联感知数据、环境天气等多维实时动态数据,使博物馆成为城市数字网络中的一个有机存在。同时,将这套系统直接呈现给观众,让观众切实感受到城市数字治理的魅力、文旅数字化的便利,在感受成都历史文脉演进的同时感知时代前进的脚步。

作　　者　西北大学经济管理学院本科生　赵丹宁　王佳玄　马　飘
指导老师　高　原

青春实践路 奋进新征程

19 关于商南县茶产业发展的调研报告

党的十九大和中央农村工作会议提出全面实施乡村振兴战略,并将其提升到战略高度,写入党章,把农业农村工作摆在更重要地位,为农业农村改革指明了方向。近年来,特别是脱贫攻坚进入决胜期以来,商洛市商南县坚持把解决好"三农"问题作为工作的重中之重,持续深化农村改革,不断加大资金投入和支农惠农政策扶持力度,全县农业和农村工作实现了健康发展。

商南县位于陕西省东南部,秦岭南麓,地形结构复杂,以山地、丘陵为主,属于长江流域的汉江水系。商南县为亚热带向暖温带过渡的大陆性季风气候,四季分明,光照充足、雨量充沛,年平均气温 14℃~16℃,年降水量 700~1500 毫米。年照时数大概 1973.5 小时,无霜期 216 天左右。土壤肥沃充足,富含硒、锌等人体所需微量元素,空气无污染。茶区位于秦岭生态区,良好的自然条件,特殊的地理位置,为茶叶生长提供了十分优越的外部生态条件。由于商南春季气温回升快、温差大,使得本县所产茶叶营养积累、丰富味浓、耐泡、品质好。

商南原本无茶,1961 年,以张淑珍为代表的老一辈技术人员开展了一系列的茶叶试种和推广工作,于 1970 年试验成功。起初,在浅山平地推广和发展,将茶叶培植由南向北推移 300 多千米,成为我国西部新兴优良茶区。经过 40 多年的发展,茶产业已逐渐成为商南县的主导产业和优势产业,2002 年,商南县被授予"中国茶叶之乡"称号。

本次下乡实践活动,采取实地考察、座谈交流、查询资料等多种方式,就商南县以茶产业推动乡村振兴的实施情况进行了全面调研,在实际走访过程中了解农民对国家脱贫攻坚与乡村振兴战略的认识及当地脱贫攻坚的成果,对全县的茶产业发展情况与存在问题进行了梳理汇总,助力乡村振兴工作顺利开展。

一、商南县茶产业发展简史

商南县茶叶产业发展经历了自然生长、引种试验、大发展、受挫折和产业化发展五个阶段,具体每个阶段介绍如下:

(一)自然生长阶段

1960年以前,商南县只有零星少数自然生长的野生茶树,并没有引起人们的重视,任其自然生长。

(二)引种试验阶段

商南县从20世纪60年代初开始由县林业站技术干部张淑珍负责茶树的引进栽培。1961年秋育茶苗2公顷,100多株,1963年移栽到二道河大队,当年全部死亡,1963至1966年,每年育苗2公顷,均未栽培成活,1967年从紫阳购种10千克,在县苗圃育苗0.2亩地,把这些苗木留圃建园,长势良好。1970年在茶坊村山坡种茶1亩,首次采茶1.9千克获得成功。

(三)大发展阶段

由于多次引种试验成功,经多次实地考察、调研和分析,技术人员写出了项目考察报告送县委、县政府,引起了当时主要领导的高度重视,制定了全县发展茶叶的规划,并及时召开了商南县有史以来的第一次茶叶工作会议,以行政手段推动了茶叶的大面积推广。1970年到1982年,商南县茶叶产业得到较好发展,茶园面积不断扩大,1976年茶园面积已达2.7万亩,茶叶产量也是逐年提高。但这一时期的茶叶产业属粗放性发展阶段,茶叶全部由供销社统购统销。

(四)受挫阶段

从1983年到1985年,商南县茶叶产业发展受到了巨大的挫折,茶园面积和茶产量骤减。其发展受挫的原因:一是在选址的问题上只考虑了土壤的酸碱度、却忽视了土壤中物质的化学反应,造成茶树大面积死亡。二是部分群众盲目种植,没有得到相关技术指导。三是体制改革,计划经济下的统购统销政策被取消,茶农的销售渠道未打开，造成茶叶难以卖出。四是家庭联产承包责任制的出台也影响了茶叶的发展，由于商南县茶叶价格低，一些茶农自毁茶园种粮，使得全县的茶园面积由原来的7万亩骤减到0.6万亩。

（五）产业化发展阶段

近年来，商南县茶叶联营公司以茶叶站为主体、联合乡镇（村）茶叶技术服务，集材料供应、复制加工和茶叶销售为业务实体，采取"公司＋基地＋农户"经营模式，为茶叶产业的发展奠定了基础。截至2005年年底，全县有茶园20多万亩，其中可采茶园12万亩，无公害茶叶示范基地4.2万亩，新良种园6000亩，新建良种无性系茶园1000亩，茶叶专业户4200多户。同时，为了充分发挥商南县的优势资源，促进经济的发展，县委、县政府制定了《关于加快我县茶叶产业发展的实施意见》《关于进一步加快茶叶产业发展的决定》等相关政策，大力推动茶叶产业化发展建设。从2004年开始，配合茶产业、茶文化、茶旅游，以建设旅游观光茶园为基础，新建生态茶园和初制茶厂，到2015年全县茶产值达到3亿元。

2022年，商南县根据全县茶叶生产现状与发展潜力，坚持适区适种，适品适种，引导各茶区调整优化产业布局，重点打造茶产业康养示范园、东部茶产业融合发展示范园、西部现代农业产业示范园、南部高山云雾茶产区"三园一区"，聚力打造生态茶城，推动商南县茶产业高质量发展，打造高山优质茶产区。

截至目前，现有规模以上的茶叶加工企业6家，茶叶专业合作社32个，茶叶初制加工厂200余个，年加工能力达6500吨，发展茶叶大户4200多户，带动茶农人均茶叶增收5000元，形成了"公司＋基地＋农户"的产业化发展格局。茶产业已成为商南县产业乡村振兴的支柱产业、农民增收的重要来源。

在第三届陕西网上茶博会线上展馆中专门设立了商南专题页，全方位向大家展示商南县茶产业发展成就、代表茶企、优质品牌茶叶，为茶企搭建线上销售＋宣传平台。随着活动的持续推进，将通过互联网＋产地＋企业＋产品全渠道同步推广，提高商南县茶叶的影响力，促进商南县茶叶的品牌宣传和销售，增加茶农的收入。

二、商南茶产业发展现状

一是产业区域化优势基本形成,种植规模不断扩大。经过几十年规模化种植,目前,商南县 14 个乡镇 116 个行政村中拥有种植大户 4200 多户,共建茶园 20 多万亩,其中可开采茶园 10 万亩,建成无公害茶叶示范基地 4.2 万亩,全县年产茶叶 2200 多吨,年产值超 2.4 亿元。茶业已成为商南人民收入的支柱产业之一。

二是先后研制开发出商南绿茶、炒青、仙茗、茯砖、乌龙、白茶 6 大系列 20 多个花色品种,得到消费者的一致认可。商南"双山"牌商标被认定为陕西省著名商标,商南泉茗连续多年被评为陕西省优质品种,并先后获得中国(西安)茶叶博览会金奖、"陆羽杯"奖等多项奖项,"双山"白茶、秦岭泉茗、红茶等品种也先后获得金奖。

三是茶叶品质不断提高。2008 年 8 月,商南县茶叶联营公司茶产品获 ISO9001——2000 质量体制认证,商南泉茗、仙茗、乌龙、红茶等茶品先后多次在茶博览会上获得金奖。另外,商南县工业少,自然条件优良,茶叶病虫害少,茶树种植过程中不用农药化肥,因此,商南县茶叶基本上都通过了无公害产品认证和绿色食品认证,同时,商南县境内多山地、丘陵,且昼夜温差大,土壤肥沃,富含硒、锌等人体微量元素,茶叶营养成分高,造就了茶叶耐泡、色绿、香醇、味浓的特点,深受广大消费者喜爱。

四是茶业管理体系基本形成。1976 年成立商南茶叶站,当时有专业技术人员 13 人。主要负责全县茶产业发展规划、茶叶生产管理、科技推广服务工作。2002 年商南县茶叶协会成立,是具有独立法人资格的民间技术经济合作组织。经县政府批准于第二年成立商南县茶叶研究所,以茶叶站技术人员为主,负责新产品的开发研制、新技术的引进和应用等工作。

五是茶叶与旅游结合开发、扩大影响力。商南县著名景区金丝峡被评为国家 5A 级景区,具有一定的知名度,2004 年商南县建设了全省第一条茶艺文化街,并成功举办了首届旅游节,将茶文化与生态旅游相结合,通过茶叶节吸引各地消费者、经营者的广泛参与,从而扩大了商南县茶叶的销售市场,为商南县茶叶产业的发展打下了良好的基础。

三、商南县茶产业发展中存在的问题

2008年,商南县被评为名茶百强县,但是,商南县茶产业在发展的过程中,出现了很多问题需要深入研究。

一是茶叶产业化水平落后,未形成规模效益。商南县茶叶企业虽多,但大部分属于小微企业,其技术落后,生产经营规模小,加工企业数量少,机械化程度与茶叶产业化程度较低,生产条件差,茶农组织化程度低。全县虽然有代表性茶企,但其综合实力不强、示范带动作用不明显,产业难以成长,难以应付日益激烈的市场竞争。茶农自产、自我加工、自主销售不利于生产的统一规划和管理,也不利于新技术的规模推广,不能形成生产规模,影响茶叶规模效益。

二是生态环境日益恶化。茶园生态设施非常薄弱,相当一部分茶园土壤退化严重。茶农无序开采山地和改农田使生态受到破坏,造成环境问题日益突出。各类茶叶标准化生产基地建设应加强。

三是销售网络不健全,宣传力度不够。目前茶叶销售以本地零售为主,销售范围狭窄,还未打开大中城市市场,消费市场开拓工作未做到位,品牌宣传不到位,广告投入少、力度不大,市场竞争力和占有率较低。

四是缺乏茶叶深加工企业,茶产品附加值较低。深加工是指用茶的鲜叶、成品茶叶为原料,或是用茶厂的废次品、下脚料为原料,利用相应的加工技术和手段生产出茶制品的过程。茶叶深加工不但可以延伸产业链,提高茶产品附加值,而且还可以促进产品的多样化,从而创造规模经济,企业也可从中获得经济效益。另外,还能解决部分低档次茶叶的销售,丰富市场茶产品种类。商南人长期习惯生产和消费绿茶,偏爱明前茶、雨前茶和嫩叶茶,绿茶的抗氧化作用很强。而对生产加工青茶重视不够,普遍忽视对夏秋茶、大叶茶的加工利用,造成很大的损失和浪费,且生产的产品品种单一。近年来,商南县茶叶联营公司又引入乌龙茶、红茶生产工艺,从加工层次看,仍然停留在初级产品加工阶段;所有乡村茶叶加工厂均为初制茶厂,均存在生产技术薄弱、机械化程度不高、加工规模小、技术人员少、产品科技含量和附加值低等问题;加工方式仍停留在家庭式、作坊式生产阶段,沿用20世纪80年代的设备,经营方式简单,很难与大市场对接。福建省茶叶龙头企业在加工方面,大都实现了加工环境空调化,生产流程电脑化,而商南县至今没有一家企业能够做到。而当前商南县投入茶叶深加工产品开发、生产的大型企业还非常少,这给商南县茶叶的持续发展造成一定的限制。

五是新产品研发落后,茶叶技术人员缺乏。目前,我国茶叶种类分为六大类,即绿茶、黄茶、乌龙茶、红茶、白茶、黑茶。因自然条件原因,商南县只注重春茶生产,40多年一直以绿茶为主,产品比较单一,夏秋两季炒青茶未得到研发,优质品种研发滞后导致茶叶浪费严重,目前商南县境内多是老品种茶树,无性系茶树于2010年引进,占全县茶园面积不到1%,发展滞后。商南县茶区茶叶生产技术人员10人,其中高级农艺师1人,中级职称3人,基层技术人员匮乏已成为制约茶叶产业发展的重要因素。

六是缺乏资金投入。由于商南县经济发展滞后,财政收入不足,导致现有的政府政策、财政扶持力度不够,影响了茶产业的发展与创新,特别是在低产茶园改建,新引进良种茶园推广,名优茶的制作加工,茶叶市场建设,新产品的研发及科技人才的培训等方面都缺乏资金投入,阻碍了茶产业的创新和发展。

七是茶叶品牌多,但知名品牌少。商南县茶叶品牌有很多,但真正有实力的知名品牌却很少。截至目前,商南县拥有四家有实力的注册商标企业,即"金丝峡""双山""金丝泉"和"秦露",其中"双山"和"秦露"被认定为陕西省著名商标。"商南乌龙茶"和"商南泉茗"两大系列产品被陕西省人民政府认定为"陕西省品牌产品"。很多企业满足于传统的批发方式,认为做品牌需要投入的成本多,因而很多茶企业没有自己的品牌。

四、商南县茶叶产业的发展对策

(一)优化商南县茶叶产业区域布局,建立稳定的茶产业基地

应有计划地逐步淘汰低产茶园,选用优良品种,将无性系茶树和有性系茶树结合起来,逐步扩大无性系良种比例,提高茶种良种化水平。可根据商南县自然经济、生态环境等状况对商南县发展区域进行合理的产业化布局,开展适度规模下的专业化茶叶生产加工,使茶源基地在提供茶鲜叶的同时,进一步晋升为茶产业生产加工高新科技研究推广聚集地、示范基地,从而从源头增加茶叶种植的综合经济效益。适时借鉴国内外茶园种植成功经验,在企业和种植户之间建立双方互惠的利益机制。以生态茶园模式为理论基础,以不破坏商南地区茶园的土壤和

茶叶种植的自然环境为前提，选择适宜的场地条件，充分利用商南县森林植物分布状况，扬长避短，进行科学的经营管理，积极引进和推广适合本县地理条件的优良品种，通过区域试验成功后，在县内全面推广，挖掘良种潜力，提高产业产量，充分发挥最佳生态、经济和社会效益，构建一个具有高品质的生态效益的茶园模式。

（二）大力建设生态茶园，促进商南县茶叶的可持续发展

根据商南县地形地貌特征和植被分布情况，因地制宜，在山上、公园、森林、水综合治理，不破坏原有的生态系统前提下，实现茶园环境生态化，尽量保护茶区原有的森林植被，在不宜种植茶树的陡坡、山脚等地大力植树造林。在茶园周围设置防护林，改善生态环境，为茶树生长发育创造一个良好的外部环境，同时有利于茶园生产的管理和机械化。茶园应尽可能符合无公害要求，即空气干净清新、水质清洁、土壤未受污染等。

（三）建立赏、观、品、游为一体的生态旅游项目

全力营造茶文化发展氛围，增强商南县茶叶的宣传力度。旅游业是商南县的优势产业，政府在宣传金丝峡旅游的同时，也要加大对茶叶的宣传，加强招商引资力度。茶叶具有生态性和文化性，建立以旅游、休闲为一体的茶叶生态旅游，充分利用自然生态、商南地区的茶文化、历史文化资源优势，整合资源，发展茶文化旅游，形成茶产业、茶经济、茶旅游良性互动，增强商南县茶叶的宣传力度。可从绿色、健康、环保等方面进行大力宣传，加大对商南县茶叶示范园、生态茶叶观光园等方面的投资，形成茶文化生态旅游基地，增强旅游对商南县茶叶的带动作用。提高商南县茶叶的知名度，加大对名牌产品、著名商标的保护力度，同时紧跟市场，建立健全营销网络。通过茶叶节、博览会、推广会、电视、报刊等形式来提升商南县茶叶的知名度。还可通过开展专题茶文化宣传活动，举办茶文化节、茶摄影、茶文化表演等活动，营造茶文化氛围。通过开办茶艺文化班、茶叶知识讲座、茶产品免费发放讲解活动等，激发消费者对茶文化的兴趣。各级茶叶合作社、龙头企业、茶叶组织要积极编写茶叶资料，传播茶文化，宣传企业理念，引导消费者更好地接受茶文化，借茶文化来提升茶叶市场和茶叶产业，提高文化附加值。

（四）加强商南县茶叶深加工和综合利用，延伸产业链，提高产品附加值

茶叶深加工和综合利用是新兴加工产业，有着巨大潜力。商南县茶叶生产很少进行深加工，而利用茶叶深加工工艺有利于提高茶叶的利用率，解决中低档茶的利用问题。为此，要加速名优茶介绍，深化产品开发，拓展新领域工艺、更新先进加工工艺，多渠道、全方位开拓市场，增加茶类和花色品种，充分挖掘多样化茶资源等优势，延长产业链，鼓励有实力的企业逐步向茶饮料、茶食品、保健品、生物、医药等领域进行深加工、精开发，保证茶叶的良好销路，同时提高茶原料的综合利用效益，不断提高产品增值和市场竞争，促进经济增长。

（五）重视技术开发和人才培养，提高产业的整体素质

科学研究水平的高低是茶叶生产实现可持续发展的重要依据，商南县今后首先应加大茶叶良种培育、新产品研发和制茶工艺技术等方面的研究，并将研究成果及时应用到生产加工过程中。其次应加强与中国茶叶研究所、中国科学院西北植物研究所、西北农林科技大学等国内茶叶科研机构和高等院校的交流合作，通过多种途径，积极创造条件吸引茶叶专家，通过项目研究、现场指导等方式，重点开展良种选育、规范化栽培技术、土壤连坐障碍改变、病虫害防治、清洁化工工艺、新型茶产品开发等技术研究。再次要加强对茶农的专业技能培训，定期组织茶叶知识讲座，发放茶叶种植技术手册等；加强技术培训，增强企业创新能力，提升茶农种植水平，保障茶叶规范化和无公害化生产；积极推进商南县茶叶机械化进程，推广茶园机械化采摘技术使名优茶叶加工实现自动化、标准化、规范化生产；提高茶叶的生产效率，逐步走向规范化、产业化、现代化茶叶生产模式；同时保证及时收集茶叶、加工处理，提高茶叶产量，提高茶叶资源利用率。

（六）加大资金扶持力度

茶叶产业是商南县财政增长和农民增收的新增长点。目前，商南县的茶园种植面积大有增长，"一村一品"示范村建设初见成效，广大农民的种茶积极性有了明显提高，茶产业发展前景良好。要坚持在政府引导下，以市场为导向，以农户

为主体,以企业为主导,实现商南县茶产业从传统种植茶业向现代生态茶园模式的转变。有关部门应进一步加强对茶叶产业发展的支持力度,进一步修订和完善茶产业发展规划,认真落实各项扶持政策。各乡镇、各部门要积极争取相关项目,引进资金,服务产业建设,开通绿色通道,重点对无性系良种茶园基地建设、中低茶园改造、原料基地建设、初制茶厂优化改造;对茶叶的质量和安全、茶叶品牌建设等方面给予资金和土地的扶持照顾;对新技术和新产品开发、研发试验、示范和推广给予一定的财政补贴;加大招商引资力量和信贷扶持力度,有效解决茶农和茶叶企业的贷款等问题;根据茶叶的营养特点,研究和制定有别于茶鲜叶收购标准和产品的加工标准,以保障产品的规范化、标准化、优质化,推进茶产业全面升级,提高茶叶产业的品牌知名度和美誉度。

(七)培育市场,树立品牌意识,实施品牌战略

品牌是能给经营者带来增值的一种无形资产,代表着商品的综合品质,亦是企业核心价值的体现,具有特殊意义,品牌是打开市场大门的"敲门砖",也是占领消费市场的"通行证",茶叶消费目前还没有形成热点,难以打动消费者。要大力发展茶产业必须进行以下工作:①培育市场。利用当前商南县已有的得天独厚的资源优势,立足茶叶的营养保健功能,抓住人们健康饮食的心理,准确定位,同时加大对茶叶营养保健价值及相关产品的宣传力度,培育市场。②实施品牌建设。应增加茶叶产业投资品牌创新,为产品开发市场潜力,在扩大规模的基础上,提高质量,进一步开发高档茶叶产品,进行品牌质量认定、评选及商标注册,进一步提升品牌价值、声誉、影响力和市场占有份额。在此基础上,加大茶叶营养价值的宣传,使广大消费者认识、了解茶的独特营养价值,并进一步消费茶制品。

五、实践总结

通过调阅相关资料,对商南县地理位置和自然条件进行了深入分析,并对商南县茶叶的发展史及其发展过程中存在的问题进行了深入研究,从而进一步了解商南县茶产业收入所占比例。结合近几年商南县委、县政府的高度重视和相关部门的大力支持,商南县茶产业得到了很快发展。借此,本文提出了一些可行性建

产业发展篇

议,希望借着这股热潮,充分利用相关资源优势,将商南县茶产业推上一个新的台阶,为商南县茶叶产业化略尽绵薄之力。

作　　者　西北大学经济管理学院本科生　田弘基
指导教师　宁赐栋

20 关于铜川市中药材种植加工产业高质量发展的调研报告

习近平总书记讲:"中医药学凝聚着深邃的哲学智慧和中华民族几千年的健康养生理念及其实践经验,是中国古代科学的瑰宝,也是打开中华文明宝库的钥匙。"中药材种植与加工行业的再度新兴与人们生活理念的转变有着密切的联系,养生的生活方式逐渐走进了年轻人和中老年人的世界,中药被认为是实现养生模式的重要途径。

铜川市因其气候适宜中药材生长,逐渐在其各区各乡镇分布有药材种植加工基地,这些基地的兴盛发展不仅促进乡村产业振兴发展、增加了农民收入、改善农民生活水平,也落实了脱贫扶贫这一目标任务。铜川市种植药材的优势有以下三点:

一是自然地理因素:铜川市地处陕西省中部,关中平原和黄土高原的过渡地区,地势西北高东南低,地形地势复杂多样,属大陆性季风气候,四季分明,气温在降水的季节变化明显,且降水地区差异较大;该地的土壤类型多样,适合多种药材生长。

二是政策因素:从 2021 年开始,铜川市政府联合京东云、京东农场共同打造了黄芩、金银花等中药材种植基地,拉开了铜川中药材产业智能化转型的序幕。在京东农场黄芩基地,随处可见农情基站、智能监测站、远程可视化设备、中央指控中心等智能设备。

基于中药材种植基地的发展现状,京东农场开发出符合铜川发展的运营管理新模式,不仅设立了消毒区、分捡区、质检区、包装区、成品区、无菌恒温仓储区、产品展示分类等区域,还搭建起可视化溯源管控体系。通过设立环境监测基站、智能监测站、远程可视化设备、中央指控中心,对基地中药材生长情况进行全方位监测;在软件方面,通过搭建预警模块、管控模块、区块链防伪追溯模块

产业发展篇

等,实现对产品生产全程的"保姆式"服务。

三是销售因素:借助京东强大的供应链服务体系和数字化技术服务能力在需求端发力,加快构建农产品现代流通体系,扶持本地的特色中药材产业发展。除了中药材种植之外,还在上下游产业延伸,大力开发金银花茶、黄芩切片,助力当地中药材品牌向高品质、高知名度迈进,进而带动当地经济发展。

调研过程主要为:深入乡村基层调研中药材种植与加工产业,通过入户调查、采访药材种植加工基地负责人等形式,了解该产业的发展现状、现有规模等,从而进一步分析该行业对促进经济高质量发展的积极影响;同时探究中药材种植与加工行业在当前的发展阶段中存在的问题,并根据问题提出相应的解决方法和建议。

一、铜川市中药材种植加工产业发展现状

本次调研活动我们共走访了 4 个中药材种植与加工基地,分别是耀州区土桥村金银花种植产业园、铜川市孙塬镇宝鉴村黄芩种植基地、铜川市印台区王石凹村连翘种植基地和铜川市照金镇高尔塬村修和堂艾草种植与初加工基地。每个种植基地的发展进度不同、经济效益不同,因此所处现状也各有差异。

(一)耀州区土桥村金银花种植产业园

金银花为忍冬科忍冬属植物。本品呈棒状,上粗下细,略弯曲。表面黄白色或绿白色(贮久色渐深),密被短柔毛。作为中药材,金银花入药部位为干燥花蕾或带初开的花,具有清热解毒、疏散风热的功效。因其开花时间集中,且花未开放时的药效最佳,故采摘期较短仅有 15 天,单纯的野生金银花采收数量非常有限。

土桥村村民看到了金银花日趋增长的市场需求,于 2016 年成立和丰金银花种植专业合作社,开始全村规模化种植成本低、生命力较强、产量高的金银花品种"北花一号"。合作社负责人个人种植金银花 300 亩,另带动 51 位社员种植超 2000 亩金银花。不仅实现了集约化人工种植,也保证了金银花的药材质量。金银花是土桥人的致富花、幸福花,它带领了当地贫困群众成功脱贫。

青春实践路　奋进新征程

（二）印台区王石凹村连翘种植基地

连翘是双子叶植物纲、捩花目、木樨科、连翘属落叶灌木。其叶、花、果具有药用、食用、茶饮、美容等功效，而且耐寒、耐旱、耐贫瘠。野生连翘存在着只采收、不管理、任其自然消长的现象，导致连翘植株生长参差不齐、果枝减少、坐果率低等问题，其产量并不可观。

在早年对王石凹村的产业规划中，将贫困村脱贫产业发展放在区域整体发展中去谋划，立足"药王故里、养生铜川"区域经济发展定位，明确发展以中药材种植、特色生态养殖为特色的脱贫主导产业，引导发挥贫困村特色资源优势——王石凹村地处温带季风气候下的丘陵沟壑区，土地面积大、山峁梁多，连翘适应性强的特点恰好与当地生产条件相契合，成为当地重要经济作物种植之一。

王石凹村以连翘、花椒等作物的种植作为主导产业，先后建立数个百亩种植产业园，让贫困群众从原来以玉米、小麦为主的传统种植转向以中草药、干杂果等为特色的经济作物种植，最大化发挥了土地面积大、草木丰茂等优势。

（三）孙塬镇宝鉴村黄芩种植基地

黄芩别名为山茶根、土金茶根，其药用部位就是其根部，三年一收，生长期长。黄芩可用于清热燥湿、泻火解毒、止血、安胎，药用价值十分广泛，并且可用于治疗上呼吸道感染，对于肺热、咳嗽以及肺炎有一定的治疗效果，在各类预防新型冠状病毒感染肺炎的药方中均含有黄芩。

黄芩适宜在旱塬地带种植，因此铜川地区具有种植黄芩的地域优势。孙塬镇宝鉴村在区政府的不断鼓励引导和政策支持下，由粮食种植转向中药材种植。合作社自成立以来，共带动了贫困户47户，贫困户总共种植了180多亩。现如今黄芩种植面积达6000亩，辐射带动70户贫困户种植黄芩385亩，成为陕西省内重要的黄芩种植地之一。

在对宝鉴村实地调研和与村民的交谈中，我们也发现了一些种植方面的问题：①政府基于补助宝鉴村示范基地种植黄芩总共500亩，扩大种植面积将出现补助范围外的土地，农户对此的种植意愿较低；②黄芩的种植期通常为3年，且与气候变化关系密切。在农户们需要投入更多的时间和精力的情况下，产量、价格的浮动和不确定的风险要素让他们更愿意种植玉米小麦等稳定的农产品，而非全身心投入回报未知的黄芩。

（四）照金镇高尔塬村修和堂艾草种植与初加工基地

艾草是十分常见的种植类药材，是菊科、蒿属植物，多年生草本或略成半灌木状，植株有浓烈香气，具有高纯度、无污染、生长周期长、叶片饱满、气味芬芳等特性。孙思邈在《千金要方》中曾著述："凡人居家远行，随身常有熟艾一升"，并称艾草为"仙草"。中医学上常以艾入药，有理气血、暖子宫、祛寒湿的功能。

2018年照金镇在发展加工生产艾草制品的同期开始鼓励进行高山艾草种植。铜川照金润泽源中医健康产业公司在代子村与高尔塬村各有一艾制品加工厂区，日加工艾草量13吨，年产能4800吨以上。公司积极响应政府号召，采用"公司＋合作社＋农户"的模式，带动代子村和高尔塬两个村中100余户贫困户种植艾草。目前艾草基地总面积7000余亩，其中一部分是人工种植，一部分是野生艾草，每年可产出艾草18000吨左右，是陕西省内艾草产出最高的种植基地之一。

二、铜川市中药材种植加工产业销售现状

（一）耀州区土桥村金银花种植产业园

金银花因其生命力较强，且易于栽培，成为全国多地普遍种植的药材。近年来，金银花需求量越来越大、价格随之不断上升，未来的市场发展前景很好。金银花目前每公斤的市价在300元左右，气候较佳的年份每亩实际产量可达200斤左右。

2016年7月，耀州区和丰种植专业合作社成立，为种植户提供技术指导、苗木采购等一条龙服务，同时与山东华康农业发展有限公司签订了包销合同，解决了金银花的销售渠道问题，为农户每年种植金银花获得的收入提供一份保障。从山东华康农业发展有限公司的角度来说，这份合同的签订提供了稳定的、保质保量的金银花来源，提升了经济效益。

（二）印台区王石凹村连翘种植基地

王石凹村的产业规划将贫困村脱贫产业发展放在区域整体发展中去谋划，在一、二、三产融合发展中来布局，建立了药材初加工厂，对采摘的药材进行初

步的筛选、烘干等工作,以便药材更好地保存与销售。在销售模式上,王石凹村连翘种植基地与土桥村金银花种植基地较为相似,均由合作社与医药公司签署长期包销合约来进行销售。这种经营模式可以有效避免散户受到药贩子的蒙骗压低价格,降低市场风险,实现小农户与大市场对接,让群众分享到产业链的收益。

(三)铜川市孙塬镇宝鉴村黄芩种植基地

虽然宝鉴村黄芩种植面积广阔,产量可观,但在药材销售方面仍存在着诸多问题:①个体散户种植黄芩的人数较多,缺乏规模化作业的条件,不利于药材质量的统一,也增加了销售难度。同时从经济效益判断,种植亩数越多每亩成本相应越低,投入产出比就会越高。但是宝鉴村当前的状况与之相反,个体种植亩数较少则导致个体散户需要承担较高的种植成本。②黄芩的种植期通常为3年,且与气候变化关系密切,所以农户需要投入较多的时间和精力才能获得一个不确定的回报,在经济学中属于回报周期长且产量浮动较大,是具有投资风险的,所以难以与医药公司签署长期收购合约。③该合作社散户出售黄芩的方式以药贩子前来宝鉴村收购为主。这种销售渠道不固定且由于信息的不对称,散户难以掌握准确的市场价格,收购价格一般偏低。

(四)铜川市照金镇高尔塬村修和堂艾草种植与初加工基地

照金镇高尔塬村艾草种植基地与润泽源中医健康产业公司达成包销的长期合作,当地所有种植产出的艾草都由该公司统一收购进行再加工,随后出售,农户们不用担心艾草卖不出去、不用过度担心气候问题、也不用担心价格被故意压低等问题。

艾草因其广泛的功效可以制成各类养生品,如艾绒、艾条、艾蒿粉等。该基地除了生产基础初加工产品以外,也原创设计了文化产品。根据民间认为艾草有辟邪、招百福的观念,基地设计生产了精美的加热坐垫、枕头、香包礼盒等一系列产品,取得了显著的经济效益。

该公司计划在未来继续研发新产品,制作石墨烯技术与艾绒相结合的纺织类衍生产品,如护膝、床垫等,后续还将考虑发展森林康养中医养生民宿,作为附加值高、产业链长、辐射带动效益强的新兴绿色生态产业。

三、调研数据分析

(一)农民收入水平数据

在进行入户调查的过程中,了解到农户们当前的月收入水平如图 20-1 所示。从图中可以看出,农户月收入处于 1500~4000 元以及 4000~7000 元两个区间的人数较多,仅有不到 10% 的人数收入水平位于 1500 元以下。

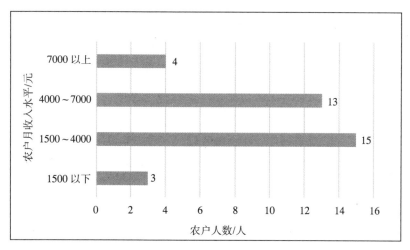

图 20-1 农户月收入水平统计图

(资料来源:调研团队实地调研数据)

为了进一步探究收入高是否是因为种植药材获利引起的,我们还收集了种植药材对农户们收入提高的幅度,划分为 5 档 "<25%,25%~50%,50%~75%,75%~100%,>100%",并赋分值为 1 到 5,根据此数据与平均月收入数据做了相关性分析。

表 20-1 平均月收入和收入提高幅度相关性分析

	平均月收入	收入提高幅度
平均月收入	1	
收入提高幅度	0.82	1

表 20-2　各基地平均月收入和收入提高幅度描述统计结果

村	平均月收入/元	收入提高幅度
宝鉴	2266.7	2.0667
土桥	3000	4
王石凹	1714.3	1.4286
高尔塬	3428.6	4
总计	2514.3	2.6571

由表 20-1 可知，平均月收入与因为种植药材收入提高幅度呈现明显的正相关性，说明相对高收入群体他们的主要盈收来源是因为种植中药材，即种植中药材导致他们平均月收入高的主要致富原因，说明种植中药材是一种完全可行的乡村产业振兴策略，在短期内即可迅速提升居民生活水平。

并通过表 20-2 可直观对比各基地之间的平均月收入和收入提高幅度，可知高尔塬村平均月收入最高，收入提高幅度与土桥村齐平，并领先另两个基地。综合来看，高尔塬村的表现最优，在实践调研中团队确实发现该基地的下游加工产业链发展是最完善也是最成熟的，带动了产业上游农户种植艾草的积极性，种植规模近年来也在不断扩大。

（二）中药种植原因分析

图 20-2 清楚地表明了农户选择种植中药材的原因分布多样，但这些原因与

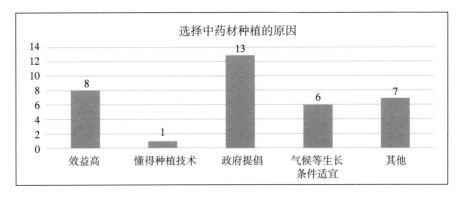

图 20-2　现有农户种植中药材的原因统计图

（资料来源：调研团队问卷调研数据）

地域存在一定联系。例如，在团队成员与农户们交谈结果中可以了解到土桥村金银花种植农户们是在合作社负责人的带领下由于效益高才加入种植金银花。孙塬镇农户则是在政府鼓励与补助政策下种植黄芩，所以其在种植原因中占很大比重。

（三）种植面积、年限与收入的相关性

根据调研数据显示50%的农户种植药材面积在5～10亩之间，处于中等水平，剩余土地用于种小麦、玉米等经济作物。同时发现种植年限较长的农户，种植药材的面积也比较大，这与种植药材带来的经济效益鼓励人们扩大规模，和前期投入大量成本、中后期回本资金流逐渐趋于稳定有关。

通过对平均月收入分别与种植中药材年限、种植面积的相关性分析，可得到以下结果：平均月收入与种植年限的相关性系数为-0.246，绝对值小于0.3，说明两者没有明显的相关关系；但平均月收入与种植面积的相关系数为0.634>0.5，具有比较显著的正相关关系。因此若要进一步带动和扩大药材种植产业链的发展，应鼓励农户们改变种植思路、开垦荒地、扩大药材种植规模。

表20-3　平均月收入与种植年限相关性分析

	平均月收入	种植年限
平均月收入	1	
种植年限	-0.246	1

表20-4　平均月收入与种植面积相关性分析

	平均月收入	种植面积
平均月收入	1	
种植面积	-0.634	1

四、铜川中药材种植加工产业当前存在的问题

团队成员在整个调研过程采取了以入户询问、发放调查问卷为获取数据的主要形式。调查内容可分为三大部分，农户的基本特征、中药材的种植情况和中药

材的市场销售情况,共 20 个问题。在 4 个中药材种植基地中,我们共收集了 35 份有效调查问卷,属于大样本调查(>30 份)。根据收集的数据结合图表形式对铜川市各中药材种植加工基地存在的问题进行深入分析。

(一)种植层面

一是劳动人口"空心化",从图 20-3 中可知,从总体上来看 60 岁以上的人群占比最大,而 40 岁以下的青壮年人最少,这说明当前各个基地都面临一定不同程度的劳动人口"空心化"的问题。其中宝鉴村和王石凹村缺乏青壮年劳动力的情况更为严重,年轻劳动力很少甚至没有,与当地中药材产业发展还不够完善、年轻人更倾向于大城市打工有关。

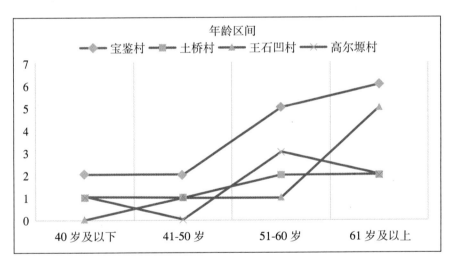

图 20-2 各村劳动人口年龄对比图

(资料来源:调研团队实地调研数据)

出现此问题的原因可总结为:其一,交通可达性低。以位置偏僻的王石凹村为例,该村缺乏固定往返班车,进出村成本较高。常住的老人大多表示交通的不便影响了生活用品的购买,提高了就医的成本,也大幅减少了年轻人的就业机会。从生产的角度来说,交通也影响着种苗、化肥、药材的运输,人员的流动,机械和技术的引进等因素,从而进一步削弱了年轻人留乡意愿。其二,单纯种植农作物、中药材等经济作物加工产业链短,效益低,几乎全部的年轻人都更愿意选择去县城或者更大的城市务工。其三,缺乏相关政策体系打通城乡人才培养交流通道,无法有效吸引人才返乡。

二是获取技术困难,农户普遍认为技术是非常重要的(表20-5),农户普遍认为先进的技术可以帮助更好地控制中药材的品质从而卖出更好的价格。但是从表20-6又得知普通农户想要获取这些技术是非常困难的,村民普遍受教育程度比较低,不具备自主发明创造的能力,需要政府出台一些扶持政策。

在4个基地中情况较好的是土桥村。宝鉴村虽然在政府的扶持下每年合作社定期开展过集体学习黄芩种植方法的研讨会,但是效果并不理想。土桥村和丰合作社与医药公司达成包销合约,所以会有医药公司的专业技术型人才定期定点进行指导和帮助,所以该村多数居民认为获取技术并非十分困难。

表20-5 技术重要性频率分布表

技术重要性				
	频率	百分比	有效百分比	累积百分比
非常重要	30	85.7%	85.7%	85.7%
比较重要	5	14.3%	14.3%	100%
总计	35	100%	100%	

表20-6 获取技术难易程度频率分布表

获取技术				
	频率	百分比	有效百分比	累积百分比
非常困难	19	54.3%	54.3%	54.3%
比较困难	10	28.6%	28.6%	82.9%
一般	6	17.1%	17.1%	100%
总计	35	100%	100%	

三是面临风险多且缺乏有效预防措施,本题为多选题,每个被调查人员可以选择3种他们认为在种植药材过程中会面临到的风险和困难,所列出5种风险均是在日常农业活动常见的。

从表20-7中可以看出,农户最担心药材价格在短期内由于各类外界影响发生剧烈波动的风险,这是最直接关系到收入的。以黄芩为例,宝鉴村的村民种植每亩黄芩可以收获1吨的产量,如果每千克价格降低了1元,农户们将直接损失每亩1000元的收入。其次是担心极端天气对药材产量的影响,另外对病虫害和销售困难也有近一半的农户表示担忧,但是这两种风险与前两类相比具有明显的地域分布,主要集中在宝鉴村和王石凹村。同时调查人员也发现当地缺乏应对风险的解决办法。

以宝鉴村和王石凹村为例,两村均未与医药公司达成病虫害防治和药材销售方面的相关协定,在缺乏专业医学人士的指导和稳定的销路的情况下,药农种植中药材的风险大大提高。

面对价格波动,村民和当地村庄缺乏运用金融工具应对风险的意识,而面对严重影响药材产量的极端天气,农户和种植基地也往往因没有与保险公司签订气象保险而遭受更多损失。

表20-7 面临的风险频率分布表

计量	名称	响应个案数	百分比	个案百分比
$ga	价格波动大	28	26.70%	80.00%
	病虫害	15	14.30%	42.90%
	销售困难	18	17.10%	51.40%
	种苗质量	10	9.50%	28.60%
	极端天气	24	22.90%	68.60%
	其他	10	9.50%	28.60%
总计		105	100.00%	300.00%

(二)销售层面

一是难以获得准确的市场信息,不同基地获取价格信息的难易程度也不同,由于信息的不对称,散户难以掌握准确的市场价格,药贩可能对价格隐瞒欺骗,收购价格一般偏低从而获利减少,相对来说与企业合作可以获得相对准确无偏的交易价格。从表20-8可知,SPSS分析两者的相关性,相关系数为0.534>0.5,

说明获取价格难易与基地采取的模式具有一定相关性，主要依赖于该基地的交通状况和与企业的合作情况。

表 20-8　不同基地与获取价格信息难易程度的相关性分析

	种植基地	获取价格信息难易程度
种植基地	1	
获取价格信息难易程度	0.534	1

二是销售方式的不同及其存在的弊端，依据调研概况中对销售现状的分析，可以得知 4 个中药材种植基地的销售模式各不相同，有差异也有相似之处，但都存在一定弊端。

土桥村金银花种植产业园和丰合作社与京东销售平台和兴盛德医药公司均达成了长期的合作合同，只要金银花的质量检测过关医药公司就会全部收购，医药公司会将这些金银花进一步处理后就可以放到市场上去交易，销售给省内各大医院、医药超市等。但是这种择优收购的模式可能会使农户的收入低于预期水平、在遇到干旱等极端天气的年份可能会遭受损失，是企业利润最大化的销售模式。

孙塬镇宝鉴村黄芩种植基地在政府的扶持下采用"企业+大户+合作社"的模式，但是政府与合作社只扶持和帮助了散户们的种植问题，并没有处理销售渠道的问题。多数散户直接将药材在采摘期后直接出售给来采购的药贩子的这种销售渠道存在极大的弊端，首先由于散户家里不具备长期保存黄芩的设备所以必须要在采摘后及时出售，药贩子掌握了这一点之后就会故意压低价格，散户们只得被迫出售；其次，散户种植、采收的药材缺乏统一的标准化的质检，降低了大型公司的收购意愿；再次，由于村内劳动人口多为中老年人，不会熟练使用互联网主动了解黄芩真实的市场价格，有可能会受到药贩子的蒙骗。

照金镇高尔塬村艾草种植基地与润泽源中医健康产业公司达成包销的长期合作，当地所有种植产出的艾草都由该公司统一收购进行再加工为各类产品随后出售。农户不用担心艾草的销路、气候影响艾草品质以及价格被故意压低等问题。但合作企业可能会在气候不好、药材质量不佳的年份承担一部分损失，降低了企业合作意愿。相比而言是以农户利润最大化为基础的销售方式。

青春实践路 奋进新征程

王石凹村连翘种植基地存在未与大型医药公司达成合作、收购运输不便和种植规模有限等明显缺陷,使得销路进一步受阻。

表20-9表明农户在是否担心药材销售和是否希望与下游企业签订长期销售合同问题上存在较大差异,有的种植基地与相关医药公司已达成了包销合同,所以不必担心销路和签订长期合同的问题。相反,未与相关医药公司签订合约的种植基地会在这方面考虑得更多。

表20-9 散户在销路方面的考虑

是否担心药材销售	不担心	无所谓	担心	非常担心
	11	8	16	0
是否希望签订长期销售合同	希望	无所谓	不希望	
	23	12	0	

(三)成效方面

在研究过程中我们发现虽然各基地都位于铜川市,但是由于地理位置、交通情况、产业模式的不同使得平均收入也表现出一定程度的显著差异。金银花价格自2019年开始飞速上升,或者照金高尔塬村艾草种植与加工产业的逐步完善化,都给当地农户带来了丰厚的收入,4000元以上的收入群体大都属于这两个基地。

表20-10 不同基地平均月收入均值对比表

村名	个案数	平均值	标准偏差	标准错误	平均值的95%置信区间		最小值	最大值
					下限	上限		
宝鉴	15	2.2667	0.45774	0.11819	2.0132	2.5202	2	3
土桥	6	3	0.63246	0.2582	2.3363	3.6637	2	4
王石凹	7	1.7143	0.75593	0.28571	1.0152	2.4134	1	3
高尔塬	7	3.4286	0.53452	0.20203	2.9342	3.9229	3	4
总计	35	2.5143	0.81787	0.13824	2.2333	2.7952	1	4

表20-10表明4个种植基地均存在收入差异,为进一步证明我们分别对不

产业发展篇

同基地与平均月收入和收入增长幅度的关系分别做了单因素 ANOVA 检验（表 20-11）。

表 20-11 不同基地与平均月收入和收入增长幅度的单因素 ANOVA 检验

因素	平方和	自由度	均方	F	显著性
平均月收入	12.667	3	4.222	12.99	0
收入提高幅度	39.238	3	13.079	32.058	0

种植基地与平均月收入的 F 检验统计量观测值为 12.99，对应的 P 值近似于 0；种植基地与平均月收入的 F 检验统计量观测值为 32.058，对应的 P 值也近似于 0，因此可认为种植基地与平均月收入、收入提高幅度间均存在着相关关系，即不同种植基地之间会有显著的收入差异，这与基地的发展现状息息相关。

五、促进铜川市各中药种植加工基地的发展建议

（一）推广"政府＋医药企业＋金融机构＋合作社"模式

大力推广"政府＋医药企业＋金融机构＋合作社"的中药材种植加工模式，在原有的"政府＋医药企业＋合作社"的基础上，结合金融机构可提供的资金扶持，弥补当前模式无法应对极端天气、个体散户贷款途径单一、风险没有得到有效担保等的问题。

一是金融机构不仅可以依据每种主体的特点设置独立的资金扶持，还利用了主体间的关系发展产业链金融，在做好风险控制的同时创新更具精准度的产品，能够以金融串起中药材产业的"一圈一链"。

二是鼓励医药企业联合中药材生产基地，延伸完善中医药材种植的产业链条，加快推进中药材种植与加工标准化，形成规模化种植，不仅能够提高药材的质量，同时可以完善药材的加工与运输等工序。

三是政府利用当地的自身优势，制定出适合当地发展实情的助农、惠农政策，做好药材种植区域的规划和布局，制定切实可行的中药材种植产业发展规划，做到因地制宜，突出当地特色。政府应加大对铜川药材种植产业的扶持力度，认真研究相关自己扶持政策，给予当地种植药材的村民一定的补贴和帮助，并定期回

访，收集分析种植产业中遇到的各种问题并解决，根据实际情况对中药种植产业进行调整。

完善当地基础设施建设，为百姓过上更好的生活扫除障碍。政府应注重百姓日常生活中不方便之处，修建基础设施，满足百姓的日常生活需要，积极与百姓沟通，收集百姓的建议，了解百姓的难处，帮助百姓在生活上过得更舒心更方便。

（二）种植层面

合作社应对当地村民进行种植技术培训，帮助他们了解如何利用中药材脱贫致富，并组织当地村民进行药材规模化种植，扩大药材的种植面积，提升村民种植药材主动性和积极性。

（三）销售层面

政府应与合作社积极配合加强品牌建设与营销宣传，将中药材打造成为具有当地特色的知名产业。充分利用各种媒体和互联终端、医药博览会、研讨会等方式，借助铜川"药王故里"的历史地域优势，广泛宣传铜川药材的产品，扩大铜川药材的知名度和影响力。

（四）影响成效层面

一是大力发展林下经济、休闲养生等与中药材密切相关的其他行业，打造集休闲、养生、观光、采摘于一体的乡村旅游发展格局，为当地人民创收增添多个渠道。近年来，大众对于养生更加重视，当地政府应积极创新，将中医中药等特色产业与民宿、疗养等新兴产业结合，加大宣传力度，发展中医森林康养民宿等，作为附加值高、产业链长、辐射带动效益强的新兴绿色生态产业。

二是政府带头号召各种植基地加强对当地生态环境的保护，做好铜川药材的资源保护工作，推进可持续性的中药材加工与种植。全面深入贯彻生态保护理念，以铜川特色药材资源为依托，加大对中医药材的保护工作。在发展铜川药材种植产业的过程中，相关部门应优化区域布局，加强对于药材质量的检验和管控，依靠政府的投资和资金扶持推动中药材种植业的发展。同时当地药材龙头企业需要更重视药材的质量，总结种植经验，提高种植和加工技术，保证铜川药材的质量。

应大力推进规范化种植生产示范基地建设,鼓励发展本省优质种苗,做好铜川的药材资源保护工作。

作　　者　西北大学经济管理学院本科生　王诗雨　陈思华
指导教师　马　聪

21 关于汉中市南郑区践行"绿色发展"理念的调研报告

2020、2021年习近平总书记相继来陕考察,多次强调"绿水青山就是金山银山"的发展理念,把生态治理与发展特色产业有机结合起来,走一条生态与经济协调发展、人与自然和谐共生之路。生态环境是关系党的使命宗旨的重大政治问题,也是关系民生的重大社会问题。

陕南既是"一带一路"建设和长江经济带战略的交汇点,也是关中平原城市群和成渝城市群的连接点,完全有条件依托地缘和绿色生态优势实现高质量发展。陕南绿色发展的长期战略要求以经济生态化、生态经济化为路径,探索生态环境保护与产业融合发展新模式,推动建立生态产品价值实现机制。统筹山水林田湖草沙一体化保护和修复,深入实施秦岭等重点区域生态保护和修复重大工程,时刻把生态文明建设摆在突出位置,持续完善生态保护体制机制,筑牢国家生态安全屏障,努力把绿色循环发展的美好蓝图变为现实,让绿色循环发展成果更多、更公平地惠及群众。推动陕南地区打造生态产品价值实现先行区,开展生态资源价值科学评估和生态产品基础信息调查,规范自然资源确权登记制度,摸清各类生态产品数量、质量底数,搭建各类型生态产品交易平台,探索政府主导、企业和社会各界参与、市场化运作、可持续的生态产品价值实现路径,打通"绿水青山"向"金山银山"的转化通道。

作为陕南绿色高质量发展的龙头引擎,汉中生态优势日益彰显。牢记"国之大者",坚决整治秦岭巴山"五乱"问题,新增绿化造林面积133.6万亩,荣膺国家森林城市、国家园林城市、省级环保模范城市。扎实推进三大保卫战,汉江、嘉陵江出境断面水质稳定达到Ⅱ类标准,全市空气优良天数常年保持在330天以上。"两山资源公司"实现市县全覆盖,获银行机构授信总额突破90亿元。汉中

产业发展篇

市委、市政府将绿色生态作为发展本底,持续打好"三大保卫战",推进"5+1"治水建设幸福河湖三年行动,开展"冬病夏治"专项行动,切实当好秦巴生态卫士;深入践行"两山"理念,争取百万亩绿色碳库试点,争创国家级生态文明建设示范市、国家生态产品价值实现机制试点城市。

在国家、省、市对绿色发展理念的不断强调下,如何落实"两山"理念,推进陕南绿色发展再上新台阶,实现绿水青山到金山银山的转换,成为亟须解决的难题。本次"三下乡"暑期社会实践活动基于经济管理学院马晓强教授的国家社科基金项目《西部多元化生态补偿的协调机制及实现路径研究》,以"守护绿水青山,共建绿色家园"为主题,一行6人,聚焦汉中市南郑区,实地考察了南郑区生态补偿、污染治理、环境保护现状。调研目的具体包括:探索绿水青山到金山银山的转换机制,为两山理念的落实寻找理论依据;了解陕南尤其是汉中南郑区绿色发展的战略布局;调查南郑区生态资源利用与保护情况;依托南水北调中线工程的汉江流域,为国家社科基金项目《西部多元化生态补偿的协调机制及实现路径研究》寻找现实依据。

团队在指导老师的带领,围绕调研目标先后前往南郑区两山公司、汉中植物园、红寺湖、江南污水处理厂、中材矿山治理项目现场、工业园区以及大河坎热源站等地进行实地调研,开展了10余次座谈交流,现形成以下调研报告。

一、调研对象简介

汉中市南郑区位于陕西省西南边陲、汉中盆地西南部,北临汉江,南依巴山。全区地域总面积2809.0363平方千米。在陕西地貌分区中,属陕南秦巴山地组成部分。横亘东西的米仓山构成地貌骨架,汉江环绕东北部,地势南高北低,呈阶梯状分布。地域由北向南依次为平原区(汉中平原组成部分)、低山丘陵区(大巴山低山丘陵组成部分)、中山区(米仓山至大巴山构造剥蚀中山区组成部分)。主要河流有9条,总长365.35千米。除汉江为过境河流外,其余河流均发源于米仓山地、丘陵。以米仓山主脊为分水岭,北面的濂水河等属汉江水系,总流域面积1545.33平方千米;南部的西流河等属嘉陵江水系,总流域面积1145.93平方千米。南郑地处汉江南岸,为汉中市城市组成部分。全区辖20个镇、2个办事处、27个城镇社区。2017年8月国务院批复南郑撤县设区,9月宣布设立汉中市南郑区。西汉铁路、宝汉高速公路、西成客专高铁和国道 G244、汉通路、汉宁路穿境而过，构建以城区为中心、辐射全区、贯通两省六县的交通网络。全区城镇建成区总面积 27 平方千米，城市人口 28 万人，城镇化率 46.5%。境内生态良好，雨量充沛，资源丰富，文化底蕴深厚，基础设施功能齐全。区域经济特色鲜明，以茶叶、烟叶、生猪、中药材、蔬菜为农村经济的主导产业，以烟草、设备制造、新型建材、矿产冶金、绿色农产品加工为工业经济的支柱产业；旅游重点景区两山（黎坪山、龙头山）两湖（南湖、红寺湖）一中心（大汉山休闲旅游中心）建设步伐加快，三大旅游环线基本形成。2021 全年实现生产总值 239.75 亿元、增长 3.8%；固定资产投资增长 18%；财政总收入 45.6 亿元、增长 14.8%，其中地方财政收入 8.2 亿元、增长 15.7%；城镇、农村常住居民人均可支配收入分别为 37648 元、13413 元，增长 7.8%、11%。全年接待游客 1112.9 万人次、旅游综合收入 73.8 亿元，分别增长 23.5%、36.4%，被评为省级全域旅游示范区，全年实现社会消费品零售总额 56.4 亿元、增长 12.7%。

（一）两山公司

2021 年 7 月 20 日下午，团队前往两山公司开展调研，在负责人的带领下对公司展厅进行了参观学习。汉中市南郑区两山公司全称为汉中市南郑区生态资源资产经营有限公司，是汉中市南郑区投资控股集团下属子公司。成立两山银行，是践行习近平总书记生态文明建设思想、两山理念的创新实践，更是实现碳达峰、碳中和的重要路径，以绿色循环理念推动产业转型发展，切实把绿色优势转变为发展优势，把生态财富转变为经济财富。按照市委、市政府关于组建两山公司的工作要求，南郑区委区政府高度重视、迅速行动，紧扣"绿水青山就是金山银山"发展理念，精心谋划、严把细节，历时 13 天建成最美两山银行，于 2021 年 9 月 26 日正式揭牌。目前设置有综合管理部和资产管理部，后期还将增设评估担保部、招商运营部、风险管控部等部门。公司以"存入绿水青山，取出金山银山"为根本遵循，在保护生态环境的同时，获得经济、社会双重效益的发展，实现生态资源资产高水平的转化。推动村民拿租金、挣薪金、分股金，形成企业、集体、村民利益共享机制。在生态产品价值确权、核算、评估、交易等方面开展先行先试，争当践行"两山"理念、绿色循环发展的排头兵。两山银行按照政府搭台、市场运作、农户参与、企业主体的模式，引入社会资本和运营管理方，能够实现生态

产业发展篇

资源向资产、资本的高水平转化,为县域经济高质量发展提供有力支撑。

随后,团队同负责人就运营模式、发展方向、存在问题等进行了深入交流探讨。公司运营10个月以来,通过广泛宣传,提高两山公司知晓度。充分利用新型经营主体培训班和镇办会议进行宣传推介,使广大干部群众对两山公司如何带动群众和村集体以及经营主体增收有了全面认识。另外,主动邀请上级部门、业务相关单位和镇(办)前来参观调研,座谈交流50余次,获得极高评价。

精心谋划,积极收储优质资源。为迅速掌握可利用资源资产,公司精心制定了两山生态资源资产调查流程和相关表格,组织召开全区生态资源资产调查摸底培训会。两山公司工作人员分组到镇(办)进行培训指导、答疑解惑,并结合实际提出资源资产整合提升建议,有效保障入库资源资产数量及质量。截至目前,全区22个镇(办)共调查山、水、林、田、湖、矿、地、房、文等九大类生态资源资产300余处,已审核录入系统159条、4万余亩。

注重实效,完善拓展平台功能。主动邀请金融机构到两山公司参观交流,就经营主体增信、打通经营主体抵押贷款堵点等工作进行了深入探讨,南郑农商银行、建设银行等7家银行共授信额度达102亿元。与建设银行合作策划土地经营权流转抵押贷款线上产品,进一步完善生态资源资产管理系统平台功能。

强化支撑,组建生态资源统筹发展中心。设立汉中市南郑区生态资源统筹发展中心,为区农业农村局所属正科级全额预算事业单位(公益一类),核定编制10名,主要负责制定全区生态资源统筹发展和利用规划,组织开展项目策划和招商引资,落实重点资源资产管控措施,并配合开展生态资源相关项目编制、评审及审查,从行政层面促进两山业务顺利开展。同时谋划组建两山公司重要支撑——农村产权流转交易中心。

公司已启动三个实验性质的基地建设,探索的主要盈利模式为:发挥平台优势,依托经营主体抓生产,两山公司重点做宣传、跑市场,解决农产品难卖问题,力促农产品实现优质优价,从增加产值部分获得收益。当前,3个现代农业示范基地建设推进顺利,两山农业实践基地已完成一期建设,种植大豆20亩并配套花卉景观;建成优质水稻示范基地300亩;建成稻油轮作示范基地100亩,其中稻鸭共育50亩。公司正常运作后,主要盈利模式将向直接运营项目获益和投资获益方向转变。

下一步,南郑区将依托两山银行,全面整合盘活区域生态资源资产,大力发展现代农业、乡村旅游、农产品加工、文化创意、碳交易等新产业新业态,努力实现产业生态化、生态产业化，为乡村全面振兴厚植绿色根基、贡献生态力量。

（二）汉中植物园

随后，团队前往汉中植物园。了解汉中植物园建设情况、林长制及陕南植物多样性。近年来，南郑区紧紧围绕生态立区发展战略，深入践行"绿水青山就是金山银山"的发展理念，狠抓造林绿化，持续推进城镇街区、交通干线、重要水系绿化以及美丽乡村建设，着力打造覆盖城乡的绿色屏障。

调研团队了解到，区政府注资约 2.33 亿元建设汉中植物园，划分 12 个综合园、42 个专类园，培育了 100 余科、200 余属、500 余种的名贵、珍稀乔、灌植物，覆盖了陕南地区约 1/3 的物种，实现了对当地生态资源的充分保护，为人民群众提供了休闲娱乐的场所，同时也提供了部分就业岗位，助推经济发展。

全面实施沿路植树、傍水造林、见缝插绿、林田共建工程，一体推进国土增绿、森林提质联动共进，开展洁化、序化、美化、亮化治理，扮靓南郑四季常绿、三季有花、错落有致的"新颜值"。林业局南郑分局共计完成营造林 2.3 万亩、全民义务植树 123 万株。大力开展森林火灾监测预警、"五乱"回头望、有害生物防控和林业执法专项行动，重拳打击各类涉林违法犯罪，确保森林资源不受损、生态环境不破坏。坚持经济生态化、生态经济化，全产业链推动"两山"转化，截至 11 月底，全区实现林业社会总产值 18.80 亿元。实施沿路植树、傍水造林、见缝插绿、林田共建工程，动员社会力量参与国土绿化，一体推进国土增绿、森林提质、区域绿化联动共进，高质量实施封山育林、森林抚育、人工造林。2021 年共计完成营造林 2.3 万亩，全民义务植树 123 万株，铁路沿线绿化 7 处 511.7 亩，栽植绿化树种 5.25 万株、灌木 1500 余株、藤类 2000 余株，撒播草木种子 1000 余千克，全面推进洁化、序化、美化、亮化治理，形成了四季常绿、三季有花、错落有致的绿化美化特色。

近年来，落实林（山）长制各项制度、明确工作职责。多次组织召开全镇林（山）长制工作会议，列出重点工作清单，持续跟踪督导督办，特别是在清明、五一、元旦、春节等关键节点，所有干部全面到岗巡查值守，切实维护了森林资源的安全，实现了近 5 年来无森林火灾发生。与此同时，不定期组织开展森林资源保护巡查、荒山荒坡治理、林业有害生物防治等工作，组织各村交流巡山护林的好经验、好做法，将林长制作为秦巴生态保护工作的重要抓手。设置区、镇、村级林长,选聘村级监管员、生态护林员,实现三级林长山长全覆盖,形成山有人管、林有人护、树有人栽、责有人担的网格化、扁平化管理体系,确保一山一坡、一园一林都有专员专管,实现林长山长制工作规范化、长效化。在林(山)长制落实中,持续推进网格化管理,整合镇、村干部和生态护林员管护力量,组建"林(山)长+护林员"队伍,实现林(山)长和管护人员"入网入格",将责任与效能落到山头林块。与此同时,狠抓绿色产业振兴,先后建成了千亩大樱桃园、千亩西瓜产业园、千亩柑橘园和千亩制种油菜基地,产业结构不断优化,群众持续稳步增收,确保了绿色底色只增不减,绿色引擎动能强劲,绿色经济活力迸发。将生态护林员以网格的形式明确到巡山护林的具体地块,在全镇营造了人人有责、人人担责、人人尽责的工作氛围。

在生物多样性方面,南郑区精准开展林草生态监测评价。为了查清南郑全区森林、草原、湿地等生态空间资源的种类、数量、质量、结构和分布现状,掌握年度消长动态变化情况,分析评价林草生态系统状况、功能效益、演替阶段和发展趋势,按照陕西省林业局《关于开展全省林草生态综合监测评价工作的通知》,南郑区林业局结合全区实际,精心组织、迅速安排,精准开展林草生态监测评价,高度重视,迅速安排部署,为确保高质量按时完成工作任务,成立林草生态综合监测评价工作领导小组。抽调4名业务能力强、综合素质高的专业技术人员,组成林草生态综合监测调查组,全面开展样地调查核实工作,现场培训,提高监测水平。国家林草局西北调查规划设计院的技术人员深入湘水镇海棠寺村进行现场技术指导,对样地复位、RTK使用、样木复位、植被调查等技术要领开展"手把手"的业务培训,并就如何提高调查监测水平,破解调查监测过程中存在的问题毫无保留地传授经验,为林草生态综合监测工作提供了有力的技术支撑。克难奋进,全面完成监测任务,外业调查监测小组的四名同志不畏艰险,发扬林业人的老黄牛精神,放弃节假日的休息时间,穿梭在山大沟深的茂林中,进行样地复位、RTK定位、四个角桩定位、胸径树高测量、树牌和标识更新,以及植被、病虫害、火灾、下木、造林更新等调查。时常夜间还行走在密林河道中,饿了就啃几口馒头,渴了就喝几口山泉水。他们以顽强意志、拼搏毅力,按时间节点全面完成了17个林地和1个草地的外业调查监测工作及内业系统填报工作,样地复位、样木复位、周界闭合差均到达技术要求。通过此项工作的开展,构建了林草生态综合监测评价体系,实现林草生态监测数据统一采集、统一处理、综合评价,形成统一时点的林草生态综合监测评价成果，支撑生态空间云平台建设。为向深绿色进军夯实数据基础，为制定生态空间资源监督管理和生态系统保护修复方针政策、林（山）长制督查考核等提供重要依据。

（三）河湖长制

7月21日上午，团队在相关负责人的带领下前往南郑区陈家村水库，了解河湖长制的安排实施情况。

南郑区域内有50平方千米流域面积的河流20条，10平方千米以上流域面积的支流65条，总长935.95千米。以米仓山主脊为界，北坡有濂水河、冷水河、漾家河依次汇入汉江，总流域面积1545.33平方千米；南坡有西流河、碑坝河、后河、长潭河、焦家河几大支流汇入嘉陵江，总流域面积1145.93平方千米。区域内水库59座，其中中型水库1座，小Ⅰ型水库11座，小Ⅱ型水库47座，总库容8104万立方米。

水库以防洪、蓄水灌溉为主，同时作为湿地，能够涵养水源、维护生态多样性。河湖长制自2018年开始实施，实行"一湖一策"方案，以确保水资源的质量，保护生态环境，同时为当地居民的饮水安全提供保障。随后，团队前往红寺湖，更进一步了解水资源的保护与利用现状。为切实加强对防汛抗旱工作的组织领导，落实各镇（办）、各部门防汛救灾主体责任，拧紧日常防范和事前、事中、事后全过程各层级领导责任链条，明确全区59座水库、8条主要河流的防汛责任，共落实各级防汛行政、技术、管理责任人160余人。防汛安全责任人名单在南郑区人民政府网站公示，接受社会监督，督促各级防汛责任人履职尽责，掌握辖区洪涝风险和应对预案，全力做好2022年防汛抗旱工作。

河湖长制工作情况。区总河湖长先后召开专题会、推进会8次，研究河道与水利工程划界、采砂规划、重点涉水项目，协调河湖管理突出问题整改，推进"清四乱"及打击非法采砂等专项行动，河湖环境得到有效管控。制定发布《关于进一步强化河长湖长履职尽责的决定》总河长令、《汉中市南郑区2021年度河长制湖长制工作要点》《汉中市南郑区河湖"四清"行动工作方案》，夯实河湖长工作责任，明确年度重点任务和工作目标。将全区流域面积50平方千米以上河流全部纳入河湖长制管理体系，落实426名区镇村三级河湖长管理责任，设置河湖警长26名、河湖检察长4名，三级河湖长履职尽责，2021年巡河督查17552次，强化了河湖巡查管理和执法监督检查。河湖长制工作持续发力,对2016年以来,各级巡查、暗访反馈问题80个进行拉网式排查,其中省级反馈、交办问题5个全部整改到位,市级交办问题20个正待市上核查销号,区级自查问题55个,全部动态清零。以巩固国家卫生城市工作为目标,牵头开展河湖垃圾清理整治专项行动,组织全系统干部职工清理汉江、濂水河、冷水河等多条重点河道;同时开展多轮次、高密度督导检查,向相关镇办下发督办函10次,整改问题30余处,全区河道环境得到明显改善。编制完成河道采砂规划,濂水河、冷水河岸线保护利用规划,河道划界任务全面完成。

中小河流治理方面。濂水河左岸秦家河口至京昆高速段防洪工程完成投资2000万元,建设堤防3.3千米;投资2590万元的南郑濂水河东风段3.6千米防洪工程开工建设。农村饮水改造提升方面。投资5360.4万元,实施17处农村饮水集镇供水改造提升工程,11.2万群众受益。水保生态项目方面。投资1000万元,建设陈村小流域综合治理项目和立峰小流域治理项目,治理水土流失面积27.06平方千米。病险水库加固方面。中梁寺、宋家沟水库除险加固项目初步设计已批复,进入招投标程序,即将开工建设。以《长江保护法》实施为契机,持续开展河湖"清四乱"、非法采砂整治、水污染防治等工作,河湖长制制度规划不断健全,流域水生态环境质量持续改善,为"一泓清泉永续北上"做出了积极贡献。规范河湖管理,强化系统治理。制定《汉中市南郑区河道采砂规划(2020—2025)》《2021—2022年度河道采砂计划》,规范河道采砂,保护河道环境。完成《南郑区濂水河、冷水河岸线保护与利用规划》编制,划分岸线保留区1个,岸线保护区4个,岸线控制利用区4个,强化河湖岸线开发利用管控,目前已通过区级自验,待上级审查。碑坝河、西流河等19条河流图纸划界工作全部完成,界桩和公告牌设立工作基本结束。对标幸福河湖建设三年行动,修改完善"一河(湖)一策"治理方案、"一河(湖)一档"河湖档案,统筹规划全区山水林田湖系统治理,促进区域河湖生态功能永续利用,进一步促进生态效益、经济效益、社会效益提升。

落实"5+1"治水,推进幸福河湖建设。制定印发《汉中市南郑区开展"5+1",治水建设幸福河湖三年行动计划(2021—2023年)》,全面推进防洪水、排涝水、保供水、抓节水、治污水项目。投资8150万元,完成濂水河左岸秦家河口至京昆高速段防洪工程建设堤防3.3千米,新建城市雨污分流管网22.9千米,改造城中村配套管网7.7千米、老旧小区排水系统40个。投资1.15亿元，实施城市供水工程和农村饮水、集镇供水改造提升工程52处。投资2330万元，改造红寺坝灌区节水千支渠13.66千米、配套渠系建筑物66座，不断强化节水建设。投资1425万元，实施陈村小沆域综合治理水土流失面积14.86平方千米，立峰小流域治理项目有序推进，新建黄官、红庙、牟家坝3个集镇污水处理厂，强化污水处理设施运行管理及配套管网铺设，水污染治理能力不断提升。2022年实施"5+1%"洽水建设项目28个，总投资11.87亿元，年度计划完成投资7.2亿元。26个项目正在持续推进，2个项目正在积极筹备中，截至目前，已完成投资4.53亿元。

（四）污水处理

7月21日下午，团队前往江南污水处理厂和圣水镇污水处理厂，南郑区位于汉江上游，是"南水北调""引汉济渭"水源水质重要保护区，近年来通过持续推进污水处理建设项目，助推城市污水处理排放达标，有效改善中心城区和集镇人居环境及投资旅游环境，对丹江口库区上游水源安全发挥了积极的作用。

团队了解到政府要求各镇及以上单位建立污水处理厂，处理本辖区范围内的生活污水，目前江南污水处理厂处理规模已达4.5万吨/天，尾水排放标准由一级B升级至一级A，污水处理项目的实施，使南郑区的生活污水得到了全面治理，大大减少了对汉江造成的污染，改善了城市面貌和人居环境，并且实现了水资源的充分利用。南郑区于2011年起分批次实施江南污水处理厂和圣水等集镇污水处理厂项目，目前已投入财政资金29727.7万元，完成江南污水处理厂一、二期项目及再生水回用、污泥无害化处理提标改造项目，建设配套管网26.064千米，处理污水78770吨/天；投入财政资金6730万元，建成圣水、新集、青树镇污水处理厂项目，建设配套管网33.662千米，处理污水5700吨/天；实施农村环境连片整治，投入财政资金1844.68万元，建成法镇、湘水、协税等14个污水处理站项目，污水处理2550吨/天；牟家坝、黄官镇等集镇污水处理厂建设项目已投入财政资金1100万元，项目正在有序推进。区财政每年用于江南污水处理厂和集镇污水处理运行和管网维护费1366.35万元。

今年以来，汉中市生态环境南郑分局积极争取上级资金，大力开展流域生态环境治理，有效改善区域水环境质量。投资2000万元实施南郑区黄家河新集镇段流域水环境治理项目。该项目主要是新建3套小型污水处理设施，修复治理新集镇罗堰村、新集社区、黄河村等2.8千米河段生态植被，对罗堰村、五郎村、华燕村等5个已销号的黑臭水体进行成效巩固和深度治理。目前，施工区河道边坡基础换填砂夹石5600余立方米，边坡基础石笼网建设已完成，仿生木桩1120余米，施工已全部完成，3个污水处理工程已全部完工，配套的污水管道施工完成3500米，六角砖铺设完成约10%。施工进度已完成总工程量的90%，预计2022年10月全面竣工并投入运行；计划实施冷水河流域生态综合治理项目。项目总投资2217万元，拟在大河坎镇李家营村和胡家营镇王河坎村、胡家营村建设污水收集管网8千米，对冷水河王河坎村大桥上游1.5千米区段河滩进行生态修复治理。上述项目均以保护和改善河流滩涂水生态环境及景观为主，同时对附近村庄污水进行收集治理。通过实施源头治理和流域面上生态修复，将使农村污水治理进一步提质增效，改善人居环境。目前该项目前期手续已办理完毕，工程施工进入招投标流程。为强化南水北调中线工程汉江水质保护，2018年财政部下达水污染防治资金1300万元实施南郑区濂水河流域环境综合整治项目，对濂水河湿地进行生态修复、建设污水管网收集协税集镇区域污水、对上街村污水处理站提标扩容改造，项目于2020年7月竣工。流域水环境质量有所改善，濂水河水质监测结果表明：阳春桥断面2020年第三季度化学需氧量、总氮等主要污染负荷平均值比2018年第三季度明显较少，其中化学需氧量浓度同比下降9.3%、氨氮浓度同比下降57.5%、总氮浓度同比下降55.3%、总磷浓度同比下降13.7%。濂水河水质符合二类水质标准，优良率达到100%。具有良好的生态环境效益和社会效益。

（五）矿山治理

7月22日上午，队员们首先在自然资源局负责人的带领下来到中材汉江水泥公司，了解矿山恢复治理的相关情况。通过负责人的介绍，我们了解到中材公司矿山位于梁山镇境内，面积1.124平方千米，目前政府助推企业落实主体责任，对矿山生态进行恢复治理。矿区地质环境治理工程于2021年8月底开工，2022年6月竣工，根据矿区存在的问题，治理工程主要包含地质灾害防治和矿区复绿两方面，采用了CBS植被混泥土绿化技术、生态长袋技术复绿高陡立面，林、灌、草相结合栽植技术复绿缓坡，完成治理总面积201平方千米，并配套立面滴灌、平面喷灌及挡墙、截排水渠、水池等灌溉设施，以恢复植被，保护生态环境。随后，团队继续前往南郑顺昌节能环保建材有限公司，对青树镇矿区地质环境恢复治理相关情况有了进一步了解。矿区及周边地形复杂，地貌类型单一，结合矿区特点和存在的问题，该矿区主要采用危岩清除+废渣清理+完善排水渠+复垦水田+植生槽绿化+场地整治综合治理方案。矿区的地质环境治理、综合治理不仅仅是一种事后措施，更重要的是一种超前预防措施。在保护生态环境的基础上，也为当地居民的生命财产安全提供了保障。

（六）工业园区

7月22日上午，团队在工业园区管委会负责人的带领下前往草堰机电园区、梁山工业园区和阳春食品工业园区进行调研。机电园区由区政府于2013年2月正式批准设立，主要发展电子产品、精密仪器、装备制造、健康器械等，目前已有13家企业入驻集中区。梁山工业园区控规面积2.23平方千米，建设用地为1.98平方千米，主导产业为新材料、新能源、新型建材、机械加工、装配式建筑。近年来，累计投入2.94亿元，形成了以汉中中材、中梁建材等企业为龙头的园区企业集群。绿色食品工业集中区主要发展现代农产品精深加工、生物医药和仓储、物流业，目前已有金正米业、霖桓农产品开发、大扬花卉、陕西宏力农业科技有限公司等企业入驻集中区。招商引资在经济发展中起着重要作用，工业园区以实实在在的业绩推动着南郑区经济社会实现高质量跨越式发展。下午，团队前往草堰机电园区、梁山工业园区以及阳春食品工业园区，调研园区现状及环境保护情况。产业链是相关产业活动的经济关联，存在一定的区域差异，需要着眼于发挥区域比较优势，认真分析区域内促进产业集群发展方面具备的要素条件，找准南郑在区域产业体系中的定位，全面提升产业链配套能力，增强企业的投资意愿。目前，园区建设以及农业、工业和文化旅游等产业的发展，已经能够为产业链招商提供一定的基础条件。

园区建设方面，工业园区的"一园多区"格局正逐步形成，以发展现代农产品精深加工、生物医药和仓储、物流业等为主的绿色食品产业园；以新型干法水泥、骨料、工业化预制构件、生产碳酸钙系列产品、冶炼金属镁等为主的新集建材循环经济产业园；以智能制造、高端机械装备制造、汽车制造、航空配套产业、工业服务、战略新兴产业等簇群为主的圣水装备制造产业园；以轻工业、电子信息、精密机械加工为主的南郑大道产业长廊；以电子商务为主的电商专业园区，各园区的建设，具备承接产业集群的潜力。农业方面：已形成以茶叶、食用菌、生猪、稻渔综合种养、水果、烟叶为主的农业主导产业和花卉苗木、特色养殖优势产业，建成农业园区53个、农业龙头企业27家，"红庙山药"获得国家农产品地理标志认证，江南油脂出品的"江满红"被评为陕西好商标。工业方面：已形成卷烟制造、机电加工、新型建材、矿产冶金和农产品精加工为主的工业支柱产业，拥有龙岗玻璃、冷链物流、锌业特材、双汉钢结构等一批体量大、产值高的工业骨干企业，在库规上工业企业96家，产业链延伸存在较为成熟的切入点。文化旅游方面：探明的各类旅游资源40余处，"两山两湖一中心"重点景区、喜神谷生态农业观光景区及米仓古道乡村旅游环线配套设施等重点项目开发建设，顺利通过省级全域旅游示范区创建，逐渐形成自然生态、休闲度假、康体颐养、红色旅游等特色旅游产品体系。

（七）空气污染防治

7月23日，团队前往大河坎热源站、中所营街道办以及恒泰商砼，调研热源站运行情况、居民燃煤替代工作情况以及污染企业迁出情况。

蓝天白云、晴空万里正是该区长期以来强化落实各方责任，坚持大气污染防治全域化治理、网格化管理、系统化推进的结果，全区空气环境质量持续改善，人民群众生活幸福感持续上升。2020年，该区优良天数达320天，同比增加10天。南郑区以优化空气质量为目标，以铁腕治霾"春雷"行动为主要抓手，坚持优化产业结构、能源结构、交通运输结构、用地结构，统筹抓好"减煤、控车、抑尘、治源、禁燃、增绿"措施落实，大力推进工业炉窑污染深度治理、挥发性有机物污染整治、餐饮油烟治理和油气回收治理四大专项行动，持续巩固面源污染防治、城市国土增绿领域成效。注重疏堵结合、标本兼治，建立完善联动联防联控的工作机制。2021年，该区高耗能、高污染行业企业项目准入为零，未发现"散乱污"企业，削减煤炭完成率100.2%，全区煤炭消费总量得到有效控制。推行"煤改电""煤改气""环保炉具+洁净煤"政策，有30家涉气企业排放达标。查处、劝返机动售煤车辆190余辆（次），开展尾气排放执法检查48次，淘汰高排放机动车23辆，95辆城市公交车和出租车全部升级为新能源汽车，以"六个100%"措施规范施工场地扬尘治理，建筑施工扬尘得到有效管控。制定《汉中市南郑区2020年秸秆禁烧工作方案》，成立336个各级督查巡查组，加强秸秆禁烧和综合利用。制止违规燃放烟花爆竹行为23起，收缴烟花爆竹64箱。100%完成

青春实践路　奋进新征程

营造林年度任务,加快陕西省国家水土保持重点工程建设步伐。及时落实重污染天气应急处置举措,保障空气环境质量。

大河坎热源站,是汉中热力市政集中供热项目,其按照"清洁低碳、宜居舒适、安全高效"的原则,完成供热主控系统和29兆瓦生物质热水锅炉和环保设备的安装,采用生物质清洁燃料进行供暖,既实现废弃能源再利用,又解决随意焚烧污染问题,后期也计划建设天然气热源作为调峰和应急储备。

随后团队前往中所营街道办,了解中所居民燃煤替代情况,政府以十天、宝巴、天汉三条高速为界限,划分禁煤区,外迁高污染企业,并开展清洁能源替代工作,对中所营居民采取以旧换新的方式,拆除旧炉灶更换电器具,发放电暖桌、双头灶等,并给予用电用气定额补助,以尽可能减少污染气体的排放,保护生态环境,建设绿色家园。中所营街道办结合"进、知、解"活动,对大气污染防治相关知识进行宣传,扎实开展清洁能源替代工作。其中区财政局积极落实环境保护主体责任,充分发挥财政职能,在本级财力十分紧张的情况下,积极筹措资金保障中心城区重点区域清洁能源替代工作。截至目前,已安排资金318.96万元,对10632户使用燃煤替代户按照每户300元的标准给予电费补贴,为全区大气污染防治工作提供了强有力的资金保障。另外截至目前,共发放电暖桌1770个,双头灶700个,累计拆除燃煤炉具1200余个。在此过程中,针对行动不便、年老群众拆卸更换炉灶困难的,各村社区组织党员干部上门服务,拆旧换新,并帮忙调试好,教会群众使用方法。

同时,南郑区交通运输局将联合区交通运输发展中心、市交通运输综合执法支队,对机动车维修行业大气污染防治工作进行专项检查,确保辖区内维修行业大气污染源实现达标排放。持续开展机动车维修企业大气污染防治专项整治行动,采取日常巡查和突击检查相结合的方式,强化对机动车维修行业危废处理、大气污染防治工作监督检查,为全面落实好大气污染防治各项措施,有效减少机动车维修企业污染排放,打赢蓝天保卫战做出积极贡献。严格落实每日巡查制。紧盯重点区域、重点时段、重点企业,开展日常检查和夜间巡查。通过持续巡查治理,督促企业采取优化生产工艺、改进污染防治设施、清洁能源替代、制定并实施冬防期减排方案等方式,确保治污设施正常运行,污染物达标排放,并及时将工作动态发送至区大气污染防治群以及区生态环保工作群。督促重点涉气企业落实重污染天气应对措施。提前做好政策宣传,提醒重点涉气污染源企业及时修订重污

产业发展篇

染天气停产、限产减排方案,提前做好重点时段停产限产和错峰生产准备工作。

为最大限度地治理大气污染,街道办还加大日常除尘力度,增加区域主次干道洗扫频次,对辖区1万余平方米绿化带植物进行全面冲洗。同时开展联合执法,查处违规售卖鞭炮营业点3个,流动卖煤摊贩4个,散煤销售点1处。对辖区内101户餐饮行业油烟排放进行测评整治;对5个在建工地进行扬尘治理,切实做到6个100%,确保尘土不出工地,建设不扬尘,运输不洒土。

调查发现,汉中市南郑区政府坚持绿色发展理念,正在大力进行全方位的生态环境治理与保护工作,规划先行,支持两山公司的建设运营,实现生态资源向经济利益的绿色、高效转化;要求各区镇建立污水处理厂,规定污水排放标准,确保水资源质量,保护汉江生态平衡;划定禁煤区,外迁高污染企业,实施优惠政策支持居民以电代煤。做到"既要金山银山,又要绿水青山",在发生冲突时,做到"宁要绿水青山,不要金山银山",找准环境保护与经济发展的结合点,因地制宜地发展生态产业,利用优良的生态环境提供高品质的生态服务,运用生态技术将丰富的生态资源转化为高附加值的生态产品,让生态优势成为现实的经济优势,让绿水青山成为金山银山的顶层设计,坚信人不负青山,青山定不负人。

二、存在问题

综合来看,南郑区在两山理念落实、绿色发展、生态保护方面表现可圈可点,但仍存在一定问题。受调研时间及团队专业知识局限,本文仅指出"两山"理念转换、产业发展两个方面深入分析。总体来看,一方面原因主要在于县域发展水平较低,产业基础薄弱,工业格局弱小,缺少产业配套。市场支持不强,产业协作粗放。另一方面是认识上存在偏差是市场主体参与积极性不高。具体表现为:

一是两山公司目前尚无省市配套政策及资金支持,区级财力十分有限,未给予开办支持,公司运作极为艰难,业务探索和项目策划进展缓慢,无资金聘用专业经营管理人才,市场化运作信心不足。

二是配套支撑体系不完善。农村产权流转交易中心是两山公司运作资源资产的前置环节,大量农村集体性质资源资产在无法明晰所有权和经营权的情况下,必将对两山公司经营活动造成重大影响。目前全市各区县农村产权流转交易中心均无编制,无法应对大量政策法规要求极高的产权交易工作,导致农业资产融资难，开发难。

三是金融机构积极性不高。"农地贷"贷款需求群体主要是新型经营主体，但南郑区大部分新型经营主体实力不强，资产总量少、质量差、效益低下、抗风险能力弱，金融机构普遍认为"农地贷"风险敞口大，慎贷惜贷明显。在业务办理上基本都要求贷款主体追加担保人或抵押物，贷款发放审慎，与"三农"发展的金融需求相比差距较大。

四是农村产权流转交易不活。农村产权流转交易市场软硬件建设不到位，全区土地流转总面积达到 14.63 万亩，但在主管部门办理流转登记备案的只有 3.75 万亩。信息发布、登记管理、组织交易等职能发挥不佳，大部分流转土地合同签订不规范，无法登记备案，不能进行抵押贷款。二级市场不活跃，价值发现、保值增值功能不足，抵押物处置困难。

五是产业项目规模较低，对经济拉动力不强。近三年全区招商引资到位资金 333.77 亿元，累计签约招商引资项目 137 个，其中纯产业项目 64 个、占比 46.72%，产业项目到位资金 28.66 亿元，占累计签约项目总到位资金的 24.93%。房地产、基础设施建设和文化旅游等项目比重依旧过高，高质量产业项目规模、数量均有待提高；落地投产的产业项目中，农业方面多为小型农业、种养殖项目，工业方面多为小型劳动力密集项目，整体上对经济指标的持续拉动力不强、延链补链效果不明显。

三、建议与对策

根据本次"三下乡"暑期社会实践活动的调研情况，对南郑区推进绿色发展给出以下建议：

一是要深刻领会习近平总书记生态文明建设重要战略思想。从宏观来看，我们必须树立和践行"绿水青山就是金山银山"的理念，形成绿色发展方式和生活方式，坚定走生产发展、生活富裕、生态良好的文明发展道路，建设美丽中国，为人民创造良好生产生活环境，为全球生态安全做出贡献。推动形成人与自然和谐发展新格局。

二是要充分认识生态文明建设和生态环境保护领域的历史性变革。在习近平总书记生态文明建设重要战略思想指引下，我国生态环境保护从认识到实践发生

产业发展篇

历史性、转折性、全局性变化,生态文明建设成效显著,美丽中国建设迈出重要步伐。

三是勇担建设美丽中国的时代使命。携手共创绿水青山生态环境。建设生态文明是中华民族永续发展的千年大计,把坚持人与自然和谐共生作为新时代坚持和发展中国特色社会主义基本方略的重要内容,把建设美丽中国作为全面建设社会主义现代化强国的重大目标,把生态文明建设和生态环境保护提升到前所未有的战略高度。

四是坚持以高质量发展为主题。坚定"绿色循环、汉风古韵"发展定位,重点围绕"四个在汉中"特色城市品牌、"三区一镇一长廊"和加快融入中心城区,抢抓产业梯度转移机遇,紧扣全省6大支柱14个重点产业领域的23条重点产业链和全市16条重点产业链,以第三轮国土空间规划为基础,科学编制产业发展规划,绘制招商作战地图,明确招商方向,建立目标企业库,围绕"从弱到强(强链)""从缺到全(补链)""从单到多(延链)"的思路,全力做好产业链招商,为南郑经济社会高质量发展做出新的更大贡献。

(一)"两山"理念落实

下一步两山公司需强化自身建设,围绕"探索自建基地、择优合作共赢、整合资源资产、拓展平台功能、打造生态品牌"五级发展模式,不断创新发展理念,积极向上争取政策扶持和资金支持,全方位探索"绿水青山"向"金山银山"的转化路径和符合区情实际、适应市场的发展道路,致力打造具有南郑特色的生态品牌,加大宣传力度,以品牌溢价带动生态产品增值。

一是完善政策配套。积极向上汇报,尽快组建农村产权交易中心,申请专向招聘或选配一批具有一定企业运营或经济管理能力人员到两山公司工作,提高公司经营管理能力。

二是破解融资难题。聚焦当前农业融资难的问题,积极对接银行及相关单位,以明晰产权为前提,与相关银行商定农村土地承包经营权及林权抵押贷款审批流程,明确权责,协调做好农业资产价值评估,促成低息贷款尽快发放到位,解决农业生产环节资金难题,促进融资融通。

三是加速价值转化。协调整合发改、农业农村、水利、林业及自然资源等部门项目,集中投放到资源基础好、规模大、有特色的区域,配套建立社会化服务、生产技术指导、市场销售等专业团队，打造南郑高质量发展样板区，为招商引资奠定扎实基础。

四是做好精准招商。选定优质资源资产，引入专业团队策划包装特色项目，采取资源资产入股方式建立合作，加快促成项目落地，打造两山公司价值转化示范项目。

五是强化产品推介。整合南郑电子商务资源，推向更高层次平台，充分发挥网络宣传优势，集中展示南郑特色农产品，不断扩大市场占有率，切实提升品牌价值，以销售带动产业链条不断完善。

六是助力乡村振兴。从乡村规划入手，在资源资产盘活、建设用地入市等方面积极探索，将村集体和农户资源资产变现投入发展。探索碳交易实现机制，通过依托丰富林业资源实施森林长期经营固碳项目、建设清洁能源项目或争取省农业农村厅土壤有机质固碳项目，获取自愿减排量收益凭证CCER实现收益。

（二）产业发展

一是制定好产业规划，培养发展优势产业。完善更新《南郑区产业发展规划（2018—2025年）》项目库，围绕优势产业、产品等制定发展规划，提升产业规划与产业链配套项目结合度。强化规划的指导作用，重点扶持发展和培育主导产业，梳理具有比较优势且带动能力强的产业链，筛选龙头企业、重点配套企业，分步分类提出招商措施；结合现有产业需求和产业发展，在项目编制中统筹人才、资金、技术等方面要素条件，确保产业链招商的导向性和可操作性。继续完善、扩充已有的装备制造、现代材料、绿色食品、生物医药、绿色能源、科技创新6条重点产业链招商项目；加快对精测电器、汉中锌业、汉江建材等现有龙头企业、支柱企业的链化延伸、补充摸底工作，汇总分析产业链延伸点价值。加大产业链招商宣传力度，营造舆论氛围，让外界明晰产业政策导向和发展方向。

二是加强园区建设，发挥招商主战场优势。加强园区基础设施建设，加快南郑大道产业长廊、圣水装备制造产业园等规划编制工作，完善基础功能，高标准建设路、网、水、电、气等配套设施，打造优良硬件环境。强化园区开发拓展对产业项目发展的重要支撑作用，优化产业布局，集约节约用地。加强产业招商引资平台建设，解决好人才、资本、技术等生产要素问题，同时围绕做强优势产业、做优龙头企业、做全产业链条，培育发展一批现有基础强、发展势头好的主导产

产业发展篇

业和有成长空间的前沿产业,努力使园区成为产业招商的主战场、工业经济发展的支撑点。

三是策划招商方案,鼓励龙头企业开展以商招商。根据产业链配套情况和现有重点企业产业链梳理情况,定向开展上门招商,抓好与产业链上下游有关的配套项目、突出产业链优势及薄弱环节,重视龙头项目和关键性项目的引进。通过龙头带动配套企业,形成产业集群。加强项目储备,围绕支柱企业、优势企业,结合国家产业政策,策划一批重点产业链项目。激发现有企业招商主动性,开展以商招商,引进相关配套企业,提高产业链招商成效。发挥精测电器在传感器产品供应链上较完备的优势,在烟感、光感、力感、温感、位移感应等方面进行上下游生产加工企业的招引。依托华燕、长空等驻区企业打造以高精尖缺的数控机床、航空标准件生产、检测,工具量具制造企业以及智能机器人、3D打印、工业传感器等高端智能制造企业,打造军民融合生产示范基地。围绕现代材料产业,引进一批高性能超硬材料、复杂刀具深加工企业,以新集建材循环经济产业园为载体,引进一批知名现代材料、装配式建筑企业,着力打造现代材料基地和装配式建筑研发生产基地,构建产业集群。

四是优化项目推进环境,推动二产三产联动招商。进一步完善项目推进机制,优化营商环境,推动项目早落地、早开工、早投产、早见效。特别加快产业链龙头项目投产,吸引配套企业顺势跟进,加速产业聚集。同时以汉中南枢纽为支撑,发挥交通区位优势,依托产业基础优势,加快亚琦国际物流园区、汉中集配式冷链物流园、新疆库克兰农业产业园等重点物流园区建设。加大对生产性服务业的招商力度,积极对接公路港、物流地产等头部企业运营商,强化与电商平台的合作,引进一批冷链物流、铁路货运配送、快递等现代物流企业。积极开展技术性服务业招商引资,以检验检测、工业设计、科技服务为重点,着力实施技术服务提升工程,引进一批环保、建材、食品等领域检验检测服务企业。大力推动电商经济,打造电商聚集区和网络直播创业孵化基地。同时,聚力赋能"接二连三",以二产的发展牵动三产繁荣,以三产发展助力二产转型升级,最终实现产业联动良性循环。

作　　者　西北大学经济管理学院硕士研究生　于浩阳
指导教师　马晓强

青春实践路 奋进新征程

22 关于德阳市桂花村乡村智慧农业发展的调研报告

为充分了解乡村振兴战略开展情况,贯彻落实习近平新时代中国特色社会主义思想和党的十九届六中全会精神,以优异的成绩迎接党的二十大的胜利召开,旌秀桂花村实践团队在德阳桂花村参观调研。调研团队通过实地考察和谈话的形式,走访桂花村智慧农业基地,随机采访部分村民、并与相关乡村负责人对话,加大对桂花村的调研力度,并且结合学科专业知识,聚焦解决基层实际问题,旨在为乡村振兴取得新进展、实现进一步乡村建设做出贡献。

一、调研对象现状

(一)智慧农业

党的十九大报告中首次完整提出要"加快推进农业农村现代化",这是以习近平同志为核心的党中央从我国经济社会发展的具体实际出发做出的重大战略判断。新发展阶段,农业农村现代化是全面建设社会主义现代化国家的重要基础和标志,而智慧农业则是农业现代化发展的产物,是助推农业农村现代化的必然要求。

一是体现在智慧农业改变了传统的农业生产方式,为现代化农业生产注入新活力。智慧农业通过利用高精度感知技术和设备精准获取农业发展所需的各种资源信息,实现农业生产全方位网络监测,为农民生产、管理和销售提供专业决策,实现农业生产效率和经济效益的提升,推进农业生产经营和管理服务的数字化改造,走出一条集约、高效、可持续的农业农村现代化发展道路。

二是体现在智慧农业发展推动了农村基础设施升级。智慧农业发展激活农村对数字基础设施的需求,提升农村网络设施水平和服务供给能力,有效弥合束缚

产业发展篇

农村发展的"数字鸿沟",补齐农村基础设施和公共服务短板,推进城乡公共基础设施共建共享,促进城乡要素双向流动。

三是体现在智慧农业能够满足农民日益增长的美好生活需求,推动农村治理体系转型升级。随着我国社会主要矛盾的转变,农民在衣、食、住、行方面的需求日益提高,智慧农业加快了农业生产由满足农民温饱需求向满足农民营养健康需求转变,提高了农民的满足感、幸福感和安全感。智慧农业满足农民日益增长的美好生活需求的同时加快了数字化、智能化农村建设的步伐,实现了农村移动物联网与城市同步规划建设,推动农村数字治理体系和治理能力升级。

(二)旌秀桂花产业园区的智慧农业型村庄

此次调研旌秀桂花产业园区则为智慧农业型村庄的典型代表之一。桂花村依托物联网、大数据、5G、人工智能等信息技术发展,加快推进数字农业、农业现代化发展,持续提升农民增收后劲,促进传统农业向智慧农业转变。其成果主要表现在以下几个方面。

一是加强数字农业基础设施建设。2021年,新中镇整合6390万元资金重点实施农创智谷综合体验馆、滨水驿站、滨水景观带整治、园区景观桥、一般智慧大田打造等共计21个涵盖基础设施及产业发展的项目。目前已建成园区停车场1处、景观桥1座,供排水设施1套、供电设施1套,滨水驿站已投入使用,滨水景观步道已初具雏形,综合体验馆主体建设基本完成,外围总平及内部装修在2022年3月份完成。数字农业方面,已完成田型调整约800余亩、生产便道约2.5千米、沟渠建设约3千米,智能数控设备安装80余套,无人化农场项目已在2022年3月份完成。

二是农业全智慧化管理。旌秀桂花5G无人农场占地40余亩,全部采用5G智能化操控,配备智能喷灌滴灌、水肥一体化、实时监控系统等智慧设施,实现了"耕种管收"农业全智慧化管理。监测设备可以将监测到的信息实时传输到园区创新中心的数字农业控制中心。在这里,大屏幕上显示着整个园区的实时画面,以及田地里的土壤墒情、虫情、苗情、灾情和农作物的生长情况等信息。通过系统分析,如果出现偏离正常数值的情况就会通知技术人员。此外,系统还可以智能控制水肥一体系统以及无人农机系统,实现农业的精细化管理。

三是村民受益于智慧农业红利。除了正常的零工,桂花村劳务股份合作联社还为村民进行职业农民、家政、保安等就业技能培训和务工介绍,让农民转变为家门口的产业工人,为规模化经营业主提供农机、农技、劳务服务,预计实现年收入 40 余万元,带动入社群众人均增收 5000 余元。数字乡村建设不仅是让农民的农业生产效率提升,更让他们的生活更加便利、美好,桂花村的村民也正逐步享受着数字乡村建设带来的红利。

四是创新智慧农业发展模式。旌秀桂花智慧农业园区将持续聚焦"产、创、游、学"四大核心产业,打造集数字农业、农创品牌、观光休闲、生态研学为一体的旌阳区农文旅融合发展的新高地、德阳绿色发展示范区的新试点、四川"农业+研学教育"的新极核、国家农业科技成果转移转化的试验田,为旌阳丘陵地区农业高质量发展发挥引领性、示范性作用。园区建成后,将构建多业态融合、多元化发展的农创产业新格局,为旌阳区积极拓展农业新业态、丰富产业内容注入新鲜血液,为促进农村经济转型发展、实现脱贫攻坚与乡村振兴有效衔接开辟新路子。

五是深入贯彻落实国家政策。当地政府尤为重视智慧农业发展的上层建筑保障,为贯彻落实《中共中央国务院关于实施乡村振兴战略的意见》《乡村振兴战略规划(2018—2022 年)》《数字乡村发展战略纲要》,加快推进农业农村生产经营精准化、管理服务智能化、乡村治理数字化,农业农村部、中央网络安全和信息化委员会办公室制定了《数字农业农村发展规划(2019—2025 年)》,并认真贯彻执行,力图将信息技术与农业生产经营要深度结合,建设农业农村大数据体系,建设新一代的乡村振兴蓝图。

二、智慧农业应用存在的问题

根据本团队调研可知,目前智慧农业应用时仍存在不少问题,主要集中在以下几个方面:

(一)农业劳动者从事智慧农业意愿不强

一是智慧农业建设初期需要大量资金技术投资,大多数普通农户没有能力购买先进的农业生产机器。

二是短时间小范围内收回成本比较困难,收益率较低,农户参与智慧农业推广应用的积极性不高。

三是农民整体受教育程度偏低,受到的信息化知识培训较少,无力进行土地规模化经营。

(二)智慧农业发展存在技术短板

一是我国智能化装备的研发还处于初步发展阶段,农业生产的大型化、智能化、信息化等设备较少,不能满足智慧农业发展的需求。

二是我国主要的高端智能化设备主要依赖他国进口,成本高昂。

三是智慧农业应用试点项目目前仅限于简单的数据传输与显示,互联网大数据与农业并未深度融合,很难实现多功能、复合式、实时监测等作业功能,影响了农业生产效率。

四是我国地区间经济和自然条件等方面发展不平衡,农村信息基础设施薄弱,很难在较大范围内推广和应用物联网、互联网、大数据等新型信息技术。

(三)智慧农业发展受限较大

一是资源方面受限,农业资源要素,如劳动力资源、土地资源、技术资源等因素对智慧农业产生很大影响。

二是劳动力方面受限,农村主要劳动力逐步流失,现阶段继续留在农村从事农业劳动的主力多为中老年和女性。

三是土地资源方面受限,农村耕地利用率逐年降低,复种指数下降,大面积土地处于闲置状态,土地流转缺乏正确引导,影响了农业产业化、规模化经营。

(四)农业规模化生产程度低

一是小规模生产在农产品价格和成本上不占优势,商品收益率低。

二是传统小规模生产采用单个农户家庭经营,难以采用大型机械设备,人力劳动效率不高,投入大、收益低,这也是我国传统农业发展受挫的重要因素。

(五)创新性的农业商业规模相对匮乏

目前智慧农业的发展仍缺乏政府资金投入与政策支持,民间投资力度小、积极性差,大部分农业商业模式缺乏创新,模仿程度高。

（六）信息管理体系尚不健全

一是对于某些农业生产项目仍采取实地调研或访谈的形式整合数据信息，不仅整合效率低，而且数据涵盖的内容不丰富，会对最终形成的分析结论产生负面影响。

二是仍有部分农业生产项目没有结合本地实际情况、没有针对农业信息管理模式构建完备的制度和体系，管理流程较为混乱，信息应用效果受到限制。

（七）扶持政策存在缺位

各地农业部门虽然结合本地农业实际发展特点推出了一定的条款和规定，但对于更加细化的内容，例如资金来源、扶持政策、链条搭建等方面尚未形成较系统、完善的体系，导致智慧农业的实际建设与理论发展之间仍存在一定的脱节。

（八）基础设施建设尚不完善

受我国经济发展不平衡等因素的影响，一些地区基础设施建设水平无法满足智慧农业推广和应用的基本需求，给智慧农业的推广带来了一定挑战。

三、智慧农业型村庄建设对策建议

目前，我国智慧农业型村庄建设存在的"资金缺乏、人才不足、技术落后、商业化弱与政策缺位"等问题亟待解决，针对以上问题，本文提出以下对策建议：

（一）科学制定智慧农业发展规划，有效对接乡村振兴战略需求

完善清晰的政策规划是保证智慧农业健康发展的根本。国家层面要对标乡村振兴的总要求，结合智慧农业发展的市场导向、问题导向、消费导向，制定智慧农业赋能乡村振兴的整体发展规划。地方政府则应在充分考虑本区域资源条件、农业发展特点的基础上进行精细化拓展，细化在技术研发、应用推广、人才培养和农业信息化建设等方面的规划，明确相关目标、思路、重点及所需保障等，使整个赋能过程有据可循。各部门要联动提高政策规划的落实效率，不仅涉及农业方面，还包括基础建设、公共安全等多个领域。可以在国家层面建

产业发展篇

立跨部门、跨领域的决策咨询和协调机构，为不同发展层次的地区提供针对性、差异性引导，形成全国统筹布局、部门联动推进、省市分类指导的智慧农业赋能乡村振兴新格局。

（二）优化技术创新与推广体系，提高技术创新及推广效率

创新研究和研究成果推广与转化两个环节的高效联通能够加速智慧农业技术的使用，同时使新技术的研发贴合市场需求。在创新研究方面，应制定清晰的技术攻关目标规划，指导各创新研究部门有序展开创新研究。明确科研机构责任，规划基础性科研项目由科研机构承接，放开应用型科研项目主要由企业承接，理清科研机构与企业间的关系，优化农业科技创新生态。在研究成果推广与转化方面，促成以农户需求为主导的合作推广体系，地方政府与地方农民专业合作社定期沟通，增强企业、科研机构和农民之间的沟通，有效联通技术供需双方，了解农户需求，精准研发推广智慧农业技术。

（三）扩展资金支持规模与融通渠道，夯实智慧农业资金基础

加大对企业开展智慧农业研究的补贴力度，扩大中小企业创新基金规模，鼓励商业银行推出差异化融资项目服务涉足智慧农业领域不同规模的企业。建立智慧农业创新融资平台，便于社会资本直接投资相关创新研发项目。地方政府发挥资源配置作用，建立智慧农业发展基金，引导并扩大社会资本投入，优化智慧农业资金投入结构。对于积极参与农业生产经营智慧化转型的农户，除农机装备补贴外，加大对其在使用智慧农业技术方面投入的补贴力度，减少农户经营成本。

（四）完善基础农业数据和共享平台，建立规范化的信息管理体系

首先，要整合现有数据资源，加快构建包括农村权属、农业资源、生产管理、机械设备、市场信息等的基础数据库。其次，要进一步推动免费物联网应用和大数据平台建设，可以通过补偿激励手段促进部门、地区和行业间信息交流、学习借鉴，推动跨部门、跨地区、跨行业的农业数据的收集、共享和利用，以合作方式深度挖掘数字信息的促农效应。最后，要对现有智慧农业的数据信息进行规范化管理，从在线到离线都要有专门的规章制度和责任落实机制，必要时还可以推

青春实践路　奋进新征程

出一套从数据采集到发布再到使用的立法管理体系，同时确保数据使用的灵活性和高效性。

（五）培养科技人才和高素质农民，夯实智慧农业发展的智力基础

2022年中央一号文件也提到要加强农民数字素养与技能培训。鉴于智慧农业发展对跨学科复合型人才需求较高，一是可以由当地政府牵头，推动农业类高等院校及职业院校开设智慧农业课程和建立实习平台，并支持其与企事业单位合作，定向培养无偿惠农人才。二是可以通过直接补贴或减免部分个人所得税的形式提高智慧农业人才的薪资待遇，完善农业人才引进和流动机制，鼓励应用型人才沉下去，为进一步开展基层推广示范工作提供人才支撑。三是深入开展新型职业农民、农村信息专员培训工程及农村实用人才带头人素质提升计划，设计喜闻乐见的方式和内容，促进传统农民向符合智慧农业发展要求的新农人转型。

（六）加强智慧农业宣传指导和示范引领，带动社会力量广泛参与

智慧农业赋能乡村振兴的任务重、时间长、涉及主体广，要在政府主导下，鼓励各类主体积极参与进来，形成建设合力。对广大农民而言，要搭建多渠道的农业信息服务平台，及时发布智慧农业和技术指导信息，再联合各新媒体平台开辟实时推送专栏，当其看到智慧农业带来的红利时，就会更容易接受和参与进来。对农业企业和其他社会主体而言，要充分发挥政府投资的杠杆撬动作用，探索建立智慧农业发展示范区，加大智慧农业的财政支持及贷款、税收等优惠力度，在加强刚性约束管理的前提下，引导农业企业和社会资本投向智慧农业建设，实现合作共赢。

总而言之，在乡村振兴战略背景下，智慧农业作为一项具备创新性、系统性、共享性以及价值性特点的农业产业发展模式，发挥着关键性作用。相关部门应当进一步领会并落实党中央关于乡村振兴以及智慧农业发展的精神和部署，采取合理有效的措施全面推进智慧农业体系建设，促进我国农业和谐健康发展。

作　　者　西北大学经济管理学院本科生　张艺佳　丁一宸　刘岚希　薛　楠　蒋怡然
　　　　　　　　　　　　　　　　　　　　何欣颖　周　典　黎城建　张云清　刘熠索

指导教师　刘希章

社会治理及区域发展篇

23 关于陕西省西安市开放建设的调研报告

2023年是共建"一带一路"倡议提出十周年，西安作为西部地区开放发展的前沿，既有交通、区位等得天独厚的优势，又有深厚文化、高新技术、先进人才等软实力的支撑，同时拥有国内最大且具有国际国内双代码的内陆港口，以及陆港型国家物流枢纽、国家临空经济示范区、自由贸易试验区等开放平台。面对新形势、新任务、新要求，陕西省基于自身区位和资源，建设西咸空港综合保税区，开展空铁、公铁、海铁等多式联运试点示范，将中欧班列（西安）集结中心纳入国家示范工程；创新举办丝博会、农高会、欧亚经济论坛，"通丝路"跨境电子商务人民币结算服务平台成为西北地区首家部署CIPS（人民币跨境支付系统）标准收发器的电商平台，西安跨境电商综合试验区跨境电商交易额增长46.3%，累计建设运营海外仓80余个，内陆改革开放高地建设迈出坚实步伐。同时，定期开展面向"一带一路"沿线国家和地区的知识产权国际交流合作活动或论坛、峰会，建立起相应的知识产权工作机制和多边合作交流机制，强化知识产权对外合作与交流，进一步发挥知识产权在促进中国与"一带一路"沿线国家和地区经贸关系深化升级的作用。此外，国际友城总数达101对、省级友城达28对、市级友城达73对，友城遍布五大洲41个国家，实现中亚地区全覆盖，助推陕西对外开放迈出更大步伐。基于此，陕西省政府工作报告提出，要实行高水平对外开放，促进外贸外资稳中提质；实施更大范围、更宽领域、更深层次对外开放，更好参与国际经济合作。

调研中我们主要采用实地考察、个别访谈、集体座谈等方法获得一手资料，全方位多角度地研究西安作为内陆对外开放高地的发展现状和所遇到的问题，并从调研中获取相关数据及信息，通过数据比对分析，对西安进一步开放发展的前景进行预测以及展望，了解近几年中欧班列西安站的运行状况以及海关工作流程、研究企业在"一带一路"开放建设中的参与度、了解高质量发展背景下便捷服务在西安市的覆盖率和落实程度及其对西安市开放建设的贡献量、探寻古丝绸之路发展历程以及研究国际港务区"港产""港贸""港城"融合发展的情况。

依托丝绸之路经济带发展课题，我们对陕西省西安市开放建设相关情况开展实地调研，从历史脉络出发，在大唐西市博物馆了解古都昔日商贸与文化，前往国际港务区等开放新平台观察其建设现状；从外贸实务入手，与西安车站海关关员座谈，通过智慧海关、跨境电商、综合保税等业务以及中欧班列运行情况，了解陕西对外贸易情况与开放环境搭建；从服务环节来看，到西安市政务服务中心探究市场准入流程；从科技创新而言，调研秦创原资本超市金融服务，与秦创原创新改革高地建设。并以小见大，从参展第十六届中国西安国际茶业博览会的茶叶公司洞悉陕西茶叶出口与未来发展。

一、陕西省西安市开放建设调研情况

（一）国际港务区

西安国际港务区是陕西省西安市为打造内陆改革开放高地而设立的经济先导区，是省市践行国家"一带一路"倡议、打造丝绸之路经济带新起点、建设对外开放大通道的重要抓手和主要平台。

近年来，国际港务区依托中欧班列"长安号"打通的国际贸易通道和西安综合保税区、开放口岸等平台优势，围绕智能制造、医工科技、研发创新等领域，积极承接东部沿海产业转移，全力打造自主研发、生产制造、物流贸易为一体面向"一带一路"的临港制造产业集群。截至目前，西安国际港务区已聚集外贸类企业360余家、物流企业300余家。

（二）中欧班列

中欧班列是国际港务区对外开放的重要依托。其长安号开行路线基本覆盖亚欧全境，向南有南亚公铁联运班列和中老铁路班列，向东常态化运行西安至青岛、宁波海铁联运，面向中亚南亚西亚国家的通道加快形成，初步构建了内陆地区效率高、成本低、服务优的国际贸易通道。

中欧班列（西安）集结中心发挥辐射带动作用，在以集结性促进本省发展的同时，成为向西开放的前沿阵地，致力于建设世界一流内陆港、打造"双循环"

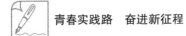青春实践路　奋进新征程

核心枢纽。截至2022年1月底,中欧班列累计开行突破5万列、运送货物超455万标箱、货值达2400亿美元,通达欧洲23个国家180个城市,为推动"一带一路"高质量发展作出了积极贡献。近年来,中欧班列实现逆势增长和安全稳定运行,有力保障了全球产业链供应链稳定,彰显了共建"一带一路"合作的强大生命力。

(三)西安车站海关

西安车站海关位于西安综合保税区,主要承担监管、征税、查私和编制统计四项职能。其积极贯彻落实海关总署支持中欧班列和综合保税区发展措施,推动"班列+保税"监管制度创新,充分发挥整车口岸地处陕西自贸试验区、毗邻西安综合保税区的特殊区位优势,全力支持整车口岸发展。

与西安咸阳机场海关的航空运输不同,西安车站海关是铁路口岸。依托中欧班列(长安号)的迅猛发展和"一带一路"建设的深入推进,西安港整车口岸不断刷新自己的成绩单。2021年中欧班列开行量达到了3841列,位居全国第一,2022年上半年也达到了1791列。随着中欧班列(西安)集结中心建设的推进,铁路运量将再上新台阶。

(四)大唐西市博物馆

大唐西市博物馆建于丝绸之路东方起点唐长安城西市遗址之上,是以反映丝绸之路文化和商业文化为主题的中国首座民营遗址类博物馆,占地20亩,建筑面积3.5万平方米,展览面积1.1万平方米,其中遗址保护面积0.25万平方米,馆藏文物2万余件,以西市遗址出土文物和博物馆创办人20年来精藏文物为主,上起商周、下讫明清,跨越3000余载。是西安市重要的文化旅游项目之一,是观众了解隋唐丝路文化、商业文化,进行学习、交流、收藏活动的重要平台,也是开展社会教育、展示传播古都西安悠久历史文明的重要窗口。

为促进"一带一路"文化的发展,大唐西市集团还进行了很多努力,通过推出"丝绸之路国际博览会""丝绸之路国际艺术品交易中心"等文化会展活动推动了丝路沿线国家和地区的商贸文化活动。

(五)西安国际茶叶博览会

第十六届中国西安国际茶业博览会在西安国际会展中心举办。其展览面积达

3万平方米，共1400个标准展位，规划了供销茶叶展区、中华品牌馆、全国名茶区、普洱/黑茶展区、白茶展区、老茶一条街、港澳台展区、茶具展区、紫砂展区九大展区，荟萃全产业链1万多类茶产品。同时，集结了800多家品牌茶企，泾渭茯茶等茶企汇聚一堂，古歌元作等茶器名企、紫砂大师联袂参展。

茶叶是古丝绸之路的重要产品，是中国与"一带一路"沿线国家和地区经贸往来的重要商品，成为联结"一带一路"沿线国家和地区的桥梁和纽带，茶文化也一直是中华文明传播于全世界的重要象征。举办茶博会是推动农业供给侧结构性改革的必然要求，是农民增收致富的有效途径，也是传播中华农耕文化的重要方式，更是事关"一带一路"重大战略的深入实施。通过茶博会我们希望得到交流进步的有：新时代如何运用国际思维对接世界需求；如何运用新品种、新技术、新设备、新业态，培育塑造茶叶知名品牌，促进茶产品营销；如何运用"一带一路"构想，贯彻落实"乡村振兴"战略，提升中国茶在国际上的影响力，促进农民增收致富。

（六）西安市政务服务中心

西安市政务服务中心（东厅）位于未央区凤城八路189号，其内部分布有市场准入区、司法服务区、民生保障区、综合服务区四区一体。是加强政务服务、提高行政效能、优化营商环境，为企业群众提供优质便捷高效服务的重要平台。

西安市政务服务中心贯彻高效率、便利化、全覆盖的服务理念，以其高水平的服务能力与规模化的服务范围全力打造服务集中、功能全面、公开透明、廉洁高效、环境优美的政务服务平台，持续深化"放管服"改革，破除政务服务领域的体制机制障碍，为西安开放建设积蓄后劲，深度融入构筑"一带一路"新格局，为西安发展成为国际化大都市提供坚实的保障。

（七）秦创原

秦创原创新驱动平台聚焦立体联动孵化器、成果转化加速器和两链融合促进器三大目标，是陕西省创新驱动发展的总平台，是推动陕西省从科教大省向创新强省转变的重要载体，是落实好陕西省委、省政府战略部署的重要抓手。

作为科教大省和共建"一带一路"重要节点，陕西依托秦创原深化科技领域务实合作，坚定不移实施创新驱动发展战略，主动融入全球科技创新网络，深入

青春实践路　奋进新征程

实施"一带一路"科技创新行动计划,打造"市场化、共享式、开放型、综合性"科技创新大平台,构建机制最优、要素最全、动能最强的创新生态,为科技创新赋能高质量发展注入强劲动力。

二、陕西省西安市开放建设存在的问题

根据调研,西安市在开放建设工作中存在的问题主要体现在以下几个方面:

(一)中欧班列

一是目前运行的多条中欧快线货运列车存在不同程度的货源竞争,这将造成运力资源的错配与浪费,阻滞陕西省开放建设的道路。

二是中欧班列港务区未有效整合保税区、出口加工区等资源,中欧班列的运行未得到西安陆地港口的有力支撑,使得西安国际中转枢纽港的建设速度凝滞。

三是西安市地处内陆,经济腹地小,且港务区不能紧密与沿海、沿边省份及港口合作,不能有效地将沿边、沿海口岸功能向内陆延伸。

四是陕西省对中欧班列整体供货量少,货源的七成主要分布在省外,且省内货源主要依靠少数大型企业,如本土的陕煤、陕汽,外资企业三星、美光等,而更多货源则来自省外其他地区,不利于扩大对外开放。

五是国际港务区、西咸新区秦创原、空港新城等开放新区尚未有机、有效结合,产业发展与开放建设的支撑力不足,使得中欧班列服务于陕西本土的效力式微,不利于助推陕西开放发展。

(二)茶博会

一是西安茶博会的形式性国际化理念。西安国际茶叶博览会一直以"品牌化、市场化、专业化、国际化"作为宣传理念,但其国际化真实性仍有待商榷,展厅内很难见到他国茶叶品牌或厂家的身影。

二是当下的展会方式单一。目前茶博会的参展方式单一,且受不确定因素的影响较大,目前西安茶博会引入实体展会与虚拟展会相结合的混合式展会、扩大交流渠道——线上、线下参与者在高科技协助下实时交流,是展会国际化的有效途径。

（三）国际港务区

一是综合保税区位于关中地区，受城市间经济发展水平差异影响，发展相对缓慢，招商引资能力欠缺，龙头企业进驻较少，货源不够充足，尚未达到产业规模化发展。

二是港务区内水、电、气、暖等基础设施配套不够完善，休闲娱乐、交通出行、商业购物、医疗卫生、住房等生活配套设施较弱。避免产业空城，合理地推进产城融汇发展还面临诸多考验。此外，港务区人流、车流量少，道路建设及公共交通系统设施的速度亟待提升，加之距离市区较远通勤时间长无法达到吸引人才的效果。

三是物流体系不完善，信息化建设比较延迟，无法做到实时共享信息，很大程度降低了企业办理相关手续的效率；物流信息不能快速有效流动，供给主体与需求主体之间存在信息差，这将导致货物进出存在隐形的壁垒。

四是西安市电子商务产业发展起步较晚，对于跨境电商人才的培养还无法落实到位，且师资力量及先进设备供给不足，学生专业理论知识与实践操作的需求明显脱节，不利于国际港务区的可持续发展。

（四）海关

一是目前西安海关关税减让、原产地规则、海关程序、检验检疫、技术标准等规则的落地实施仍需推进，自由贸易协定规则的运用能力仍需提高，加强与相关部门政策的协商及新签对接是推进贸易自由化、便利化的有效措施。

二是由于西安地处内陆地区，不沿海不沿边，对外贸易不算太过频繁，货物监管总量较小，业务种类有限，故相较于沿海地区监管经验稍显薄弱，监管能力有待加强。

三是西安海关对于特殊货物检验检疫对于特殊货物检验检疫的相关经验尚缺，西安海关申报场所还缺乏相关的仓储与运输工具，在紧缺情况下还需从其他地市进行借调，很大程度上降低了效率。

三、陕西省西安市开放建设的对策建议

（一）对接 RCEP，推进自由贸易

现如今，我国积极参与国际贸易规则制定，开展国际贸易合作，不断推进贸易自由化、便利化。助力西部开放高地建设的西安海关，应当提升自由贸易协定规则运用能力，做好新签和升级自由贸易协定的对接，加强与相关部门政策协调，推动关税减让、原产地规则、海关程序、检验检疫、技术标准等规则的落地实施。同时，提高自由贸易协定利用率，提升贸易投资自由化便利化水平。高质量实施《区域全面经济伙伴关系协定》（RCEP）、《亚洲及太平洋跨境无纸贸易便利化框架协定》等涉及海关工作，提升跨境贸易便利化水平。

（二）产城融合，推动产业兴旺

针对西安制造业不大不强这一基础层面的短板，通过对"一带一路"沿线辐射地区的需求分析，西安需要以"再工业化"带动高新技术产业、战略性新兴产业、先进装备制造业及两航产业的建设，深化与沿线地区的产业合作和产业互补。依托阎良飞机制造、高陵军工制造、临潼装备制造的产业基础进行优化，发展具有区域领先优势的先进制造业；同时，通过南部相邻的西安国际港务区枢纽，向中亚输出能源机械、重型汽车航空装备等需求度高的产品设备，实现由地区生产到国际商贸全过程的开放开发。发挥西安科技研发优势，推进信息通信、生物医药等新技术的孵化与应用，提升产学研一体化能力，加强国际产业技术合作基础。重点围绕三星闪存芯片项目建设，强化对上下游国际 IT 研发制造企业的吸引，同时依托高新综合保税区的对外政策优势，推动高新产业产品向世界的输出，以产业特色奠定城市对外开放的基础。

（三）"双港"建设，优化贸易通道

在空港建设方面，针对目前西安空港货邮吞吐量小、国际功能少的短板，强化货运物流、国际服务等功能，并以功能的延伸和空间的需要确定西咸新区空港新城的空间范围与规模。在空港新城范围内，结合外向型产业发展需要，设置国际航空物流、临空产业加工等板块，加快机场货运功能区建设，发展航空物流加工业。同时，为提升空港综合生产服务能力，结合低空开放政策设置通用航空服

务功能，发挥西安航空设备生产、维护及技术服务的能力，参与国际性商务通用航空产业合作。

陆港建设是破解西安在开放开发中不沿海、不临边、不沿江等劣势的主要途径。依托国际性铁路、公路运输通道，进一步深化西安国际港务区综合枢纽能力，以铁路集装箱中心站、综合保税区为基础，发展口岸、货物集散中转、仓储配送、国际国内货运代理、国内外空运速递、物流信息管理及集装箱服务等物流业务。在枢纽功能建设上强化与基础层面功能的衔接，使内陆港充分对接各类制造企业的物流需要，并通过长安号货运班列的物流通道，强化与中亚地区的产业互补。在全面整合西安保税物流中心、西安铁路集装箱中心的枢纽功能上，完善国内第一个国际陆港——西安港的建设。针对国际货运班列低效率的状况，通过西安港平台，整合各地向西的国际铁路班列资源，建设向西班列编组、通关的中转枢纽以提升效率；强化西安港与沿海港口的联运合作，打造"一带一路"国际中转枢纽港。

（四）完善管理，提高政府服务水平

全球化和高度市场化、信息化的今天，政府的管理水平对城市发展具有深远的影响。政府管理水平的高低、服务效率、公众对城市管理的参与程度都影响着城市开放建设的发展速度和程度。在2009年全国城市竞争力报告中，西安的政府管理竞争力落到了40名以后，严重影响了西安城市整体竞争力。政府管理水平代表了政府各项规划及政策的制定和实施的透明度和服务效率，影响着城市招商引资的能力和外部形象。完善政府管理体制建设，加强公众参与力度，倾听各行各业、各方各面的心声，真正提高政府服务的质量，才能更好地指导和引领城市的进一步发展。应建立科学规范的政府管理长效机制；加快政府职能转变，明确服务机制；加快信息平台建设，提高公众参与度；加快政府管理创新和体制创新，全方位服务城市开放建设。要继续以建设西安跨境综合试验区为抓手，大胆探索、创新发展，在物流、仓储、通关等方面进一步简化流程、精简审批，推动国际贸易自由化、便利化和业态创新，构建跨境电子商务产业链和生态圈，加快构建内陆地区对外开放新高地。

（五）完善法制，提高经济运行自由度

健全的法律体系引领和规范经济主体的各种行为，协调各方利益的公平有效

青春实践路　奋进新征程

分配，是市场自由竞争的重要保障，也是城市软环境竞争力的重要一环。法制环境下经济运行的稳定性、公众参与程度、实施效果明显优于行政手段下的经济运行状况。融入全球化，提高开放程度就要有规范化的市场运行秩序和国际化的监督手段。城市的法制环境直接决定了城市的经济发展速度。只有健全法制，实现城市的法治建设，才能更好地融入国际社会。应建立长久有效的法制环境，稳定经济主体预期；建立行政行为合法性说明制度，保证公众知情权；健全市场运行各项法制，保障有序竞争。

（六）产研融合，促进科技资源产业化

只有科技创新才能提高企业竞争力，带动区域经济发展。将西安科技优势转化为城市开放建设核心竞争力，必须将其转化为现实的生产力，实现科技资源的产业化发展，因此，统筹科技资源成为必然要求：应建立科技资源交易平台，实现产学研结合；建立高新技术企业孵化机构，支持高新技术产业和先进制造业的发展；改善区域科技创新环境，增强企业研发能力。

要大力促进新丝绸之路经济带科技与产业的深度融合。一是构建国际创新合作交流大平台项目。办好全球硬科技创新合作类大会，搭建"一带一路"科技创新开放合作共享平台，建立西安"走出去"产业联盟。二是建设"一带一路"创新中心。瞄准世界科技前沿和产业创新发展需求，依托高校院所、骨干企业和军工单位资源，重点聚焦在航空航天、信息技术、生命科学、人工智能、现代农业上取得重大突破，建设丝路创新创业基地等项目，建设面向"一带一路"的国际技术转移中心。三是打造"一带一路"产业合作高地。加快骨干企业和优势民营企业"走出去"步伐，加快欧亚经济综合园区、中俄丝路创新园、经开区中欧合作产业园、中亚商贸物流园等加快产业合作园区的建设，不断拓展西安海外发展新空间。

作　　者　西北大学经济管理学院本科生　竹　夏　韩仙与　熊逸可　郑翊伟　杜心怡
　　　　　西北大学数学学院本科生　王宇辰
指导教师　马莉莉

24 关于临汾市口子里村农村基层治理的调研报告

十九大以来,乡村振兴战略全面展开,存在千年的中国乡村在乡村振兴中再次焕发出了强大的生机与活力,更让传统文化展现出了生机与张力。整体来看,各地区在乡村振兴战略实施过程中做了很多有益探索,如以"中郝峪"为代表的"综合发展模式"、以"莫干山"为代表的"民宿发展模式"和以"三瓜公社"为代表的"电商特色产业模式",打造出了很多"乡村振兴"样板,乡村整体面貌、综合实力、发展潜力得到了很大提升。但是,我们也要清醒地看到,乡村振兴整体的发展水平、发展深度还不够,还存在这样或那样的问题,在一定程度上制约着乡村振兴战略的实施。调研人员通过参观村委会、参阅部分文件、采访村民、分发传单等方式开展深入调研,现形成以下调研报告。

一、调研对象口子里村的基本情况

口子里村位于山西省临汾市尧都区县底镇东北片,北与王村和大阳镇官雀村相连,南与酸枣凹村相接,东与浮山县相邻,西与许村相接,距镇政府15千米路程。全村共有6个居民小组,分别是口子里、刘家庄、曲家庄、凤凰岭、北角、靳家凹,共213户714人,常住人口200余人,全村总面积15588.93亩,其中村庄面积较小,仅有530.17亩,耕地3617.91亩,林地3056.03亩,荒山荒坡7475.87亩,占全村总面积将近一半。再加上口子里村耕地质量较差且分布分散,第一产业发展困难显著。因此,口子里村受到地理环境的影响,经济发展劣势较为明显。

一是经济建设。据了解,口子里村现有建档立卡脱贫户52户168人,监测户6户14人。为了帮助脱贫户增加收入,2021年口子里村引进黑小麦种植项目,免

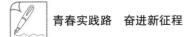

费给脱贫户和村民提供种子、肥料，申报种植面积达 905 亩。虽然去年种植期受到雨灾影响，有部分土地没有按时种植，但抢种上的土地仍然喜得丰收，下一步口子里村将联系项目单位以比普通小麦收购高 3 毛钱的价格进行回收，真正让全体村民和脱贫户得到实惠。另外，今年林业绿化工程在口子里村种植连翘约 500 亩，有效地利用了荒山荒坡的同时，也发展了连翘产业，如果连翘能在村内真正种植成功，口子里村将继续进行下一步的收购和初加工计划，让连翘产业在村内更好地开花结果。

二是集体收入建设。2022 年上半年村内开展了"清化收"工作，通过清理合同，理清集体资源，预计 2022 年能增加集体收入 2 万余元。此外，村内的主要工作还包括配合镇临浮高速指挥部，开展征地和临时便道征地工作，通过积极协调保证了村集体和村民的利益，也使征地工作顺利完成，保证了项目在口子里村的顺利开工。

三是党建组织建设。目前，口子里村党支部现有党员 33 人、积极分子 3 人，为了更好地发挥党建引领作用和增强党组织的凝聚力和战斗力，村干部严格按照《抓党建促基层治理能力提升专项行动方案》，完成了首次党员积分管理评分，完成了各项制度建设和档案整理，下一步将严格按照党员积分管理制度，增加党员参加活动的主动性，形成规范管理、人性控制，推动口子里村党组织建设稳步向前。

四是文化思想建设。其一，狠抓农村道德建设，积极树立农村新风尚。口子里村村干部积极利用微信群等，广泛宣传"爱国守法、明礼诚信、团结友善、勤俭自强、敬业奉献"的公民基本道德规范，在农村大力开展反邪教警示教育、无神论教育，促进农民破除封建迷信，崇尚科学，树立优生优育、男女平等、关爱女孩等新思想，提高他们的思想认识水平。树立与现代文明相适应的思想观念和生活方式，全面提升农民思想道德素质和文明素质。其二，戏曲文化下乡活动。口子里村在 2022 年申请了戏曲文化下乡活动，2022 年上半年共开展三次活动，活动受到村中老年人的喜爱，单次活动参与人数达 50 人。这一活动利用戏曲文化传播正能量，教育和丰富了老百姓的文化生活。

二、口子里村存在的问题

从整体来看，为了进一步推进乡村建设，当前我们既要巩固脱贫攻坚所取得的重要成果，又要推动农业农村现代化进程，实现乡村振兴。然而，当前乡村的发展现状存在着诸多困境，主要集中在以下几个方面：

（一）政策实施刻板问题时有发生

一是一些地区在实施乡村振兴战略过程中盲目跟风。投入了大量的人力、物力、财力，却收效甚微，发展思路、发展模式刻板生硬。

二是政策实施刻板印象既造成了公共资源的浪费、政府公信力下降，也不利于乡村振兴战略扎实科学有效实施。

（二）部分村民思想觉悟不高，自主发展意识不强

一是学历普遍偏低问题。第三次全国农业普查数据公报显示，全国农业生产经营人员数量为31422万人，其中学历在大专及以上的占比为1.5%，而小学和初中的占比分别为30.6%和55.4%。

二是乡村人受教育水平相对于城市人而言仍然偏低。这在很大程度上影响了人们接受新知识与新技术的能力。

三是部分贫困户脱贫意愿不强，"等、靠、要"思想依旧存在。在当前的建档立卡户中，除了一部分确因身体等原因无法自主脱贫之外，还有相当一部分贫困户属于主观上缺乏脱贫动力，一味地把贫困归咎于外因。

四是部分村民思想脱贫意识不强。当面对国家给予贫困地区和贫困人口的惠民政策时，一些贫困户只想依靠政府给予的基本生活保障金过着维持生计的日子，继而滋生出了一些社会丑相，不利于乡村振兴工作的开展。

（三）五方面协同发展意识还不够强

一是发展战略的需要。产业兴旺、生态宜居、乡风文明、治理有效、生活富裕是乡村振兴战略的总要求，是"五位一体"总体布局和"四个全面"战略布局在农业农村发展中的具体体现和指导，系统回答了乡村振兴要达到什么样的水平、

怎样达到这样的水平等一系列问题。

二是相关治理方面没有得到重视。目前来看，有的地区、乡镇将重心和精力过多地放在了振兴村集体经济和产业发展上，对生态、乡风、治理等方面还没有引起足够的重视。

（四）乡村自主造血能力有待提升

一是乡村振兴战略实施以来，乡村面貌发生了很大改观，新时代文明实践、人居环境整治、美丽村居建设，让乡村风貌焕然一新，村集体经济、特色农业也取得了长足发展。快速发展的背后也暴露出一些问题，突出问题表现在村级自主造血能力较差；农产品产业链较短，产品附加值不大，销路不畅；自主发展能力、创新发展思维还不强，被动依靠上级资金注入。

二是中国脱贫攻坚阶段之所以能够取得如此大的成就，依托的是发挥政府集中调配扶贫资源的优势。在长达8年脱贫攻坚战时期，中央、省、市、县财政专项扶贫资金累计投入近1.6万亿元。大力组织村级党员干部、致富能手外出学习考察，学习借鉴其他单位、地区乡村振兴战略实施过程中的先进经验、先进做法。从人才、产业、创业等方面，持续增强村级自主发展的主动性、创造性，切实增强村级自我造血能力。

三、口子里村基层治理的对策建议

（一）种植高质量农作物

一是建议种植业重心由重视数量转变为重视质量。选取高产农作物进行小规模种植，提升产品质量，从而提高村民收益。

二是建议成立相应的黑小麦生产合作社。以确保黑小麦的品质与供应量，采取与黑小麦收购公司形成产销对接的形式，稳定村民经济收入。

三是为村民讲解黑小麦种植前景与国家的政策补助。提升村民种植黑小麦意愿，挑选适宜土地种植黑小麦，拓展黑小麦种植面积，定期邀请专家解决村民在种植黑小麦时所面临的问题，从而提高黑小麦的种植质量。

四是建议顺应新经济发展潮流。针对交通不便等问题，建议发展电商经济，根据口子里村特色农作物建立相应的品牌，树立品牌形象，提升口子里村特色农产品知名度,从而提升品牌效应,拓展农民的销售渠道。

五是可以在部分小面积耕地开展中药材等高收益经济作物的种植,以提升农户的额外收入。

(二)规模化发展养殖业

一是初步形成集体养殖体系与开展规模化养殖。对于本村养殖业现存的问题,在与养殖户商讨后,初步形成建立集体养殖体系的设想,针对个体养殖出现的价格浮动、发病率高等问题,采用建立新型养殖基地的方式,开展规模化养殖。

二是完善适宜的销售渠道。由村干部与基地负责人共同联系,选出适宜的销售渠道,降低价格波动,提升养殖质量,提高村民收益。

(三)完善各类基础设施

一是积极组织居民移迁。口子里村由于位于山系之中,入村道路单一且以山路为主,受雨水等自然灾害的影响,导致道路经常坍塌、安全性较低。入村以私家车为主,村民出村艰难,出入村方式单一。根据当地发展经验,并参照现有居民搬迁政策,可以对地势较高、自然社会资源匮乏的居民组进行移迁,转移到地势平坦的居民组附近,增强居民组之间的联系,从而便利村委会政策的落实和对居民组之间的管理。

二是完善道路等基础设施。与当地的相关部门或交通公司合作,在现有政策基础上,依据原有公交基础设施,为口子里村开通进村公交,并为相应的公交人员提供补助,加强村中联系,便利村民生活。对于道路塌陷问题,我们建议村干部可以与相关道路维修部门取得联系,对入村道路进行定期维护,提高道路的安全性,完善基础设施。

三是可以设立相应的建设资金。在村中心或交通便利位置设立小型便利店,同时为村中贫困村民提供就业岗位,但受地理分布影响,该方案实施具有一定的地理位置选择的限制。

三是定期统计村民所需物资。以公交司机为代购员的方式,定期统计村民所需物资,由公交部门采购并发放给沿线村民。

四是在村中建立小型卫生所。与市委市政府或相关医疗机构联系,在村中建立小型卫生所,保证日常所需药品齐全,为村民身体健康提供保障。

五是确定以口子里村居民组日常照料中心为示范先例的相关提案。以现有照料中心为示范,明确老人的生活需求,并与其余居民组负责人商讨,在本居民组中心位置建立相应的小型照料中心,与村委会照料中心形成日常管理体系,同时设立相应的工作岗位,完善照料体系的同时为村民提供相应的就业岗位。

(四)实施居民组组长制度

一是参考其他村落成功建设案例,建议口子里村成立小型党群服务中心。可以选举各居民组中党员同志或积极分子成为各居民组组长,居民组组长负责开展工作,党会由各居民组组长参加,并由居民组组长领导开展各居民组政策落实工作。加强各居民组之间的联系,提升工作效率,确保政策落实。

二是村委会干部积极了解村民"五保"政策。由居民组组长开展进村入户宣讲,为已达要求的检测户村民积极申报,减少村民返贫概率,推动乡村振兴战略的实施。

作　　者　西北大学经济管理学院本科生　解佳璇　王钊　王一蓉　张慧如
　　　　　西北大学文学院本科生　赵虹雨
指导教师　郭　宏

25 关于三原县发展成果考察与社区实践研究的调研报告

一、调研背景及简要方法和过程

西北大学经济管理学院赴陕西省咸阳市三原县暑期社会实践团于2022年7月31日至8月3日开展社会实践，采取实地考察与线上资料搜寻结合的方法对三原县发展成果进行考察，进一步得出社区实践研究报告。

7月31日，队员们从西安出发，考察沿途情况和附近农村面貌，实地调研了"三河一山"服务驿站、于右任故居、庭院经济等特色经济情况，并于傍晚初抵三原县，进行当天的调研总结。

8月1日，队员们兵分两路，分别去到盐店街社区党群服务中心和丰原社区开展实践工作，第一小队参观了咨询台、便民服务站等，第二小队参观了社会治理调解室、党员学习室、阅读区域等，实践队协助社区工作人员展开社区工作和活动，下午，两个小分队会合，交流当天的实践内容和感悟，深刻认识到党群社区服务工作人员的不易，社区把"服务为民"作为第一工作目标，不断提升基层治理水平。

8月2日，队员们接续昨天的社区工作，开始新的社区服务活动，第一小队参与了城隍庙志愿服务活动，包括历史讲解和展品柜清洁，第二小队协助社区演讲比赛的相关工作开展，当日下午，考察小队集体参观了位于咸阳市渭城区的汉阳陵地下博物馆，感悟互联网+博物馆的魅力，了解三原县的历史背景和风土人情。

8月3日，队员们接续社区工作，深入了解社区日常活动，及时交流和反思，并于下午会合，总结这次社区调研的收获与经验，为本次调研画上圆满句号。

青春实践路 奋进新征程

(一)初探三原,聚焦农村

2022年7月31日,西北大学经济管理学院三原下乡小分队在进入三原县途中参观调研县城及周边,主要进行了考察庭院经济、参观于右任故居、了解河长制与"三河一山"、考察设施农业等活动。

在进入县城的道路中,两旁村民家门口种植的各种各样农作物吸引了同学们的注意,居民们在自家门口种植芝麻、大葱、豆角、玉米、花椒等常用食物,以满足全家人日常生活所需,既健康又方便,这也体现了农村家庭经济的自给自足的特点,在自家庭院之中即可解决家庭的部分蔬菜调料需求,多余的可以拿到路边售卖,并没有很多大型蔬菜水果市场,但这在一定程度上也阻碍了农村第三产业的发展。在询问交流中得知,这种现象在三原县城、周边区县十分常见,各家门口的菜园子种着适合四季的各种常见作物,较少去购买其他种植作物。基于此种情况,队员们查阅相关资料,分析庭院经济的优势与劣势。农村是中国社会最广大的地区,农村经济的重要特点也正是中国经济的特点,"三农"问题始终居于国民经济的核心地位,研究庭院经济,为乡村振兴提供新思路,为经济发展提供新方向。

下午,队员们集体参观了于右任故居,从其建设发展中,看见了农村建设的成果和三原县悠久丰厚的历史文化,加深了对本次调研的了解与认识。故居旁随处可见的新农村建设标语、宣传口号,让我们对农村建设目标有了更明确认识——生态宜居、乡风文明、生活富裕、产业兴旺、治理有效,从周边更完善的基础设施、更多的健身广场、更全面的天然气管道看出乡村建设的成果,也在调研中发现一些相对不足,比如,县城中仍有许多居民使用老式煤气罐,有一定的安全隐患,证明天然气普及还不够,农村新能源建设普及面不广;县城周边农业设施现代化程度较低,新型农业发展空间大;部分住房虽然结合历史特色建有老式门楼、窗户等,可建筑间区别过大,仍有废弃房屋、危险住宅楼等,影响居民安全和城市风貌。

在当天的调研过程中,队员们对三原县及其周边农村有了初步认识,对地区经济概况有了初步了解,对地区现象和问题分析探讨,便于后续调研顺利开展。

三原下乡小分队集合出发前往三原县城途中经由高陵区渭河高陵段,河道治理作为环境保护和绿色发展的重要内容,其重要性在渭河高陵与秦汉新城界至高陵与临潼界河段的治理中得到了充分的体现。我国河长制由各级党政主要负责人担任河长,负责治理所指派河湖的管理和保护工作。全面推行河长制,是以保护水资源、防治水污染、改善水环境、恢复水生态为主要内容的。

渭河作为黄河最大的支流,在黄河流域的灌溉问题中发挥着至关重要的作用,而黄河流域的农业农田灌溉问题又是本地区农业发展的重中之重。因此,将渭河河流治理的重要性提升到一定高度不仅仅能够从实践层面逐步解决渭河水质、渭河河道淤积、引渭灌溉等问题,还能从意识形态层面提高沿岸居民及政府对其的重视程度,配合河长制政策提升治理积极性。

与此同时,小分队途经西安"三河一山"绿道服务驿站,并针对西安"三河一山"旅游业的发展展开了调查。经分队成员调研,西安"三河一山"绿道是西安市全域治水碧水兴城的重要成果,"三河"指浐灞河、渭河、沣河,而"一山"则指已建成的堤顶路和 S107 环山旅游路,以此为基础,规划建设集骑行、步行、观光、休闲等功能为一体的生态慢行系统,沿途串联诸多生态节点和人文历史遗址,为市民提供了一个望得见山、看得见水、记得住乡愁的绿色生态长廊。

7月31日下午,小分队抵达了三原乡村区域,参观了蔬菜大棚、基本农田以及花卉等经济作物,多种经营为三原农业农村发展提供了重要推动力。在村民的介绍下,小分队了解到,蔬菜大棚作为设施农业的重要人工手段,在相对较高附加值的蔬果种植中扮演着重要的角色。蔬菜在大棚中完成初期培育,在种植后期被移出大棚。在大棚培育的阶段中,需要定时进行通风以及湿度温度的调节,这其中的技术需求也体现了现代农业对于科技的要求逐步提高,技术与农业的不可分割性不言而喻。

(二)再探三原,初入社区

2022 年 8 月 1 日,西北大学经济管理学院三原考察小分队正式进入社区开展工作。队伍分为两个小队,第一小队成员在盐店街社区党群服务中心实践,第二小队成员在丰原社区开展实践。在与社区工作人员对接后正式展开工作。

上午 8 点左右,第一小队到达服务中心,并在服务中心人员的领导下对中心进行了参观和了解,中心主要传达了服务与提升两个核心概念。

首先是服务。进入盐店街社区党群服务中心,映入眼帘的是政务接待区与休闲等待区,群众可以在这里进行问题咨询。响应中央政务公开的政策,社区特别

青春实践路　奋进新征程

设立政务公开专区,"以公开促落实,以公开促规范,以公开促服务"的标语下是意见箱与咨询台,群众可以在此反映问题,查找政务记录等。为贴近群众生活,服务人民群众,服务中心设立了便民服务站,购置了血压仪、老花镜等便民设施,提升群众生活便捷度。从小处帮助群众,促进人民生活幸福。中心的工作人员也自发地参与志愿活动,服务人民群众。墙壁上随处可见工作人员参与志愿活动的身影:他们或参与防疫工作,或帮助社区养老,或体验外卖工作,为群众的幸福生活贡献力量。中心设立兰香雅室、公共卫生室、母婴室等,以开展医师坐诊服务,书画学习活动等方式为群众提供丰富多彩的社区活动。

提升的概念也体现在中心的多处设施中。服务中心设置职工书屋、数字党建体验区、多功能会议室、党员活动室等区域科普工作知识,以达到提升内部人员工作能力的目的。其中最值得一提的是,为对接智慧党建的指导要求,中心引进VR新技术,设立漫游革命老区,还原党史大事件等项目供参观者学习,体验者可以随着VR设备的脚步设身处地地体验革命的艰难困苦,使内心的理想信念更加坚定。

第二小队在丰原党群服务中心参观了其中的社会治理调解室、党员学习室、志愿者服务站、退伍军人阅读区域以及党风文化建设区。其内容设置丰富、环境干净整洁、布局高效合理,体现了社区服务工作者将为人民服务放在首位、将民众咨询服务视为使命、在党的领导下为社区的居民提供专业全面的服务。

通过采访社区工作人员,我们得知:今年来,三原县以"同心三原"党建品牌为引领,围绕打造"依托一个服务中心,实行四方责任联动,建好一批志愿者队伍"的"141"城市社区党建综合体,聚力实施"同心三原,服务有我"党建工作,有效激活城市基层治理的"神经末梢"。

社区是社会治理的基本单元,也是党和政府联系、服务居民群众的"最后一公里"。新形势下,如何做好群众工作、以社区党建引领社区治理,激发社区治理活力和创造力,以满足人民群众日益增长的美好生活需要,是摆在社区工作者面前的新课题。

近年来丰原社区正在探索新时期城镇社区治理的新模式,即党建引领下的"社区+单位+小区"的城市社区治理现代化模式。一是以社区为单位实行网格化层级管理,即把"社区、小区、楼栋、单元"划分四个层级化网格,由社区书记担任社区第一个层级的网格长,二三四层级网格员按照新老小区人员密度、居住程度、属地原则等选聘专职、兼职网格员或推选志愿者担任网格员。网格员承担信息采集、便民服务、矛盾调解、政策宣传等职责。二是将共建单位、小区党员同社区党员纳入网格管理,形成"社区党支部—辖区单位党组织—网格党小组"的三级组织架构。三是以活动载体联创。与共建单位签订《共驻共建协议书》,定期召开联席会议,开展各类共驻共建特色活动。制定《丰原社区共驻共建章程》,配套建立党员服务社区积分制管理制度。

丰原党群服务中心的工作内容多而繁杂,主要可以分为党员服务、劳动保障服务、卫健服务、民政服务、社会维稳、保障房服务、户政服务、志愿服务、文化服务、社区服务这十大类。面临多而杂的工作,社区服务工作者任劳任怨、不辞辛苦、努力提高自身业务水平,将为人民服务放在首位,尽心尽力地打造一个为人民办实事的党群服务中心。

通过本次学习实践,三原考察小分队了解到基层社区的工作内容,深刻认识到党群社区服务人员工作的不易,社区把服务为民作为第一工作目标,把提高群众幸福感、安全感放在首位,积极探索社区治理创新模式,精准对接群众需求,在解决问题中不断提升基层治理水平。

(三)开展社区活动感受历史温情

2022年8月2日,三原考察小分队部分成员为深入了解社区工作,于三原县城隍庙参与社区志愿活动。下午,小队全员在吴丰华老师的带领下参观了汉阳陵博物馆,深度感受历史文化,体验我国文旅发展状况。

上午9点,第一小队成员在盐店街社区党群服务中心实践。社区工作人员为同学们安排了城隍庙志愿服务活动,负责向小学生进行历史讲解以及展品柜的清理工作。城隍庙是中国现存比较完整的明清时期中国传统建筑群之一,现已被国务院列为全国重点文物保护单位。本次志愿服务包括向小学生们介绍城隍庙历史文化,这样贴近群众生活的志愿活动,加深了同学们对社区工作的认识。现代化社区开展类似的惠民活动,提升社区服务层次,深化社区服务内涵,满足了人民群众心理疏导、精神慰藉、能力提升等新的个性化服务需求。

在完成讲解工作以后,第一小队成员还参与了卫生清理工作,对城隍庙的多个文物展柜进行整洁清理。社区开展的此类志愿者卫生活动,使同学们贴近社区工作本身,以实际行动践行社区环境卫生保护的责任与义务,展现了服务群众、

青春实践路　奋进新征程

奉献社区的责任意识、宗旨意识。

社区工作是在党和政府的领导下，依靠社区力量，利用社区资源，强化社区功能，解决社区问题，不断提高社区成员的生活水平和生活质量的过程，也是建设管理有序、服务完善、环境优美、治安良好、生活便利、人际关系和谐的新型社区的过程。本次志愿活动通过让同学们参与到平常的社区活动，使同学们切身认识到社区工作的责任与义务，体会到社区工作的重要性。

下午，三原考察小分队在讲解员带领下参观了汉阳陵。

汉阳陵，位于西安市北部的咸阳市渭城区，是汉景帝刘启和皇后王氏同茔异穴的合葬陵园。汉阳陵占地20平方千米之广，有81道墓道，十分雄伟壮观。进入景区后，首先看到一个高耸的封土堆，即汉景帝的陵墓。

接下来队员们参观了地宫，即地下博物馆，里面所展览的文物皆来自81道墓道中的东北部的10条墓道。地下博物馆采用了一系列高科技技术，馆内使用中空镀膜电加热玻璃幕墙和通道将文物和游客分隔在两个截然不同的温湿度环境中，在最大限度科学保护文物遗存的前提下，使游客在充满神秘感的环境中近距离、多角度欣赏大量的文物遗存，领略世界一流的文物保护技术和展示方式，了解文物考古发掘和保护利用的最新成果。此外，采用国际上先进的影视成像技术演绎当年真实历史事件的幻影成像节目，把游客的思绪拉回到昔日西汉皇帝丰富多彩的宫廷生活中。高科技的使用不仅体现了我国文物保护技术的提高，更是国家对文物保护、历史溯源工程的重视。

汉阳陵经过30多年的发掘整理，已挖掘出了大量的陪葬陶俑，这也是我们在游览中看到最多的文物。陪葬陶俑分为两种，一种身体为陶，胳膊为木，身穿绸衣；另一种是身体衣服全为陶土烧制的俑。前者代表身份高贵者，如皇帝、侯爵；后者为身份低贱者如侍者奴仆。而经过2000年的时光，前者的绸缎衣裳木头胳膊早已腐烂，而陶土所烧成的陶俑仍栩栩如生，此景不得不令人唏嘘。

汉阳陵博物馆不仅是中国博物馆发展的一个缩影，更是代表了博物馆未来的发展趋势。通过文保技术的不断发展使更多深藏在实验室里的文物可以面向大众，互联网+博物馆可以让游客更加沉浸式的学习感受，深度挖掘博物馆IP，打造从衣食住行全方位的文旅体验，使历史走进生活。同时，更加丰富的文旅体验使博物馆旅游业炙手可热，在闲暇时间，人们更愿意选择去博物馆进行放松学习，感受历史的温度。

社会治理及区域发展篇

党的十九大提出全面实施乡村振兴,并将其提升到战略高度、写入党章,把农业农村工作摆在更加重要的位置,为农业农村改革指明了航向。只有农业成为有盼头的产业,农民成为有吸引力的职业,农村成为值得留恋的家园,才能走出中国特色乡村振兴之路。

二、调研对象现状

三原县设 10 个镇,4 个乡,205 个村民委员会,9 个社区居委会,于 2019 年入选国家城乡融合发展试验区,在陕西县级新型社区的建设上进步巨大,三原考察小分队为深入了解县级新型社区的建设与日常工作,计划在三原县的盐店街社区与丰原社区开展实习工作,使队员们贴近社区工作本身,了解社区工作的重要性。

第一小队所实习的盐店街社区是当地现代化社区建设的重要代表之一,它成立于 1956 年 3 月,位于三原县城南老城区,社区北至东大街,南至南环路,东至王仓巷、仓南路,西至南大街、南关正街。辖区面积约为 0.9 平方千米,下设 20 个居民小组,4 个片区,辖区内党政企、事业单位 14 家,居民小区 32 个,户籍住户 4650 户,户籍在册人数 11500 人,常住人口 7254 人,社区现有 70 岁以上老人 1281 人,残疾人 131 人,党员 111 人。低保户 118 户、187 人。社区工作人员 14 人,支委 5 人,居委 9 人,其中书记主任一肩挑,劳保障协理员 2 人。两委班子成员全部为大专以上学历,具有较好的办公自动化能力,并保持着坚持为群众服务、保障群众利益的工作宗旨。盐店街社区现已开展的工作有:党建、民政、住建、卫健、医保、双创、妇联、工会、统计、残疾人、疫情防控、劳动保障、生态环保、清洁卫生、安全生产、综治维稳、司法调解、平安创建、退役军人、文化教育、户籍管理等日常工作。

盐店街社区党群服务中心不仅包含的服务种类全面,能一站式满足人民群众的事务办理和问题咨询需要,还响应了建设新型社区的号召,在服务中心建立了不同种类的功能区,更好地满足人民群众的生活需要。服务站大厅另外设有政务接待区与休闲等待区,群众可以在这里休息和咨询相关问题,设有专人回答与负责。服务中心为响应中央政务公开的政策,特别设立政务公开专区,并提供群众意见反馈箱与实物咨询台,群众可以在此反应社区问题,查找政务记录。社区工

青春实践路　奋进新征程

作也坚持着"以公开促落实,以公开促规范,以公开促服务"的服务宗旨,为贴近群众生活,服务人民群众,服务中心还设立了便民服务站,由多个种类的功能区组成。例如,兰香雅室、公共卫生室、母婴室等,还会定期开展医师坐诊活动,为群众提供丰富多彩的社区活动。

第二分队在丰原社区开展实习工作,丰原社区正在建立新时期城镇社区治理的新模式,即党建引领下的"社区+单位+小区"的城市社区治理现代化模式,即以社区为单位实行网格化层级管理。把社区、小区、楼栋、单元划分四个层级化网格,由社区书记担任社区第一个层级的网格长,二、三、四层级网格员按照新老小区人员密度、居住程度、属地原则等选聘专职、兼职网格员或推选志愿者担任网格员。网格员承担信息采集、便民服务、矛盾调解、政策宣传等职责。让党员干部、社区工作人员、人民群众拧成一股绳,携手走在建设美丽社区的道路上。

社区工作是在党和政府的领导下,依靠社区力量,利用社区资源,强化社区功能,解决社区问题,不断提高社区成员的生活水平和生活质量的过程,也是建设管理有序、服务完善、环境优美、治安良好、生活便利、人际关系和谐的新型社区的过程。本次实习考察活动通过让小队成员们参与到平常的社区活动,使同学切身认识到社区工作的责任与义务,体会到社区服务的必要性。

三原考察小分队本次三下乡调研主要依据三原县的农业农村问题以及社区治理两个重要板块展开,因此,本文将就这两个问题分别进行阐述。

农业农村问题多年来是我党以及我国政府高度重视的事关14亿人民生活福祉的重要问题。从世界层面看,我国的农业农村问题以及其发展方向有着我国特有的优势和问题,对比欧美及日本等诸多国家的农业农村现代化问题,我们在制度环境、历史因素、自然条件与世界不同国家存在极大的差异。那么,我们应该如何精确认识中国农业农村的现实问题,找到中国农业农村发展思想的现实依据以及理论依据,是我们下乡队伍本次考察活动致力于探索的问题之一。

放眼中国农业发展的历史背景,在我国工业化初期,曾经牺牲农业发展来保证工业的顺利发展,于是不可避免地导致了现代城乡二元经济的状况,当我国的工业化取得了一定的进展后,农业农村问题被提上了一个前所未有的高度。

我国的减贫事业所取得的重大成就为农业农村的发展奠定了重要的基础。自改革开放以来,我国的减贫事业取得了重要的进展,帮助7亿多人口实现了脱贫,与此同时,中国对世界减贫的贡献率也超过了70%,提前十年实现了联合国2030

年可持续发展议程的减贫目标。与此同时，研究表明我国的农业政策在脱贫与促进农业农村发展中扮演着极其重要的作用，实施持续性的扶贫政策是后扶贫时代我国治理贫困的重要政策之一，通过对相对贫困的地区进行扶贫政策的大力倾斜扶持，促进相对贫困地区农业经济高质量发展，能够提升相对贫困人口的自我发展能力和可持续增收能力，从而使扶贫开发达到发展增收的效果。

基于以上我国农业发展的历史背景，我们由此针对农业发展的相关问题制定了本次三下乡活动的相关研究目的。

首先，针对我国精准扶贫的政策实施效果进行调研是与农业农村相关的重要内容。通过三下乡活动的契机，与三原县农村地区的村民进行近距离沟通，切实了解我国的扶贫政策效果。与此同时，针对陕西省的具体农业状况，了解我国针对我省特殊的地理条件以及自然环境所制定的特殊的精准扶贫政策以及其相应的实现路径以及现实意义。针对此问题，调查最具影响力和最具效果的精准扶贫政策，并最终依据相关政策探讨其实施效率较高的原因，依据原因找到适合陕西省的精准扶贫。

其次，针对农业发展新常态以及疫情如何影响农业经济发展相关问题进行调研也是我队调研的目的之一。除了与当地村民进行近距离沟通，切实了解近年来大环境当地农业的影响之外，与当地社区服务人员进行沟通，了解相关政策导向以及政策效果，再从村民群体中通过沟通获得相应政策效果的反馈，发现最具现实意义的政策以及其具体的效果。与此同时，了解互联网对于农业发展的推动作用以及具体的实现路径，互联网以及平台经济、直播带货如何促进了农业在疫情的新常态之下顺利发展已经帮助农民在疫情不利的大背景之下获得应有的收益和保障家庭收益。

社区治理作为政务服务的神经末梢，是我国民生的重要保障，社区服务是否能够真实有效地保证民生福祉，是当今社区服务所需要的重要内容。党的十八大以来，社区治理不断成为国内学术研究的重要议题。从学术研究的角度看，当今社区治理面临着以下若干问题。

第一，是关于社区人口问题以及人员组成的研究，诸多学者就社区人口年龄、阶层、流动性、民族、职业等诸多问题进行研究，最终发现老年人群是对于社区服务需求度较高但最终的满足程度较低的群体，因此我们从中发现，即使国家对于老年人服务的相关政策随着老龄化程度的不断加深正在逐步推行之中，但是老年社区服务的服务效能仍待提高。

第二，是关于社区空间的研究，空间概念构成了社区学术研究的重要视角，我国学者通过研究证明了社区空间治理可以作为社区变革的重要抓手。将社区治理和空间的充分利用相结合，构建社区型城市，将文化、政治、娱乐等诸多功能在社区的空间治理中充分发挥出来，并同时满足社区具有城市治理单元和人民生活单元的二重作用。

第三，是有关社区文化的研究，社区精神构成社区的真正本质，社区文化则是社区的灵魂。学者认为，当前社会低估了社区文化传播的重要性，应当依赖于共建共享机制，富有特色地传播社区优秀文化。

第四，是关于我国城市治理模式变迁的相关研究。社区治理模式是社区治理的重要组成部分，有学者认为，传统的社区治理模式正在经历着数字化和智能化的治理过程。社区服务的重要内容将更大程度地包含人工智能、互联网等诸多新型工具，不但能更加精准地服务社会群体，还能提高社区服务效率。但与此同时，老年人在面临数字化和智能化转型时存在着无法适应的状况，这是社区治理模式转型时需要着重考虑的重要问题。进一步，人工服务在社区服务中也应当得到新的定位，更着重于解决人工智能难以解决的问题，总结社区服务经验以及发现社区服务目前仍旧难以解决的痛点和盲点。

第五，是关于构建社区居民自治、居民参与的研究。有学者认为，应当构建精英——中间居民——普通居民的权力结构，并着重增强中间居民的权利及能力。

基于以上研究背景，调研分队深入三原县社区进行调查研究。调研分队主要希望通过近距离接触一线政务服务人员，深入观察以及发掘社区服务的痛点以及难点。

其一，是关于社区老年服务问题，调研队伍希望通过实地调查深入了解社区老年服务的效果以及基础设施建设是否符合当地老年服务的需求。随着县域经济的不断发展，老年人对随子女工作调动至县域的现象逐渐增多，但是，该地区的老年配套服务是否得到了相应的升级，是社区治理的当今需要迫切关注的问题。

其二，是关于社区治理与社区文化建设相结合的问题，调研队伍了解到三原县城的悠久历史文化，那么如何将此类优秀文化与社区治理相结合，发挥社区文化软实力，也是调研分队的调研目的之一。

三、存在问题

（一）村风村貌建设良好，但缺少"人情味"

乡村振兴战略后，我国农村已发生了翻天覆地的变化，土路变成了水泥路，旱厕变成现代的卫生间，村中有了大广场、文化建设等，给村民生活带来的极大便利，使农村生活更加有归属感。但通过在几个村庄的走访调查，可以看到所有村中的新建设大多雷同，几乎都是一个安装几个健身器材的广场加较为宏伟的村委会建筑的配置，没有做到因地制宜。

首先，以调研村庄为例，该村以种植小麦和玉米为主，而这两种作物收获后需要晾晒，而村中可供晾晒的地方很少，有的村民选择在广场上晾晒，则影响了其他村民的休闲活动，有的村民选择在路上晾晒，则阻碍了交通。故在这样的农村需要额外建设晒谷场的场地。

其次，现在农村以老年人为主，年轻人大多在外务工，孩子大多也跟着父母在城市享受更好的教育资源。故农村的基础设施建设更应以贴近老年人为主。如，老年群体的运动多为太极、抖空竹、广场舞等，此类运动对场地面积的要求较大，故广场应更大更加平整，满足中老年的运动需求。

最后，村风建设过于雷同，走访村落的村风建设多以忠、义、孝为主，这三点固然在中华美德中最重要，但每个村落都如此建设只会体现村风建设没有用心，没有深入挖掘当地文化内涵。文化是一个地方最能打动人心、嵌入记忆的符号，应将深挖地域文化作为提升内涵的灵魂，不遗余力地进行精准定位、深入挖掘。

（二）农业现代化效果凸显，但仍有差距

农村是中国社会最广大的地区，农村经济的重要特点也正是中国经济的特点，"三农"问题始终居于国民经济的核心地位，研究农业问题，为乡村振兴提供新思路。如今的农业生产已经可以看见大规模现代化的影子。大棚、地膜、收割机、喷灌系统等都可以在农田里见到；农产品商品化初见成效，出现了以农业合作社为主，个体电商为辅的农产品销售模式；同时农业特色田农产品培训基地逐渐发展，但是现代化程度与计划中的仍有差距。

其一，农产品商品化程度仍较低，农业体系还有待完善。

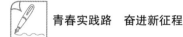

走访中发现,村民们在地里除了种植主要经济作物,还种植辣椒、茄子、豆角、玉米、西红柿、菠菜等常用食物,用于解决家庭的部分蔬菜需求,出现了部分自给自足的情况,这无疑是不利于第三产业的发展的。一个村内种植的经济作物也不尽相同,规模化程度低,很难形成特色产业,导致农业产业链不长,商品化率低。对此,应加快完善现代化农业体系,大力发展特色优势产业,不断优化结构,加快推进与企业合作,开展产业融合示范点,整合集中原料产地,加工地,物流配送基地,形成一、二、三产融合,形成可推广的经验与模式。以三原为例,三原以小麦玉米为主要经济作物,是西北的产粮大县,通过整合土地资源规模化生产,与下游产业联系,经过加工,统一配送走向市场,延长产业链,形成品牌。

其二,农业技术应用较少,缺少农业人才。

走访中发现,农村的技术人才年龄较大,缺少后备力量;文化水平不高,对农事的指导多来源于经验。农业技术人才的总量较少。随着城镇化的推进,越来越多是青壮年劳动力流向城市,农村劳动力锐减,老龄化程度提升;拥有较高文化水平的年轻人选择留在了资源环境更好的城市不愿意回乡村,造成了农村现在几乎无人可用。社区是社会治理的基本单元,也是党和政府联系、服务居民群众的"最后一公里",社区治理是否有效是居民群众能否舒心生活的随后一道关卡。

(三)机关建设完善,使用力度较小

随着社区治理不断正规化、专业化,党群服务中心的建设不断完善,功能更加丰富。以盐店街党群中心为例,社区一般设有政务接待区与休闲等待区,群众可以在这里进行问题咨询,社区特别设立政务公开专区,群众可以在此反映问题,查找政务记录等。服务中心设立了便民服务站,购置了血压仪、老花镜等便民设施,设立兰香雅室、公共卫生室、母婴室、职工书屋等,以开展医师坐诊服务、书画学习活动等。此外,社区还配备了互联网产品,职工书屋有电子阅读器,党史学习室有多媒体教学。

调研中发现,虽然该群众中心建设十分完善,但是出现了使用频率低,以至于浪费的现象。兰香雅室、公共卫生室、母婴室的使用率极低,公共卫生室没有医生坐诊。如此便民的设施却未让社区居民享受到,无疑是一种浪费,究其原因有三。其一,社区部分功能与周围服务业雷同。社区本就是居民日常生活中最频繁的地点,其周围的服务设施已经比较成熟健全,服务中心的服务无法与专业的

社会治理及区域发展篇

服务相比。其二,由于服务中心的宣传不到位,可能很多居民不知道社区为其提供了如此便利的活动地点,加之这些服务点面积较小,无法满足居民聚在一起娱乐的需求。其三,不排除建立这些活动场所是用来迎接检查的,没有真正服务到居民。

(四) 社区治理更加规范,多元主体协调仍有困难

随着社区治理的不断发展,社区治理体系不断得到完善,治理手段呈现多样化,组织力量逐渐强大,参与治理的居民也越来越多。以丰原社区为例,该社区正在探索党建引领下的"社区+单位+小区"的城市社区治理现代化模式。一是以社区为单位实行网格化层级管理,即把"社区、小区、楼栋、单元"划分四个层级化网格,网格员承担信息采集、便民服务、矛盾调解、政策宣传等职责。二是将共建单位、小区党员同社区党员纳入网格管理,形成"社区党支部——辖区单位党组织—网格党小组"的三级组织架构。同时社区治理的过程中,越来越多的使用互联网技术。

虽然社区治理的体系更加完善,但仍存在多元主体协调困难的问题。一是群众参与度不高。部分居民认为社区治理工作是政府和党群的事,很少主动参与社区治理,自主意识有待加强;二是同时缺乏对社会治理的认可,由于社区管理的最小单位是单元楼,而这一级的管理者多为已经退休的老人,部分居民缺乏对治理的认可,不愿意配合服务者的工作,造成了效率低下、管理困难。

四、对策建议

(一) 持续建设村风村貌,因地制宜增加"人情味"

首先,需要额外建设晒谷场的场地。

其次,农村的基础设施建设更应以贴近老年人为主。此类运动对场地面积的要求较大,故广场应更大更加平整,满足中老年的运动需求。

最后,村风建设过于雷同,三原县是大书法家于右任的故乡,可以以书法为核心发展乡村文化。

青春实践路　奋进新征程

（二）持续推进建设农业现代化

其一，增强农产品商品化程度，完善农业体系。

应加快完善现代化农业体系，大力发展特色优势产业，不断优化结构，加快推进与企业合作，开展产业融合示范点，整合集中原料产地、加工地、物流配送基地，形成一、二、三产融合，形成可推广的经验与模式。以三原县为例，三原县以小麦玉米为主要经济作物，是西北的产粮大县，通过整合土地资源规模化生产，与下游产业联系，经过加工，统一配送走向市场，延长产业链，形成品牌。

其二，加强农业技术应用，引入农业人才。

首先应加强对现有人才的激励机制，为愿意到农村来的各类人才提供优厚待遇，改善农村的基础设施建设，给村民提供良好的生活环境。其次，应加强农村职业教育，就地培养农业人才，完善人才的培育链。

（三）将机关建设投入使用

其一，差异化机关服务与周围服务业。社区本就是居民日常生活中最频繁的地点，其周围的服务设施已经比较成熟健全，服务中心的服务无法与专业的服务相比。

其二，加强服务中心宣传。可能很多居民不知道社区为其提供了如此便利的活动地点，加之这些服务点面积较小，无法满足居民聚在一起娱乐的需求。

（四）规范社区治理，协调多元主体

其一，加强对社区治理的宣传，让居民深切了解社区治理与自己息息相关。

其二，要提升社区服务者的待遇，增强其为社区服务的意愿，同时对社区工作者进行培训。

其三，制定社区公约规范工作人员与居民的行为。

作　　者　西北大学经济管理学院本科生　　冯雅萱　缪诗棋　刘嘉依　董子萱
　　　　　　　　　　　　　　　　　　　　线润楠　董宁静

指导老师　吴丰华

26 关于渭南市临渭区农村环境及发展现状的调研报告

一、调研背景和目的

十九大报告指出，我国社会矛盾已经转化为人民日益增长的美好生活需要和不平衡不充分的发展之间的矛盾日益增大，而这种矛盾在农村地区最为突出。所以，实现乡村振兴是我国全面建成小康社会和全面建设社会主义现代化强国的前提，是树立和落实科学发展观、构建社会主义和谐社会的重要内容。因此，此次调研活动需要了解当地民俗和历史文化，了解当地的农村文化建设和政策的落实情况，了解村民的实际生活情况亟待改善的问题。在扶贫攻坚战之后，农村的整体面貌和发展也有了很大的改变，为了更深入地了解近年来在乡村振兴战略的持续推进下乡村发生的变化，本调研团前往陕西省渭南市进行实地调研，设计调查问卷并进行入户采访，与当地村民进行座谈交流，现形成以下调研报告。

二、调研过程概况

调研小分队成员共同前去渭南周边的多个农村、古街道、民俗文化园调研，了解当地实际情况，并根据所学知识，共同讨论问题和解决方法，为乡村振兴奉献出自己的一份力。

7月14日，调研小分队成员前往临渭区胜利村展开调研，通过对几位村民的走访，基本了解了该村的现状。如今农村都有一个比较严重的"通病"：年轻劳动力的大量流失。现在农村父母一代大多以务农为主，世世代代过着"面朝黄土背朝天"的生活，深知农民生活的艰苦，他们也相信读书可以改变命运，所以会努力供孩子读书，考上大学，留在城市，走出农村，脱离土地，不必像他

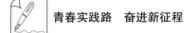 青春实践路 奋进新征程

们一样受苦。而对于青年一代人自己来说,他们多生于改革开放以后,物质生活已经比较丰富,生活环境和家庭经济状况已大为改善,家庭负担不重的情况下,已经不太需要他们做农活,而且他们也不太愿意继续做农活。随着现代信息技术的发展、互联网的普及、城市化进程的推进,城市的就业机会更多,青年一代的生活不再满足于物质层面的追求,更多的寻求精神层面的满足,城市中丰富的交际圈、休闲娱乐的场所、无拘无束的生活,恰恰能吸引青年一代。因此,农村的年轻劳动力流失是大势所趋,逐渐成为常态,在我们的调研活动中得到了充分体现。青壮年劳动力的流失,注定了渭南农村的投入不足,无法实现农业生产的机械化、规模化。

7月15日,为充分了解渭南的民俗文化,调研分队成员前往渭南特色民俗文化园——桃花源风景区。桃花源景区依托三张镇紫阳村零河河谷,以关中建筑风格为依据,以明清建筑风格为主,采用中国园林建筑最原始的纯木建造、榫卯结构,堪称关中特色建筑博物馆。独木亭、虎头墙、渭南驿站、朝天阙名人广场、蒙古风情园等主要景点都展示了鲜明的关中特色。文化园内的各类产业正在大力开发中,风景区中的荷花景区,荷叶繁茂、郁郁葱葱;户外拓展基地中的军博射击场、游乐园、彩虹滑道等,都是闲暇之余游玩的好去处;古镇中的许多特色美食店铺尚在准备中,各种风味美食也是吸引游客的一大特色。近年来,文旅产业的转型步伐加快,桃花源景区顺应潮流、抓住机遇、斥巨资打造元宇宙景区,成立国内首家元宇宙景区。乐园、景区开展的沉浸式演艺等项目,与元宇宙所构建的虚拟空间以及沉浸式体验为特征的发展方向不谋而合。桃花源以文化主题为核心,以沉浸式体验、增加客户参与度、项目的体验度为主线,计划结合元宇宙的科技手段和概念,利用数字孪生、数字原生、虚实结合等技术分阶段进行项目的区域主题文化和故事原创,提升项目的特色差异化优势,增强体验场景氛围感,为游客朋友提供更加优质的文旅服务。但是,相对于桃花源景区的美景而言,其基础设施与宣传力度就显得不足。无论是地理位置远离市区且没有便捷的交通工具,还是景区内的公共设施尚未完善,都对景区的形象有了负面的影响。从宣传角度来说,在互联网新媒体快速发展的今天,其宣传方式仍以传统媒体为主,尚未在新媒体进行有效尝试,这些都是有待改进的地方。

7月16日,调研分队成员前往渭南市博物馆参观渭南的古今历史与名人事迹,深入了解渭南的文化古韵与时代变迁。渭南市博物馆是一座集文物收藏、保护研

究、陈列展示、宣传教育和考古勘探、发掘清理、学术交流为一体的现代化综合博物馆。从仰韶文化开始，渭南就已经是人类部落聚集地了，农业生产也达到了锄耕的阶段；秦汉唐宋元明清时期，渭南地区也相继涌现了如白居易、杜甫等名人，而因字圣仓颉、酒圣杜康、史圣司马迁，渭南又被称为华夏之根、三圣故里。近现代的渭南作为红色根据地，同样孕育了一大批仁人志士，为新中国的建立做出了巨大的贡献。

7月17日，渭南市郊区的弋张村成为调研分队的目标。弋张村靠近城区，交通便捷，村民多为搬迁户，附近的耕地被政府征用为工业产区用地，村中的中老年人主要不再进行农业生产，更多的是参与城市的环卫工作，青壮年参与到工业产区的工厂中工作。对于弋张村村民而言，主要经济收入并不依赖于农业生产。弋张村依托附近的工业区，逐渐向城市靠拢，这为其他农村的经济发展提供了一条值得借鉴的道路。弋张村的交通便捷，附近就有大型的快递站点，村内还有方便快捷的超市、旅馆、小吃店等，同样村内还有驻村医生为村民的生命安全提供了保障，村民的生活质量得到了显著提高。

7月18日，调研分队成员来到渭南老街。渭南老街地处市区河岸边，这里人文遗迹丰富，自然风光优美，历来为游人所向往之地。渭南老街整体以明清建筑风格为主，保留有完好的鼓楼与大雄宝殿，而今文化项目包括非物质文化遗产、原生态作坊、地方特色小吃、古玩字画等。渭南老街的文化产业快速增长，对于当地经济结构与产业结构升级起着越来越重要的作用。

三、调研对象现状

（一）农村农业发展状况

渭南市位于陕西省关中平原东部，是进入西安市区的东大门，地理位置十分重要，渭南市辖临渭区和大荔、富平、白水、澄城、合阳蒲城、华县、潼关8个县以及华阴、韩城2个地级市。面积13万平方千米，人口547万，拥有可耕地817万亩，适宜的温度和降水使渭南成为陕西省重要的农业产区，向来有"陕西粮仓"的美誉。尤其是近年来在中央大力惠及农民的政策下，渭南市的农业取得了瞩目的成绩。"陕西粮仓"和"陕西棉库"的作用在不断加大。"十一五"以来，逐步形成了牧、果、菜三大特色农业支柱产业，农村社会经济保持了高速、健康、

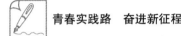

稳定的发展。棉粮油生产稳定发展，效益不断提高。畜牧业发展势头强劲，秦川肉牛的养殖和奶畜养殖发展迅猛，逐渐形成区域优势。目前，全市已形成一批以粮油、果蔬、饲料、乳品为加工的农产品企业，白水县苹果产业化工业园区、临渭区渭北工业园区已初具规模。

但是渭南农业发展依然存在着很多问题。首先是基础设施不到位，农业投入不足，发展后劲不强。过去讲农业是靠天吃饭，旱涝病虫害等自然因素影响着农业的发展。由于渭南市地处暖温带半湿润半干旱气候区，降水呈现季节性特点。夏秋季易受洪涝灾害影响，春季和冬季容易受干旱影响，严重制约了渭南的农业发展。另外落后的水利及不健全的基础设施使得在面对自然灾害时无法起到有效的缓解作用。然后是农业技术应用程度低，生产力低。关中平原地少人多。加上现有的土地模式使得土地无法得到集中式经营，实现规模化效应。较小的土地规模使得机械化生产边际成本过高，加上人工等隐性成本，现有模式下的种地成本大于其收益，因此农民不愿意一年四季守在农村从事农业生产活动。更愿意外出务工来增加收入。因此造成了农业生产依然是人工作业，无法实现全面机械化，农业的科技化、智能化更是无法谈起。农业方面的先进技术只是在一部分地区一部分人使用，无法得到大规模的推广和应用，生产力相对过去基本没有提高。

接着是农业产业化经营水平低，农民组织程度低。由于我国地少人多，且在现有土地政策下土地无法得到有效流转，渭南地区经济落后，农民思想意识保守，看重土地，因此想要大规模承租土地难度大，成本高。因此土地无法得到集中经营，实现规模化种植和经营，进而实现机械化生产来提高生产力，降低边际成本，实现规模效益。大部分青壮年劳动力及妇女外出务工，农村留守的只剩下老年人及孩童，其中的一部分有经济能力的虽然户口在农村，但是常年举家生活在城市，使得农村组织松散，很难将农民组织起来，土地的无法集中及农民组织的松散使得渭南地区的农业基本上还停滞在过去的小农经济上。最后是农业人口比重大，素质较低。渭南市农村人口基数大且不断递增，土地资源的有限性使得农村劳动力对土地的压力越来越大，农村劳动力严重富余。同时由于受国情因素、历史因素的影响，现在农村的中老年人文化程度相对较低，其思维意识等相对落后，对新事物的接受程度低。农村劳动力素质参差不齐，在一定程度上也阻碍了渭南农业的现代化发展。渭南地区农村落后的经济无法提供良好的工作，考上大学的农村优秀青年更愿意留在城市工作生活，不愿回农村去，现有人口素质相对较低、对新事物的接受程度低阻碍了渭南农业向前进的脚步同时无法吸引人才注入新力量，使得渭南农业缺乏生机和活力。

（二）乡村旅游发展状况

近年来，渭南乡村旅游产业发展迅速，形成了规模化，具有一定知名度和影响力的产业集群。

目前，渭南市围绕农业资源、农业风光、民俗文化、特色小镇等旅游资源，开展乡村旅游发展，主要形成了以苹果、酥梨、葡萄、豆腐等农产品为主体的农业产业园区，如国家3A旅游区渭北葡萄园。以自然风景资源和乡村景观相结合，以农业观光、采摘体验、种植体验等活动为主的观光体验型旅游区。以经营特色餐饮、休闲娱乐、农产品销售、农家乐住宿为主的乡村农家。

虽然渭南乡村旅游产业已取得一定成绩，形成一定规模，但整体上还存在诸多不足，有很大的提升空间。

一是旅游产品谱系不完善。总体上，渭南乡村旅游以农家乐餐饮、观光类型为主，游客体验度、参与度不高，停留时间不长，旅游产品和服务的比较单一，没有形成完善的乡村旅游产品谱系，没有形成上下游产业链，没有形成规模集群，开发规模较小。目前，渭南只有少数乡村利用当地文化特色发展旅游，与渭南巨大的民俗文化和历史文化资源相比差距很大，大部分乡村没有充分发挥渭南特色的乡村旅游资源优势，未来渭南乡村旅游还有巨大的开发潜力。

二是基础设施配套设施不足。由于渭南地区整体社会发展水平和经济发展水平仍相对落后，乡村旅游的基础设施和配套设施存在明显落后和不足的情况。第一，渭南距离西安较近，乡村旅游客群来源主要以西安和渭南居民为主，旅游出行方式主要以自驾游出行为主，出行时间主要集中在周末及节假日，多为一日游或两日游。渭南在交通方面的基础设施存在明显不足，城乡之间公路通达性和道路质量参差不齐，部分道路等级低、质量差，不能满足旅游发展的需要。第二，旅游景区基础设施严重滞后，停车场地不足，卫生间及垃圾处理等卫生设施落后，餐饮、住宿等旅游服务设施的等级难以满足需求。

三是旅游信息宣传力度不足。目前，渭南乡村旅游营销宣传力度不足，宣传范围不广，很多旅游景区知名度不高，难以吸引客源地游客。宣传手段方面，宣传手段单一，主要以户外广告、电视广播、报纸杂志等广告投放为主，没有充分利用互联网新媒体的优势，宣传效果不理想。在宣传定位上，渭南的旅游宣传主要以宣城城市特色为主，例如，"华夏之根、文化之源、河山圣地、人文渭南"的旅游形象宣传，没有突出渭南乡村民俗旅游的特色，难以吸引游客。

四、当地乡村发展中存在的问题

（一）主体作用发挥差，对群众参与乡村振兴的教育领导不够

一方面，由于多数行政村集体经济实力有限、农民素质有待提高。很多群众对乡村振兴是"知其然不知其所以然"，认为乡村振兴是政府的事，"等、靠、要"等思想严重。在调研弋张村过程中，许多村民觉得自己年纪大了，希望最大程度得到政府的补贴。其中一些村民觉得医疗费用太高，政府最好能报销全部费用。部分村民遇到困难和问题习惯于等政策、靠扶持、要条件，过度依赖政府，缺乏艰苦奋斗、积极进取的精神和主人翁意识。

另一方面，群众的观念有待提升。在本组队员们走访过程中，发现了一个普遍的现象。大多数村民能感受到乡村振兴战略的具体实施内容，如补助和基础设施的建设等，但问起他们是否知道乡村振兴战略，大多数的村民都是闻所未闻。这说明农民群众对乡村振兴战略的认识程度不够深，乡村振兴的口号还未完全打响。

（二）农村环境污染重，对基础设施的建设与完善力度不够

生活污水、农药化肥、生活垃圾和人畜粪便等成为农村环境污染的主要原因，使农村地区环境状况日益恶化。本组队员在走访过程中也有切身体会。渭南市部分行政村未建有生活污水处理设施，乱倒乱排现象严重，破坏水体生态，危害村民的居住环境。由于乡村和城镇发展的不平衡与不充分，乡村道路、供排水、教育、卫生、文化等基础条件依然与城镇和发达地区比有较大差距，与乡村振兴要求相比更有很大差距。

（三）实用人才不足，广大农村对人才缺乏吸引力

通过调查了解，农村在家从事农业生产的大多是50岁以上人口，从事农业生产的青壮年较少。务农人员文化程度一般以初中及以下文化程度为主。大学生及高层次人才不愿到农村创业。农业技术人才短缺、大学生村官、村两委干部、脱

贫致富带头人等农村实用人才不足成为制约乡村振兴的重要因素，技术服务不到位制约着渭南市农村产业的发展，农业部门技术力量严重不足，近年来承担工作逐年加大，但人员减少和专业技术人员匮乏问题始终未能解决。

（四）具备创新意识但发展模式僵化，导致三大产业融合程度低

小组队员在走访渭南市桃花源景区时了解到，早在 2022 年 3 月 1 日，陕西省渭南市桃花源景区正式宣布成立国内首家元宇宙景区。此举填补了中国国内元宇宙景区空白，到目前为止也是全世界第一家大型文旅元宇宙景区。桃花源以文化主题为核心，以沉浸式体验、增加客户参与度、项目的体验度为主线，计划结合元宇宙的科技手段和概念，利用数字孪生、数字原生、虚实结合等技术分阶段进行项目的区域主题文化和故事原创，提升项目的特色差异化优势，增强体验场景氛围感，为游客朋友提供更加优质的文旅服务。此举创新大大提升了桃花源景区的知名度，一定程度上促进了渭南市的旅游业发展。

然而，与时俱进的创新理念必然需要坚实适应的发展模式予以支撑。在走访过程中小组队员都感受到，桃花源景区内仍有许多未修缮完全的设施，大多数元宇宙体验也未开放。桃花源仍以与其他自然景点相同的模式进行运营，元宇宙等创新优势未能得到有效的利用，且随着周边乡镇对乡村旅游的日渐重视，桃花源旅游的优势日益减弱。

五、对策建议

第一，普及乡村振兴战略相关知识，提高村民对乡村振兴战略具体措施的了解程度，增强村民对政府科学决策民主决策的认同感。

第二，在乡村大力发展实体经济，加大产业投资，支持第二、三产业发展。近些年受大环境影响，交通出入不便，乡村经济发展水平低下，就业机会少，乡村青年不得不外出打工，而导致村中"空巢老人，留守儿童"现象频出。因此政府可以通过财政支持，在当地投资建设特色工厂，为当地年轻人提供就业机会，减少人才流失现象，同时带动当地相关产业的发展，优化产业结构，提高长期增长潜力，促进经济的发展。

第三，政府聘请专业种植人才，加强对种植业农户技能培训。

要加强农户技能培训，提高种植农产品的存活率，同时增强农户对市场的判断力，减少因盲目种植，造成供大于求，从而使农产品价格衰减的不良现象，使得减轻因积存大量难卖出的农产品而导致对农户经济损失，入不敷出的不良影响。

第四，扩大对农业支持力度，加强新型农业基础设施建设，打破自然灾害限制，助力农业生产。渭南季节性天气条件如干旱、洪涝等自然灾害严重制约农业生产，因此要加强农业基础设施建设，健全水利设施，同时保证因地制宜，及时改种，做到不空田、不荒田。此外还要科学防控病虫害，利用搞好大棚管护等方式保护农田。

第五，提高农业机械化、规模化水平，促进农业现代化发展。农业机械装备是现代农业发展的重要物质基础，农业机械化是转变农业生产方式、提高农业生产力和实施乡村振兴战略的重要支撑，没有农业机械化，就没有农业农村现代化。农业机械化为农业劳动力从土地中解放出来提供了重要支撑，采用机械化可大幅度提高农业劳动生产率，使一个农民生产的农产品可以养活更多的人，从而也间接促进工业服务业发展。

第六，政府加强财政补贴，采取积极的财政政策，财政发力乡村公共服务和新型基础设施建设投资。面对经济下行压力，财政政策应进一步发力，以地方专项债为抓手，引导资金通向供需共同受益的乡村制造业、民生建设，以及基础设施短板等领域，增强村民生活幸福感和获得感。具体而言，可以稳定自来水、天然气等供应，保证基本民生，加强互联网通信、大数据定位等基建，并稳定快递业服务和交通基础设施建设，助力乡村振兴建设。

第七，适当发展旅游业。近些年，旅游业发展不景气。随着形势慢慢稳定，人们外出旅游的欲望更加强烈。在做好防控措施的前提下，政府应加强对旅游景点政策和资金支持力度。各地旅游景区因地制宜，根据当地地方特色，做好广告宣传，以免门票、引进外来小吃、游乐设施等方式，制造网红打卡圣地，同时避免旅游景点同质化现象。

第八，加强乡风建设和精神文明建设。政府对孤寡老人、留守儿童等弱势群体要加强关怀力度，在政策和经济方面给予福利补贴。同时通过"墙上贴画""广播播报"等方式在乡村加强尊老爱幼、互帮互助等社会主义核心价值观等宣传教育，同时可以通过在村中定期评选"最美孝心少年""最美家庭"等家庭称号，发

社会治理及区域发展篇

挥榜样力量和意见领袖作用，在乡村营造良好和谐的风尚。另外，定期在村委会举办"放映红色电影""舞台演出""发放免费门票参观景区"等活动，加强精神文明建设，促进乡村文化交流，陶冶情操。

第九，注意公共卫生和乡村环境保护，助推美丽乡村建设。首先，紧跟当下政策，加强人力物力投入，加快推进"厕所革命"，但"厕所革命"不是建了厕屋、换个马桶就结束了，更重要的是建厕后的相关问题，比如管网建设、排泄物收集转移、无害化处理、生态循环等。此外，在地方"厕所革命"的推进过程中，还出现了因改厕方式未因地制宜、建了用不了等现象。因此，严格遵守《农村人居环境整治三年行动方案》，开展厕所粪污治理。推进户用卫生厕所建设和改造，同步实施厕所粪污治理。引导农村新建住房配套建设无害化卫生厕所，人口规模较大村庄配套建设公共厕所。加强改厕与农村生活污水治理的有效衔接，推动美丽乡村建设。然后，在每条街道放置大型垃圾桶，在乡村建设大型垃圾处理装置，并雇佣当地有劳动能力的中老年人从事垃圾处理和卫生清洁工作，既解决就业问题，又能防止因乱堆垃圾而滋生细菌甚至严重污染环境现象，从而推动美丽乡村建设，助力乡村振兴。

作　　者	西北大学经济管理学院本科生	常佳琪　李懿涵　郭思彤　胡善乐
	西北大学新闻传播学院本科生	张田甜　杨紫茜
指导教师	宋文月	

青春实践路　奋进新征程

后　记

习近平总书记在党的二十大报告中殷切希望:"广大青年要坚定不移听党话、跟党走,怀抱梦想又脚踏实地,敢想敢为又善作善成,立志做有理想、敢担当、能吃苦、肯奋斗的新时代好青年,让青春在全面建设社会主义现代化国家的火热实践中绽放绚丽之花。"

为引领广大青年学生在社会课堂中受教育、长才干、作贡献,在实践观察中学党史、强信念、跟党走,努力成长为担当民族复兴大任的时代新人,经济管理学院在学校各级部门的指导和支持下,于2021年6月开始实施"百企千村万户"实践育人项目,依托"三下乡"社会实践、"返家乡"社会实践以及"教学实践周"等活动,号召和组织广大青年学生在社会实践中把爱国情、强国志、报国行自觉融入新时代追梦征程,为实现中华民族伟大复兴的中国梦汇聚起磅礴的青春力量。

按照规划,"百企千村万户"实践育人项目在"十四五"期间要完成不少于100家企业、1000个村、10000户家庭的调研任务。项目坚持服务国家战略,围绕乡村振兴和社会治理,聚焦人才培养、思政教育和学科建设,构建"以一个主题、三个结合、三个服务"的实践育人体系。三年来,共派出实践队153支,学生1350余人,指导教师125人,地域覆盖全国27个省112个区县375个村150余家企业,形成了调研报告140份200余万字,受到各级媒体报道580余次,荣获全国优秀团队2次,全省标兵团队2次,全省优秀团队1次。

为了总结调研成果,发挥学科和专业优势,将每年的实践形成的调研报告、论文和案例择优集结出版。在出版过程中,本书受到西北大学"双一流"建设项目资助,感谢西北大学发展规划与学科建设处给予的大力支持。感谢西北大学教务处、校团委、财务资产部等各部门的精心指导和大力支持。感谢调研过程中的

后记

各级政府部门、企事业单位和团体个人给予的大力帮助。也感谢学院各位指导老师和同学们的积极参与，让本项目能够顺利开展，并取得丰硕成果。

在项目实施和出版过程中，西北大学党委常委、副校长吴振磊教授、经济管理学院党委书记杜勇和经济管理学院院长马莉莉教授总领统筹，亲自安排部署并带队指导。经济管理学院党委副书记徐自成和团委副书记杨世攀负责具体落实及书稿校对等工作。学院部分教授和青年老师在历次实践中积极参与，认真指导，为项目的成功实施提供了保障。在此一并感谢！

在书稿付梓之际，深感实施此项目的意义之重大，众多青年学子在躬身实践中砥砺品格、体察社情、增长才干；同时也助力学院学科建设和人才培养高质量发展，提升办学声誉和服务经济社会发展能力，形成了一批有影响力的成果。希望本书的出版可以记录下西北大学经济管理学院牢记"立德树人"根本任务，在人才培养过程中扎扎实实把课堂学习和社会实践紧密结合，着力推动新时代高质量经济学和管理学人才培养的探索和实践，用富有成效的改革为建设中国特色社会主义教育强国作出贡献！